TECNOLOGÍA SAGRADA DE LAS PIRÁMIDES

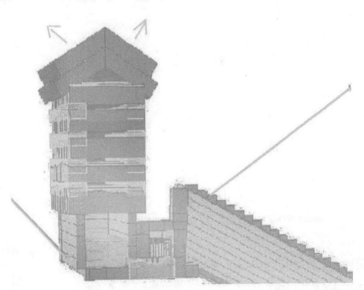

Tecnología Sagrada de las Pirámides
Segunda Edición
Gabriel Silva
ISBN 978-1-4452-0027-9
www.lulu.com

TECNOLOGÍA SAGRADA DE LAS PIRÁMIDES
ÍNDICE

NOTA PRELIMINAR DEL AUTOR

"Los dioses son hombres inmortales; los hombres somos dioses mortales"   Sócrates

"Los hombres son dioses muertos de un templo ya derrumbado,

Ni sus sueños se salvaron... Sólo una sombra ha quedado".

Atahualpa Yupanqui

Este libro vio la luz en su primera edición gracias a Pedro Amorós, Presidente de la S.E.I.P., (Sociedad Española de Investigación Parapsicológica). Ante todo, UNO con mis semejantes, reconozco y agradezco la participación de las personas que menciono, eminencias en lo suyo pero por sobre todo, eminencias en lo verdaderamente espiritual: La Ética y el Amor a la Humanidad. Sé que lo habitual es llenarse de medallas, escribiendo como si uno lo supiese todo por propio mérito, olvidando las fuentes en las que bebe nuestro intelecto. Yo no puedo hacer eso porque la gratitud -aunque a veces sea mal interpretada- es mi factor personal inevitable.

Además, las Pirámides son "demasiado tema" para una sola persona y aún para todo un equipo, aunque lleve más de tres décadas de investigación poniendo todos mis esfuerzos materiales, económicos y espirituales. Todo empezó con el estímulo de mi **padre, Domingo Silva**, ingeniero, científico y hombre ejemplar, cuyo apoyo recibí siempre, de modo permanente y emprendió junto conmigo la investigación piramidal, gracias a la difusión del tema que hacía el **Lic. Julio Gutiérrez** en Argentina hace cuarenta años.

Luego tuve el honor de dirigir un equipo de investigación interdisciplinaria pero con especialización en física cuántica,-que conocerá el Lector en un capítulo especial- porque comprendí que desde mi ángulo antropológico era imposible comprobar cosas que evidentemente pertenecen a una Alta Tecnología.

Conseguimos descubrir mucho más de lo que puedo exponer en un libro, pero intentaré no agobiar con explicaciones muy complejas, sino divertidas y sorprendentes tal como son, aplicando el buen humor sin el cual no puedo concebir la vida, a pesar de la seriedad con que tomo la Ciencia.

Mi tarea se ha visto enriquecida y mis conocimientos aumentados en los últimos años gracias a investigadores de la talla del médico cubano **Dr. Ulises Sosas Salina** (que lleva desde 1985 la investigación piramidal terapéutica y ha hecho escuela en Cuba y continúa difundiendo la piramidología con aplicación en la medicina en otros países). Con él tuve la satisfacción de publicar en conjunto REVOLUCIÓN TERAPÉUTICA DE LAS PIRÁMIDES y vamos escribiendo un tercer libro, paso a paso con las investigaciones sobre pirámides y genética.

La Lic. en Arte e Historia, cubana, **Lic. Julia Calzadilla** y la **Ing. Silvia Yraola Herrero** -también cubanas- que aportan sus "granitos de arena" (más grandes que un bloque de la Gran Pirámide) para que la piramidología tenga el futuro que se merece. El argentino **Dr. José Álvarez López,** (fallecido en 2006) uno de los más eminentes investigadores de nuestro tiempo en diversos temas biológicos, físicos y parapsicológicos, con gran dedicación al estudio de las pirámides.

Georgeos Díaz-Montexano, el hombre que por fin en 2003 descubrió la Atlántida descrita por Platón, me ha autorizado a publicar algunas de nuestras reveladoras conversaciones por internet. Especialista en lenguas muertas y experto en jeroglíficos, es uno de los pocos que con un pie en la ortodoxia y otro en la heterodoxia científica, merece el respeto de ambas corrientes de opinión, por su honestidad como por su erudición en los temas que trata.

Alberto Müller (fallecido) y su hijo **Enrique Müller**, quien me legó la parte que guardaba de los descubrimientos de su padre en Teotihuacán y ha seguido sus experimentos físicos, ampliándolos al Complejo Piramidal de Tenochtitlán.

Markus Jaume Salas, Piramidólogo e investigador polivalente "aficionado" (si puede llamarse así a los que abrazan la ciencia con un Amor sin límites e inteligencia objetiva), es asesor de empresas; los números le van. Pero no sólo los del mercado, sino especialmente los Sagrados, los que la Naturaleza nos ha dado y los constructores de pirámides nos han enseñado a ver.

Mi "Equipo Personal" fue conformado por los físicos **Roberto Balmaceda y Herminio Valdés** (Venezolanos), y el matemático **Herminio Sánchez Gómez** (Colombiano). Si yo fui el promotor de ese equipo que en poco menos de seis años arrancó a las pirámides sus más recónditos secretos funcionales y prácticos, ellos fueron -nunca mejor dicho- el "cuerpo físico". Pero también el intelectual.

Cabe una mención muy especial a quien me ha ayudado a llevar adelante un proyecto de difusión masiva de la piramidología y construcción industrial de pirámides: Gracias a mi esposa **Viky Sánchez Hernández**, me encuentro haciendo cosas en esta civilización. Sin ella no estaría aquí, sino escondido en algún laboratorio, viajando por el mundo subterráneo o en el Amazonas.

Mi profundo agradecimiento a estos Amigos que colaboran en todo mi hacer piramidal:

Sergio F. Gaído: Ingeniero informático y piramidólogo.

José Luis García Martínez; Escritor, artista y filósofo moderno.

Christel Bennink: Artista Plástica y decoradora.

Raúl Mirad Palou: Arquitecto.

Carlos Taube: Arquitecto.

François George Feolá: Polifacético indescriptible y comerciante.

Sofía Piqueras Soler y Ricardo Fernández: Piramidólogos.

Antonio Sales: Constructor y carpintero.

Martxelo Bengoetxea: Piramidólogo y Terapeuta holístico.

Julio Ceres: Piramidólogo y Terapeuta holístico.

Sé que es injusto no poder nombrar a todos los que han contribuido a mi trabajo y lo siguen haciendo, reportándome sus vivencias en las pirámides en que duermen. Pero están todos en mi memoria y mi corazón. De la misma manera, espero estar el corazón de los Lectores, porque la piramidología, como podrá verse en el desarrollo, es ciertamente una ciencia basada en las exactas, pero en la misma proporción, en las ciencias humanísticas, tanto en su comprensión como en las aplicaciones.

A LOS ARQUEÓLOGOS E HISTORIADORES OFICIALES

Nunca ha sido mi intención provocar las discusiones que se suscitan por mi exposición; éstas discusiones tienen más años que yo. Ni es mi intención faltar al respeto que todo investigador merece, pero necesariamente deberé ser drástico en algunos conceptos; aunque no tanto como los improperios, burlas y ridiculizaciones que recibimos quienes proponemos teorías mejor fundamentadas sobre la historia y en especial sobre las pirámides, así como sus usos.

La intención de este libro está muy lejos de querer desacreditar a las personas, pero sí pretendo demoler en todo lo posible la cortedad de ideas de la arqueología oficial, que en vez de avanzar lleva dos siglos sin evolucionar en cuestiones de fondo y de detalle. Como muchos otros investigadores modernos, quiero ayudar a desmoronar el andamiaje de absurdos en que la ortodoxia ha ido montando sus teorías, a la vez que estimular a los jóvenes arqueólogos a inaugurar una revolución científica en vuestro campo, que es de toda la humanidad. Es imprescindible una renovación del espíritu arqueológico, sin soberbia académica, sin dejar al margen a las demás ciencias, porque la antropología y la arqueología son las ciencias más inexactas y especulativas que existen hoy. Sólo pueden lograr su cometido de utilidad a la Humanidad si cogen de cada disciplina (en especial las exactas) todo lo que ellas pueden dar.

Por otra parte, quiero dejar claros algunos conceptos de extremistas heterodoxos, que ven en las pirámides una panacea absoluta e inmediata, sin conocer siquiera sus normativas de funcionamiento, o creen que sus aplicaciones les harán poderosos y clarividentes de un día para otro. Las Pirámides son APARATOS y están como tales, sujetas a una serie de normas de uso, que se explican más adelante. Creo sinceramente que es lo más cercano a la Panacea, pero es temprano aún para afirmarlo.

Espero que otros científicos, especialmente los ingenieros electrónicos, médicos, geobiólogos y físicos, continúen investigando a partir de lo que este libro pueda dejarles, así como al público en general quiero despertarle el Amor por esta ciencia que nos parece nueva, pero no es más que la recuperación de un Legado Tecnológico extraordinario, que no es Sagrado en el sentido místico, sino Espiritual, y en cuyos beneficio e investigación podemos participar todos.

Lo "místico" requiere de la creencia, de la fe. Lo Sagrado prescinde de toda creencia y se basa en la Ciencia, en el Conocimiento, pero con una conciencia repleta de Amor, sin el cual se queda en "ciencia" con minúsculas y sus resultados son guerras y masacres.

Así como entre materia y energía hay una relación inextricable, siendo ésta una manifestación de aquella y viceversa, entre la Ciencia y la Religión deben estrecharse lazos definitivos, hasta fundirse en una Ciencia Sagrada. Eso fue lo que hicieron los constructores de las grandes Pirámides. No nos dejaron templos de adoración, de creencias y rituales. Los pueblos que vinieron después a ocupar sus legados, faltos de desarrollo científico, fueron paulatinamente perdiendo la Ciencia y conservando sólo la

Sacralidad, convirtiendo en algunos casos la Tecnología Sagrada en lugares místicos. Aún así, sabían o intuían algunos sacerdotes que aquello debía permanecer intacto, a fin de que no se siguiera pervirtiendo el sentido de las Pirámides y los Templos, hasta que otras generaciones futuras pudieran recuperar por evolución, aquellos Conocimientos que ellos habían perdido o no heredaron completos.

Ese tiempo es el nuestro y estamos tratando de cumplir nuestra responsabilidad histórica. No ante la historia por curiosidad intelectual, sino ante la Humanidad, a la que debemos lo mejor de nosotros mismos. La Humanidad para la que los piramidólogos deseamos que aquellos Conocimientos Sagrados le sean útiles en todo sentido. Estamos aprendiendo a deducir el funcionamiento de muchos legados tecnológicos Sagrados, pero precisamos la colaboración interdisciplinaria para completar la Gran Obra Arqueológica. Ya sabemos de las Pirámides lo suficiente como para darle algunos usos extraordinarios, pero también sabemos que hay mucho más. No sólo las Pirámides son importantes, aunque son la Clave fundamental; los Templos también tienen su parte en este libro, porque las Pirámides son parte de un Aparato Mayor. Por eso es preciso que los arqueólogos jóvenes conviertan sus cátedras en exposiciones honestas, no en la repetición burda de lo que se les ha enseñado hasta ahora.

Es preciso que los foros de Arqueología incluyan a toda clase de especialistas en las más variadas disciplinas científicas, porque lo que estamos descubriendo es verdaderamente apabullante, impresionante, fascinante y maravilloso, superando incluso a la mejor ciencia ficción, pero con las normas inquebrantables de las Matemáticas y la Geometría y con la vigilancia intelectual y práctica de la Física. Sólo así es posible transitar por lo Sagrado y extraer de ello todos sus valores. No podremos jamás comprender lo Sagrado sin la comprensión y aplicación de las Leyes Naturales.

Por el conocimiento profundo de esas Leyes, es que pudieron hacerse las más gloriosas obras humanas, y nada ganaríamos sabiendo "cómo" las hicieron. Poco a poco, espero poder explicar claramente el "porqué". La Neo-arqueología, junto con todas las ramas de la Ciencia, tiene la alta responsabilidad de completar lo que en este libro humildemente se expone.

Los jóvenes arqueólogos y egiptólogos tienen ahora una opción muy clara: Se suman a la revolución científica que están realizando al margen de ellos los ingenieros, médicos, físicos, etc., o bien se quedarán fosilizados en sus cátedras, cada vez menos creíbles y sin futuro.   .

Gabriel Silva - Alicante, Octubre 2005

Revisión y Ampliación para la Segunda Edición en Setiembre 2009

CAPÍTULO Iº
INICIO DE UNA INVESTIGACIÓN

Para quienes hemos hecho de la investigación piramidal un sacerdocio, por más que nos esforcemos, terminamos comprendiendo que somos meros discípulos de quienes nos dejaron la inmensa enseñanza piramidal. Nosotros hemos hecho el camino «fácil», es decir el deductivo, no el inductivo. No inventamos nada, sólo descubrimos el Antiguo Legado.

No inventamos la pirámide, ni siquiera sus usos y aplicaciones, sino que hemos deducido el «porqué» y el «para qué» las hicieron. Sabemos que tienen hasta usos parapsicológicos, de los que haré la referencia más clara posible, pero para poder entender el "más allá", hay que conocer el "más acá". Y luego de desvelar los asuntos físicos y presentar los históricos, podremos pasar a la cuestión parapsicológica con mejor fundamento y elementos de comprensión. Quienes hayan sido los que nos dejaron ese maravilloso legado, nos dejaron mucho más de lo que pueden imaginar los materialistas en cualquier ciencia, pero para poder profundizar lo paranormal, lo mágico y los Sagrado de las Pirámides, hemos de empezar por sus cimientos científicos. Este libro apunta a que el Lector -aunque deba repasarlo algunas veces- obtenga con la comodidad de la lectura lo que nosotros tardamos décadas en deducir, pero no para que se quede ahí, en lo que ya sabemos. Sino para que PARTICIPE en el desafío de realización que las pirámides, desde la remanida *"noche de los tiempos"* (simplemente nuestra ignorancia del pasado), nos vienen proponiendo.

Esta civilización nuestra, más propensa a construir «castillos de naipes habitables» y máquinas de matar, que a construir cosas trascendentes, aún no llega a los tobillos de quienes hicieron esas Obras. Pero dejando las comparaciones imposibles, cabe establecer algunas comparaciones más objetivas, entre las diferentes culturas constructoras de pirámides, que nos dan una «lección esotérica» íntimamente relacionada a las otras: arquitectónicas, sociales, económicas, matemáticas, físicas, geométricas, etc..

En cuanto a las comparaciones físicas entre egipcios, mayas y chinos, que tienen las mayores pirámides, hay varias cosas demasiado llamativas para atribuirlas a la «casualidad», pero respecto a las pirámides chinas nos faltan datos para contrastar. En ese gran país hay cerca de ochocientas pirámides clasificadas, y un estudio profundo de las mismas está por el momento fuera de nuestro alcance, especialmente porque parecen ser mucho más antiguas que las egipcias y las mayas, pero es difícil acceder a las regiones que las albergan, merced a cuestiones políticas que espero poder sortear próximamente.

Dejando de lado las discusiones de fechas y métodos constructivos, donde la arqueología oficial y la heterodoxa discrepan en casi todo, veremos en este libro algunos asuntos esotéricos de actualidad, que pueden darnos pistas para estudios más profundos. Por ejemplo: Es bien sabido en México que hay grupos místicos y/o esotéricos con algunos siglos de antigüedad constatable, que dicen conservar la flor y nata de las enseñanzas de los antiguos dueños de las pirámides y cada año, en diferentes fechas -especialmente en las equinocciales del 21 de marzo- son atacados desde hace unas cuatro décadas, por otros grupos representantes de una «New Age» más propensa a tirar piedras que a armonizar, impidiéndoles realizar sus ritos tradicionales. El problema básico consiste en el uso de los lugares (en especial el Templo de Quetzalcóatl, y las pirámides del Sol y de la Luna) en momentos determinados durante el pleno del equinoccio. Imagine el lector a más de diez mil personas ocupando todo lugar posible en una pirámide, y otras diez mil intentando echarlos para ocupar su lugar.

Las autoridades han asignado vigilancia a este problema y los líderes de las agrupaciones antagónicas han logrado algunos acuerdos, gracias a que han coincidido en dos puntos fundamentales: 1) Desde el medio día anterior y hasta un día completo después del equinoccio, los rituales tienen igual efecto. 2) Que los fines perseguidos son idénticos, aunque posean diferentes conceptos y conocimiento sobre los efectos.

En Egipto la cosa es menos conciliable, porque la disputa está entre las órdenes esotéricas (o grupos místicos) y el Estado, que no permite tampoco la investigación libre, sino bajo la exclusividad de sus "guardianes", que dictaminan lo que se revela y lo que no, ocultando la mayor parte de los descubrimientos, a fin de que estos no sigan erosionando las teorías oficiales. Ahora vamos al terreno interesante: Si esto ocurre en el presente, con las distorsiones del conocimiento y objetivos fundamentales, es por causas políticas, económicas, intereses de protagonismo particular, etc.. Pero en el pasado bien se habrían puesto de acuerdo los sacerdotes mayas o aztecas con los egipcios, y aún con los mismísimos constructores de las pirámides (que para muchos disidentes de la oficialidad científica -como el autor- son por milenios, anteriores a los egipcios, mayas, aztecas y todas las culturas conocidas).

¿Cómo sería posible llegar a un acuerdo?. Pues mediante la pura praxis. En el «porqué» y el «para qué» están todas las claves. Sin detenernos en discutir si los efectos físicos producen efectos psíquicos y/o viceversa, ni en las repercusiones religiosas y sociales posteriores, veamos lo que los sacerdotes, reyes y faraones, de ambas culturas experimentaban en las pirámides:

A) Durante todo el año, pero muy intensificado en los momentos equinocciales por causa de los cambios magnéticos de la atmósfera, dentro de las pirámides se experimentan efectos físicos variados (dependiendo de cada organismo). En general son desagradables o nulos en un primer momento, para luego sentir mayor vitalidad, analgesia en traumatismos, desaparición -a veces sintomática, otras veces definitiva- de problemas reumáticos (definitiva cuando la permanencia se prolonga lo suficiente), recuperación del tono muscular, desaparición de procesos infecciosos debido a las notables propiedades bacteriostáticas y coadyuvantes de los procesos naturales del agua, verificables en las pirámides. No descarto que el factor psicológico contribuya en buena medida en algunos casos.

B) Y aquí, algo más importante para un individuo sano: Los desarrollos psíquicos, aparte de la óptima conservación de la salud. En realidad, nuestro potencial psíquico está condicionado al funcionamiento orgánico. Si nuestro cerebro no logra desarrollar plenamente sus facultades, esto se debe a que está condicionado por dos factores: Psicológico; por la educación y la programación mental a que estamos sometidos (que bien podemos librarnos de ella con esa «Santísima Trinidad» de Amor, Inteligencia y Voluntad, que los griegos sintetizaban en la CATARSIS o "purificación") y Químicamente: Estamos afectados por muchas influencias que entorpecen nuestro «Puente de Mando» cerebral. No me refiero al grosero efecto de las drogas o el alcohol, sino a factores tan comunes como la distribución de las moléculas de agua, las perturbaciones magnéticas, acrecentadas modernamente con el uso irracional de la electricidad, los ordenadores, la telefonía móvil y sus peligrosas antenas, edificaciones geopatógenas y otras influencias.

Si hacemos que todas las moléculas de agua de nuestro cuerpo obtengan el máximo de tensioactividad natural, éstas harán que la perfección del funcionamiento químico del cuerpo sea una realidad. Pues eso es lo que ocurre, y su efecto en nuestro cerebro es una funcionalidad óptima. Con un cerebro funcionando en plena armonía con las disposiciones del plan para el que fue creado, es lógico que sus potencialidades se desarrollen con menos obstáculos, facilitándonos la Catarsis (purificación psicológica) o cualquier actividad psíquica. Si pensamos con mayor claridad, tenemos medio ganada toda batalla contra cualquier obstáculo.

No veo que los constructores de las grandes pirámides hayan hecho esas obras sobrehumanas para decir a las generaciones posteriores un mensaje tan paupérrimo como: "*He aquí la genialidad de nuestros arquitectos*", o "*He aquí la grandeza de nuestro gobernante*".

Viendo y experimentando en carne propia los efectos, mediante pirámides a escala, comprendo -ya no en teoría sino en pura práctica- que el mensaje no es fácil de expresar en palabras, aunque he aceptado el desafío de escribir este libro para explicarlo. ¿Cómo podría explicar a una civilización cuyos máximos valores se miden en "dinero", los beneficios psíquicos, espirituales y Humanamente Trascendentes de las pirámides?. El mensaje físico más elocuente puede traducirse como "*Curad a vuestros enfermos de todas estas pestes...*" y basta aplicar las dimensiones piramidales, materiales adecuados y reglas de orientación, para que todo ese "esoterismo" sea la cosa más evidente del mundo, ante una gran cantidad de enfermedades.

Advierto nuevamente que la pirámide no es una panacea universal absoluta, sino un elemento que sirve terapéuticamente para combatir un amplio espectro de dolencias ya bien determinadas; en otras es innocua y hay un buen número de enfermedades que no se sabe si pueden tratarse con éxito (por simple falta de casuística y experimentación). En Revolución Terapéutica de las Pirámides, escribimos el Dr. Ulises Sosa Salinas y yo ampliamente sobre lo terapéutico, pero este libro trata de aspectos más generales, antropológicos e históricos.

El mensaje psíquico sólo puede recibirlo realmente quien lo experimente viviendo o durmiendo en una pirámide, porque sus experiencias llenarían gruesos libros, debido a una armonización física gradual, que incluye un funcionamiento cerebral óptimo. Dejamos esto para un capítulo especial.

El mensaje esotérico (que nada tiene que ver con los delirios de los místicos ni con las divagaciones de los teóricos) es la Trascendencia. Lo que en buen Cristiano, y según las escrituras, ha de interpretarse puntualmente como "*la Vida Eterna*", y no un "*estado post-mortem eterno*". Pero partiendo de un perfeccionamiento de las funciones físicas, biológicas y fisiológicas. Y la pirámide es el Instrumento, réplica a escala de una real molécula de

Agua, que actúa por Ley de Correspondencia... Si esta explicación le resulta incomprensible, por ahora, espero que no queden dudas al terminar de leer este libro.

Pero puede empezar el Lector haciendo una maqueta de cartón a escala de la Gran Pirámide... Y comenzar sus propios experimentos, porque de la misma manera que no es posible hacer comprender a un niño la maravilla de una germinación si no la hace él mismo, tampoco es posible comprender las maravillas de la pirámide si no las comprueba el Lector con sus propias experiencias. Hasta el menor resultado práctico vale más que mil teorías.

Hace más de tres décadas, cuando era todavía un niño, los libros de historia y ciencias exactas de mi padre me resultaban más atractivos que la mayoría de mis otras ocupaciones, incluso más que los pasatiempos de esa edad. Con excepción del ajedrez, la bicicleta y la natación, todo juego perdía valor ante esas *ventanas atemporales* al mundo que son los libros, incluso sobre las ventajas de internet.

Uno de esos libros me causaba especial atracción, por las excelentes fotografías de diversas pirámides del mundo y porque las interpretaciones que hacía el autor, que me parecían un monumento al error y al absurdo, aunque mi mentalidad crítica chocara con parte de mi familia y compañeros de escuela; hablar con ellos de estos temas terminaba en mi obligado silencio. Aunque había oído a mis maestras de escuela primaria decir que se trataba de grandes tumbas, sencillamente no les había tenido en cuenta, nunca les creí eso.

Viendo aquellas imágenes y los abundantes datos técnicos sobre su construcción, intuía que las impresionantes pirámides no podían haber sido hechas para albergar un cadáver. Especialmente cuando en muy pocas han aparecido restos humanos, que pudieron dejarse en cualquier época, y prácticamente nada de ajuar funerario. A pesar de algunos hallazgos, noté siempre un anacronismo entre las estatuas y otros elementos hallados en las instalaciones periféricas de las pirámides, con las obras en si mismas. Ese tema -que venía germinando en mi mente desde hacía cinco años- se convirtió en mi primera batalla de disidencia cuando en el primer año de la escuela secundaria (contaba ya con trece) tuve la primera discusión académica en toda regla, con la profesora de Historia.

Tuve suerte al hallarme frente a una persona que aún convencida de la veracidad de la historia oficial, la Dra. Isabel Prandina amaba la investigación. En vez de censurarme me alentó a investigar más, hasta demostrar que mi postura era correcta. Me advirtió que demostrar que las pirámides no eran tumbas sería algo muy difícil, pero tras oír mis argumentos empezó a interesarse y me proporcionó mucho más material sobre pirámides que lo que había en los libros de mi padre y los míos.

Al año siguiente leí un pequeño artículo en un periódico, donde el mendocino Lic. Julio Gutiérrez explicaba una teoría sobre otros usos, en base a los ya conocidos experimentos de Drbal y otros investigadores prácticos. Comencé una serie de experimentos que resultó apasionante a pesar de que la mayoría eran fracasos, porque me faltaban datos de cómo hacer que las pirámides (casi todas de cartón) funcionasen correctamente. No decía aquel artículo que la pirámide debe estar orientada, es decir con una cara exactamente hacia el Norte magnético. Supe de esto y mucho más en una conferencia que dio el mismo investigador, el Lic. Julio Gutiérrez, casi tres años después, sin las limitaciones de una columna en el periódico. Así que tras echarle en cara aquella falta de información sobre la orientación, nos hicimos Amigos y empecé una nueva etapa de experimentos donde los fracasos sólo ocurrían por usar materiales inadecuados a la finalidad, por no saber medir las proporciones entre densidad de la pirámide y masa del material expuesto, por existir puntos de influencia telúrica donde no funcionan las pequeñas pirámides, etc..

Empecé a llevar anotaciones muy meticulosas que me permitieron encontrar algunas causas de los fenómenos, y aunque no en la profundidad necesaria como para dar pruebas de que las pirámides eran elementos de alta tecnología, los simples efectos significaban ir en contra de las afirmaciones de la arqueología oficial y sostuve una importante batalla interior. Al comprender poco a poco que ir en contra de lo que afirma la mayoría puede ser peligroso si uno está equivocado y aún más si uno está en lo cierto, tuve un serio conflicto mental. Sostener la autoconfianza en el propio discernimiento es algo muy difícil a esa edad en que la mente va desarrollándose con las mismas sorpresas que el cuerpo.

La "Gran Iniciación Piramidal", que me resolvió a seguir adelante ya sin vacilaciones de ninguna clase, vino en este tema como en otros, mediante unas palabras de mi padre, que empezó a participar de mis experimentos: "*Si tienes suficiente coraje para enfrentarte al mundo y pensar por tí mismo a pesar de la opinión ajena, podrás llegar a ser alguien, aunque sólo sea para tí mismo. Pero si vives supeditado al qué dirán y a las creencias de los demás, vas a ser un pobre mediocre, un engañado más en el mundo...*". Palabras más o menos, eso me dijo en el momento justo y se acabaron los temores a enfrentarme con lo desconocido y con la opinión general. Las burlas de mis amígueles y compañeros de escuela dejaron de importarme, aunque también desaparecieron porque comprendí que no debía hablar de cosas que -aunque podía demostrar algunos efectos- aún no estaba en condiciones de explicar con amplitud y claridad.

MOMIAS Y PIRÁMIDES

Cierto es que el efecto más inmediatamente notable -incluso en pirámides pequeñas- es la momificación de la materia orgánica muerta, pero también habla la egiptología ortodoxa sobre los métodos de taxidermia empleados por los egipcios, y en ningún momento dicen de que hayan usado pirámides para momificar a sus muertos. En cambio describen toda la técnica para embalsamar y saben exactamente en qué sitios lo hicieron. O sea que no existe relación alguna entre las momias y las pirámides en Egipto, México, Perú o China. ¿Cómo se explica entonces que la literatura y la cinematografía se hayan empeñado largamente en mezclar los tantos?. La mayor parte de la gente, incluso con buen nivel académico, da por hecho que las momias se encuentran en las pirámides.

Para la egiptología oficial, aceptar que las pirámides pudieran haber sido construidas para conservar o momificar cadáveres (la única relación teórica posible), obligaría a dar explicaciones de cómo pudieron saber eso los egipcios y aún así, no explicaría en modo alguno el método constructivo, sumido aún en el misterio. Por otra parte, como está muy bien demostrado, no es necesaria una inmensa mole como la G.P. (Gran Pirámide) para momificar un cadáver. Hubiera bastado una de cinco o seis metros de altura. No sé si los egipcios desconocieran esa propiedad de la pirámide, pero evidentemente, no las usaron para momificar a nadie.

Así que la pregunta me acuciaba persistentemente: ¿Cuál fue el propósito real de los constructores de estas edificaciones, las más colosales jamás hechas por los hombres?. *Quién* las ha construido, era para mí una incógnita y sigue siéndolo, pero hace tres décadas tenía ya muy claro que los egipcios, con todo el respeto que inspira semejante civilización, no podían hacer una obra de esa envergadura. Hay decenas de teorías al respecto. Pero personalmente me interesaba descubrir el "Para qué", más que el "quiénes". Ya se sabía hace tres décadas que no era posible construir la Gran Pirámide para los egipcios, porque no es cosa de medir con sogas, hacer a ojo un estudio topográfico para tal montaña artificial, ni pudieron ser suficientes los conocimientos matemáticos, arquitectónicos y astronómicos, para realizar un trabajo que tiene error de 19 centímetros en un cuadrado de 230 metros... O sea, menor que los que cometerían nuestros mejores ingenieros si pudieran hacer una réplica a igual escala, aún usando la mejor tecnología óptica, goniometría, ordenadores y todo el arsenal tecnológico moderno. Ir al Museo de El Cairo y ver las herramientas de la IV Dinastía, casi me hace desmayar de risa y un ingeniero que nos acompañaba –propietario de canteras donde trabajan inmensas piedras- nos explicó con lujo de detalles la imposibilidad de construir ni siquiera la más pequeña de las pirámides con esos instrumentos.

Averiguar quiénes construyeron las pirámides bajo el punto de vista de la historia conocida, me suponía aprender todo sobre jeroglíficos, estudiar la historia egipcia a fondo y dedicar una vida a todo ello. Pero igual -pensaba yo- los eruditos que leen jeroglíficos no parecen haber descubierto mucho, porque escriben barbaridades y absurdos a montones. En cambio, averiguar por qué y para qué las hicieron, podía descubrirse -según suponía- en menos tiempo y quizá con menos esfuerzo. Pero además, me parecía de una mayor utilidad saber los usos de esas obras que intuía como "aparatos", que la historia de los constructores. En lo que me equivoqué fue en lo del tiempo y el esfuerzo. No fue nada fácil, ni barato, pero sí que valió las penurias. Y tanto que por lo logrado, no me importaría hacer de nuevo el mismo sacrificio si fuese necesario para tener el mismo éxito en cualquier investigación.

En 1984 llevaba ya diez años de experimentos y sabía manejar muchos de los efectos en pequeña escala, pero aún me sabía demasiado lejos del fondo de la cuestión. Había comprobado, como muchos otros investigadores, que la pirámide puede:

1) Deshidratar cualquier materia, viva o muerta. Mientras los seres vivos nos hidratamos, las moléculas del agua corporal se van reestructurando. Hay unos pocos físicos teóricos que niegan este efecto, ya porque trabajan para intereses determinados o bien por no haber hecho ni el más elemental experimento.

2) Mientras que la materia muerta no se pudre, la materia viva mejora sus condiciones y la deshidratación no es

problema, puesto que los seres vivos beben agua. Mis plantas crecían entre un 10 y un 30 por ciento más que las plantas testigo. Las plantas casi secas, enfermas o desvitalizadas, se recuperaban en la casi totalidad de los casos, superando casi siempre a las plantas normales que quedaban fuera de la pirámide. Al mismo momento de escribir este libro, tres meses después de la época de floración de tomates, tenemos (mi esposa y yo) cuatro plantas que estaban "muertas" dando una docena de frutos y llenas de flores. Nota: Casi un mes después, un total de 43 frutos.

3) No había infecciones radiculares en las plantas ni podredumbre en otras materias, sin embargo las plantas absorben bien su alimento.

4) Jamás las moscas desovaron en las muestras expuestas en las pirámides. Con ello quedaba medianamente probada una propiedad antibacteriana, que más tarde comprobaría con más detalle y también el instinto de las moscas, que saben donde no pueden prosperar sus larvas saprófitas.

5) Los animales se regeneran en la pirámide y aunque no fueron muchos los experimentos al respecto, fueron todos exitosos. Desde curar algunas abejas hasta comprobar que preferían recoger el polen de las flores que tenía en las macetas de las pirámides.

6) El poder germinativo de las semillas aumenta si las trata unas semanas en la pirámide, (generalmente usaba toda clase de hortalizas), pero más impresionante fue dejar por algo más de cinco años semillas de zanahoria y ésta permanecer potentes a la hora de sembrarlas, dando una producción del 98 %, cuando su latencia de poder germinativo habitual no pasa de tres años.

Uso agrícola en Sementeras y recuperación de plantas

7) La leche no se pudre pero se corta, quedando como cuajada, para volver a su estado normal unos días después, y repitiendo el ciclo con tiempos variables según varios factores, como temperatura, presión atmosférica, humedad ambiente y características de la pirámide. A medida que los ciclos se repiten, se van alargando. La tendencia progresiva es -a causa de la deshidratación- la formación de un requesón muy especial, que debiera motivar el interés de los elaboradores de productos lácteos. Estos efectos pueden variar según también las características de las muestras.

8) Las heridas se curan rápidamente y se evitan infecciones. He comprobado en mi propio cuerpo esta maravilla de efectos cicatrizantes, antirreumáticos, antiinflamatorios y a la vez bacteriostáticos. Actualmente los terapeutas reducen el tiempo de soldadura de huesos, que en algunos casos ha llegado a ser de la mitad. Pero combinando pirámide y antipirámide, se consiguen tiempos mucho menores aún.

---

9) Los huevos colocados en la pirámide se secan en vez de pudrirse. Evidentemente se trata del mismo efecto de deshidratación que opera en cualquier otra materia, pero resulta que esos huevos secos pueden comerse y tienen un gusto especialmente agradable.

10) El experimento de las cuchillas de afeitar, que proporcionó a Drbal la venta de más de un millón de pequeñas pirámides en Rusia, Polonia, Alemania, Holanda, Hungría y Grecia, fue algo muy bien aprovechado, primero por mi padre y luego por mí. Descubrimos que las cuchillas cuyo filo tiende a lastimar, dejaban de producir cortes. Una observación al microscopio demostró que los filos que lastiman la piel al rasurar, tienen la última línea de cristales del acero (triangulares) con sus puntas alternando en unos 25 grados, formando así una dentadura, mientras que un filo bueno forma una sola línea.

En la pirámide los cristales se acomodan óptimamente, ya sea que la cuchilla nueva venga con filo dentado microscópicamente, o que se haya desafilado con el uso. Una cuchilla normal suele durar más de cien afeitadas. Una cuchilla de acero bueno, más de doscientas. Lo que se hace es colocarla siempre luego de usarla, con el filo orientado de Norte a Sur, en el centro de la pirámide, a una tercera parte de la altura. Lo que descubrimos en aquel año de 1984, cuando comencé la investigación científica a fondo, fue que los cristales del acero se acomodan porque el campo magnético piramidal elimina el agua y los gases de los intersticios intermoleculares en cualquier material, a la vez que aumenta la tensioactividad molecular de los componentes del acero. Con los filos de instrumentos muy gruesos (cuchillos etc.) no conseguía los resultados deseados, pero esto se debía a que usaba pirámides muy débiles y pequeñas, en relación a la masa metálica a tratar. Aumentando la densidad de la pirámide, es posible tratar metales más grandes que la hoja de afeitar. En una Piramicama, por ejemplo, la cantidad de metal a tratar, sin pérdida considerable de efectos para los demás usos, sería de entre 300 y 500 gramos. De todos modos, no es habitual tratar chuchillos y otros objetos en la pirámide, pero sí que algunas personas tratan piezas delicadas de cobre, bronce, oro y plata, a las que desean borrar la pátina de óxido y hacer más duradero el brillo. El proceso es lento, de semanas o meses, pero los resultados son excelentes. Aclararé más en otro capítulo.

INVESTIGACIONES MÁS AVANZADAS

En 1981 entré a formar parte de un grupo científico civil, perteneciente al Ejército Argentino, dependiente de Inteligencia Militar. Allí había un par de personas -militares- que sabían sobre pirámides algo que yo no había explorado por considerarlo poco objetivo y producto de las fantasías de los místicos. Los experimentos, que trataban sobre psiónica y psicotrónica (control mental a distancia en ambos casos, pero sin y con tecnología electrónica respectivamente), necesitaban del uso de pirámides para dos funciones: a) Regular la actividad cerebral del emisor, manteniendo el cuerpo relajado y el cerebro produciendo establemente ondas alfa, y b) Emitir las ondas cerebrales amplificadas, como portadoras de ideas, mediante un potente equipo de radio, pero con una antena con un campo magnético capaz de filtrar las ondas cerebrales sin restar potencia a la emisión ni bajar la frecuencia, ni alterar el contenido de la onda.

Como el Lector comprenderá, estábamos haciendo cosas que el público sólo conoce por medio de literatura y películas de ciencia ficción, pero que son bien conocidas en ciertos círculos de poder tecnocrático. Para más dato, nuestros experimentos se basaron en informes recogidos por el servicio de inteligencia militar, mediante filtraciones, sobre los experimentos realizados masivamente en Estados Unidos desde 1970, para producir la gran psicosis de "abducciones extraterrestres". Estas son -sin descartar la posibilidad de algunos casos aislados de verdadera abducción-, sueños inducidos por personal muy bien entrenado en las técnicas de autocontrol mental, para luego producir control mental a distancia. A veces se ha hecho eso para luego -en estado de shock- colocar microchips a las víctimas. Y para esto se usan potentes emisores psicotrónicos instalados en las cercanías de la casa de la víctima. Años más tarde, me encontraría con un caso concreto que me permitió verificar los informes.

En otras palabras, telepatía pura y dura, como la que todos podríamos tener si no fuese que nuestra radio-emisora personal (la glándula pineal) está atrofiada en casi toda la humanidad y apenas emite con un par de microvoltios de potencia. No me referiré a aquellos experimentos en detalle, porque no es tema de este libro. Sólo cabe acotar lo relativo a las pirámides; fabricamos dos: Una para la antena, actuando como armonizadora de la onda y otra para que el emisor pudiera permanecer en su interior con todo el equipo de bio-feed-back, aprovechando sus cualidades de relajante muscular y estabilizadora de la actividad cerebral. Nunca conseguí que los ingenieros físicos militares me aportaran nada especial aparte de eso, pero era evidente que sabían sobre las pirámides mucho más que yo en aquella época. Al menos en cuanto a usos psíquicos y la aplicación física limitada a las radioemisiones.

Dos años y medio después dejé el equipo por varias razones, pero seguí experimentando con pirámides y en 1984 tuve mejores oportunidades de avanzar.

Aquel año y el anterior me fueron especialmente prósperos en lo económico y por los contactos adecuados, pero terrible para la salud. Recibí cierta herencia a la que se agregaron excelentes ingresos y decidí apostar por lo que para mi familia -a excepción de mi padre- era una locura: La investigación piramidal. Así que mi carrera no sólo tuvo un alto costo económico sino también anímico, porque tuvo que ir siempre en medio de un doloroso secreto. No obstante, fue también un aliciente ante circunstancias personales desgraciadas, pero no como un modo de evasión, sino como un objetivo que daba sentido a mi vida.

Tenía otras razones más poderosas, como un principio de artrosis deformante que en poco tiempo me hubiera impedido caminar y dos médicos estaban empeñados en operarme para experimentar cosas Tenía alquilada una casona con grandes habitaciones y construí la primera pirámide en suficiente tamaño como para instalar una cama, porque deducía -acertadamente- que la deshidratación que la pirámide causa, quizá pudiera afectar al líquido sinovial y corregir la artrosis.

El aluminio era el material que mejores resultados dio en las pequeñas pirámides y de este material eran las usadas en el equipo militar. Las habíamos hecho puramente estructurales, sin cerrar las caras y guardaba algunos planos de las mismas. No sabía aún por qué, pero algunas estructurales fallaban y otras funcionaban muy bien. Sin embargo era evidente que la relación de la masa (la cantidad de material) de la pirámide era importante. No funcionaban las hechas con finos caños y listones, pero sí aquellas con ángulos de alas bastante anchas. A la larga, descubrí que la masa y la superficie material de la estructura tienen que ser suficientes como para que el campo magnético de toda la estructura se cierre, en vez de permanecer pegado a las líneas de aristas y bases.

Hay gente que hace y vende pirámides de hilo; otros hacen ángulos para formar una "pirámide virtual". Con esas cosas innocuas y sin fundamento es que la piramidología ha perdido credibilidad en las últimas décadas. Peor aún son los que las hacen de varillas de acero o de cobre. Funcionan, pero son tan dañinas que los usuarios las terminan temiendo y tirando y por supuesto, sería muy difícil convencerles para que vuelvan a usar una pirámide bien construida. En la siguiente imagen vemos la diferencia entre una pirámide de masa y cobertura insuficiente, contra otra bien calculada.

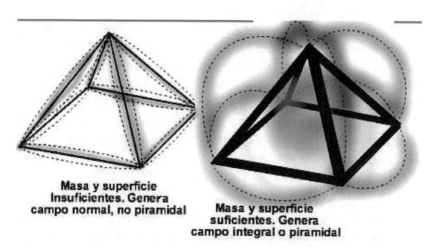

Masa y superficie Insuficientes. Genera campo normal, no piramidal

Masa y superficie suficientes. Genera campo integral o piramidal

En las de caño, que hacía de hasta un metro de altura, rellenaba dichos caños con arena cuarzosa y funcionaban mejor, especialmente para disecar flores, momificar carnes o tratar agua. Si el caño era demasiado fino, apenas conseguía efectos. Un colega ha hecho lo mismo hace poco, pero a falta de arena cuarzosa le sugerí rellenar los tubos con vidrio (evitando el de los espejos, que tiene otros metales). Resultó magnífica.

En mayo de 1984 un Amigo me puso en contacto con un par de físicos venezolanos, hartos de trabajar en medios científicos oficiales de USA y Canadá, donde sus ideas resultaban revolucionarias en lo científico, como su ética inconveniente para los intereses económicos y políticos que se menean en esas esferas. Ellos, Roberto Balmaceda y Herminio Valdés estaban tan "locos" como yo. Su obsesión no era la pirámide, sino la física cuántica, y más específicamente los neutrinos. En principio la cosa me resultaba extraña, porque no entendía qué relación había entre las pirámides y estas partículas subatómica de las que apenas sabía que habían sido descubiertas en 1930 por Wolfgang Pauli (Premio Nobel en 1945), en base al cálculo de la energía "perdida" en las reacciones del radio, pero tardaron 25 años en probar su existencia (lo hizo Frederick Reines, Premio Nobel en 1995).

Ahora sabemos que son los "ladrillos" básicos de la constitución atómica. Pero hablaremos de ellos muchas veces, en adelante, sin meternos en explicaciones demasiado complejas.

Roberto y Herminio habían trabajado juntos en diversos grupos científicos, chocando siempre con las limitaciones que imponen los intereses económicos a partir de corrupciones políticas. Se justificaban cientos de millones de dólares en una modalidad de investigación que ellos habían logrado simplificar y superar tecnológicamente, pero a costos muy bajos, cosa que no interesaba a los mercaderes políticos de la ciencia oficial. Además solían recibir invitaciones para trabajar en otras investigaciones y desarrollos de alta física para fines bélicos, mientras que los neutrinos no parecen tener utilidades en esas aplicaciones.

En uno de sus últimos trabajos habían observado que ciertas formas geométricas como las pirámides y los conos afectaban el comportamiento de los neutrinos y su cantidad en determinados puntos de influencia. La primera observación se debió a una gran estalactita de sal, que parecía modificar el pasaje de neutrinos en una zona bajo su punta. Tras algunas pruebas con diferentes formas, determinaron que la pirámide era la más adecuada para afectar a los neutrinos, aunque aún no se explicaban el fenómeno. Estaban por construir un laboratorio piramidal en Caracas, pero yo tenía ya una construida para dormir, un sitio algo aislado, espacio para hacer muchas más y dinero para financiar un trabajo multidisciplinario por algún tiempo. A ellos, le iba muy bien trabajar donde no se les hallara fácilmente, porque los científicos avanzados tienen la peor de las famas: El público no los conoce para nada, pero los poderosos les siguen permanentemente el rastro. Muchas veces terminan esclavos de ellos o muertos, para evitar que trabajen para la competencia. Tal "competencia", a nivel de Estados, suelen ser países potencialmente enemigos, pero peores suelen ser las competencias entre las multinacionales y sus laboratorios privados.

Encargamos a un chapista y carpintero la construcción de cinco pirámides más y nuestro laboratorio empezó a trabajar inmediatamente. Roberto y Herminio trasladaron sus aparatos y complejo equipo, quedando la pirámide más potente para mi uso personal. Sólo durmiendo en ella todo el tiempo posible (que no era mucho), me fui olvidando de la artrosis y cinco meses después de estar a punto de pasar al quirófano, hice algunas pruebas de ciclismo bastante duras, sin dolores ni molestias. Hasta el día de hoy no padezco reuma ni ninguna peste, habiéndome recuperado de cinco esguinces graves, de las que no he tenido secuelas.

Tres años después estaban casi agotados mis recursos económicos, así que estábamos pensando en suspender las investigaciones. Pero tras una de las más duras expediciones en la selva (exploraba minerales preciosos), volví con los bolsillos llenos y la salud vacía. Tenía diarreas continuas y dolorosas; se me diagnosticó colitis ulcerosa, producida por alguna de las catorce bacterias infecciosas que pillé bebiendo aguas contaminadas.

Por si fueran poco las bacterias, tenía veintitrés parásitos intestinales diferentes, de los cuales uno era el causante de algo peor que la propia colitis: "Schistosomiasis" (infección del terrible *Cycloprimum exile*) más vulgarmente conocido como *Trematodes innominis* con sus cuatro variantes. En peces y batracios, este parásito causa alteraciones en el ADN, modificando sus aletas, patas, dentición, etc.. En humanos es mortal en pocos días o semanas, por deformación de la química hepática, alteración del ADN de algunas hormonas, leucemia aguda (de etiología desconocida hasta 1981), etc.. El biólogo me dijo que si no me sometía a una terapia intensiva, con lavado de intestinos y de sangre incluida, sería prácticamente "leucémico" en menos de quince o veinte días. El médico de cabecera fue aún menos optimista.

Ante la gravedad del caso empecé a tomar todo lo que me recetaban, pero tuve terror de caer en el quirófano. No era una enfermedad de la que tuvieran mucha experiencia los médicos. Uno de ellos, muy honestamente me dijo que ante la estadística registrada, tenía pocas posibilidades con la medicina alopática y que seguramente tendrían que cortarme parte del intestino para paliar temporalmente la colitis ulcerosa. El tratamiento para eliminar el Trematodes era en parte incompatible con el de la colitis, así que los antibióticos me estaban dejando sin flora intestinal y perdiendo muchos kilos, a pesar del reposo y la alimentación. Decidí hacer un tratamiento fitoterapéutico y el mismo terapeuta me recomendó complementar con alguna otra cosa, que pudiera desinfectar sin efectos secundarios. Tampoco sabía él, cómo atacar al mismo tiempo las bacterias y el parásito sin tener antidotismos e incompatibilidades.

Le dije que lanzásemos el tratamiento exclusivamente contra el parásito, porque yo me encargaría de las bacterias que causaban la colitis. Me dio una dieta y medicamentos para este fin (mebendazol como principal antiparasitario, abundante ajo crudo, aceite esencial de cebolla y otras cosas que me preparaba él), y al mismo tiempo me sujeté a una terapia piramidal intensiva, pasando más de veinte horas dentro de la pirámide más densa, de 3,2 m. de lado, con 1.358 Kg. de peso (unos doscientos kilos de aluminio por metro cúbico), a la que llamábamos "HP" por "Horno Purificador". Con ella me había curado a fines de 1984 una marcada artrosis deformante, y en esta ocasión tenía más confianza. El tratamiento de ingestas dirigido contra el parásito y la actividad bacteriostática de la pirámide, dieron resultado conjunto y sin incompatibilidades.

Las funciones intestinales se fueron regulando y al cabo de dos meses desapareció todo síntoma de enfermedad. Los resultados de análisis a las dos semanas posteriores al inicio fueron sorprendentes, pero los del último análisis dejaron a los médicos boquiabiertos. Aún viendo mi salud restablecida (ya no estaba "en los huesos" y había recuperado casi la normalidad de mi peso) y a pesar de los resultados en sus microscopios, no podían aceptar que me había curado con fitoterapia y pirámide. Aquel resultado me obligó a nuevos esfuerzos para continuar manteniendo un tiempo más el laboratorio, pero más consciente cada vez de la ceguera de algunos médicos fanáticos a ultranza de la alopatía, a los que empecé a llamar "medico-merciantes", porque se rigen más por el vademecum comercial que por lo aprendido en la universidad y el contacto con los pacientes.

Tras esa segunda lección terapéutica recién empezábamos a entender al menos uno de los "porqué" de las construcciones de pirámides en la antigüedad y aunque mi interés inicial era exclusivamente la cuestión histórica, empezamos a prever posibles usos masivos de pirámides como elemento terapéutico. Como pasaba la vida viajando, no dormía siempre en las pirámides, pero el equipo había continuado gracias a algunos aciertos importantes en las exploraciones minerales. Incluso se había aumentado, con la asistencia de Herminio Sánchez Gómez, (Herminio II) un matemático excelente que se ocupaba en la revisión de cálculos de los físicos. Los análisis biológicos se encargaban individualmente a diferentes laboratorios, causando siempre asombro, pero para ese entonces manteníamos en secreto lo que hacíamos y el origen de las muestras. De esta manera nos ahorrábamos burlas de necios y teníamos en ese campo, informes de resultados absolutamente imparciales.

A principios de 1991, con mis arcas personales vacías y mucho cansancio de seis años sin parar, dimos por finalizada la investigación. Ya tenía algunas de las respuestas más importantes que deseaba y los físicos también. Ellos habían podido descubrir sobre partículas subatómicas más que en cualquier otro laboratorio y tenían propuestas para trabajar en Irán y otros países. Así que lo expuesto más adelante en el terreno científico (lo más simplificado posible, para que lo entienda todo el mundo) es producto principalmente de esos seis años de trabajo, aunque siempre he seguido avanzando sin dejar de lado otras cuestiones científicas que más o menos se relacionan con las pirámides.

CAPÍTULO IIº
LAS PIRÁMIDES SON ETERNAS

No me extenderé demasiado en las descripciones que el Lector hallará en miles de libros de historia, en los que puede ejercer su libre razonamiento, descubriendo los absurdos que se dicen oficialmente de las pirámides, así como las inteligentes preguntas que se hacen diversos investigadores. Por ello, sólo daremos un repaso por lo verdaderamente importante de la historia, desde mi punto de vista más objetivo y sin condicionamientos académicos ni compromisos con ningún sector de intereses.

Cualquier persona medianamente informada sabe hoy que las Pirámides de Gizéh son sólo una parte del entramado piramidal del mundo, aunque su Gran Pirámide, llamada arbitrariamente "de Kheops", sea quizá la más perfecta de todas las que se conocen.

Hay pirámides en México, pero no sólo están las muy famosas de Teotihuacán (*"Donde los hombres se convierten en dioses"*) y el cercano complejo de Tenochtitlán, sino que hay más de cien descubiertas y puede que durante muchos años siga habiendo hallazgos, que se realizan lenta pero inexorablemente bajo el manto de espesa jungla. La mayoría de ellas no sólo se hallan cubiertas por la exuberante vegetación, sino también enterradas, por lo que se sostienen continuas discusiones respecto a los períodos en que fueron construidas, manteniendo contraposiciones que son como en Egipto y el resto del mundo, "el debate interminable". Los arqueólogos rebajan fechas, intentando encajar *a presión* las cronologías de sus libros ya publicados, en base a datos por lo general peregrinos y confusos, pero los geólogos, físicos y demás buenos deductores, saben que son mucho más antiguas de lo que dicen los otros.

El caso es que en realidad -y sólo viendo las discusiones entre los mismos arqueólogos oficiales se comprueba- nadie sabe quién construyó las pirámides centroamericanas, las peruanas, las pirámides mayores de Egipto, ni las gigantescas pirámides chinas. Las de América Central suman ya más de doscientas entre el Norte de México y el centro de Venezuela. No todas corresponden a las mismas funciones, evidentemente. Las hay muy variadas pero muy pocas pueden justificar el título de "tumbas", ni siquiera como teoría. En las pirámides del Perú, que son unas treinta, jamás se han hallados restos funerarios de ninguna clase.

Los chinos desde miles de años antes de Cristo hasta hace menos de quinientos años, conservaban el conocimiento geomántico que les permitía vivir en casas piramidales de madera. Pero, -como en muchos otros sitios donde se usaron- poco queda de la madera, que aplicada a la construcción puede durar unos pocos siglos, siempre que no sea pasto del fuego o quede enterrada en sitios húmedos y se pudra. En China hay todavía algunas aldeas con casas piramidales a 52º de inclinación.

Las pagodas son el remanente cultural que su religión ha conservado sobre su antigua ciencia geomántica y piramidal, pero la pérdida de los conocimientos piramidales -producida por guerras y catástrofes naturales, así como adulteraciones por interpretaciones religiosas- significó una disminución drástica en la longevidad que aquellos pueblos disfrutaban. Los materiales con los que construyeron sus pirámides habitacionales los chinos, incas, mayas, egipcios y otros, eran necesariamente de madera dada la complejidad de las obras y la abundancia de árboles, lo cual ha dejado pocos indicios, quedando en cambio las de piedra, de uso público o gubernamental.

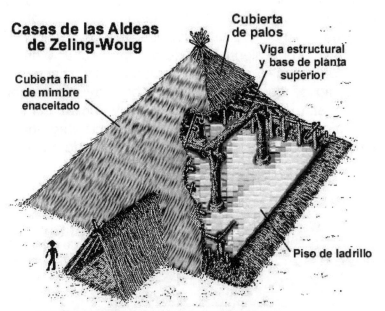

Casas de las Aldeas de Zeling-Woug

Cubierta de palos

Viga estructural y base de planta superior

Cubierta final de mimbre enaceitado

Piso de ladrillo

Dibujo: Atlas de las Grandes Culturas (M. Oliphant)
Completado por el autor con datos del Ing. Rudolf Welenger
Base: 9,67 m., Altura: 6,15 m., Angulo Aprox: 52°

Si somos objetivos al analizar la historia y deducir en base a lo existente, es prácticamente imposible que a las grandes pirámides las hayan construido los pueblos históricamente conocidos. Todo apunta a que otras civilizaciones mucho más antiguas las dejaron allí, como legado científico que algunos supieron aprovechar y otros ocuparon con mayor o menor "devoción mística" hacia los supuestos dioses que las hicieron y con mayor o menor aprovechamiento de sus cualidades. Hoy recién hemos conseguido descifrar las bases de esta Ciencia Sagrada y poco a poco, la humanidad empezará a usarlas de nuevo.

En China se han descubierto unas ochocientas pirámides y varias decenas de ellas en la región de Qinchuán, en la Provincia de Gansu. Otras, quizá el mayor complejo piramidal del mundo, en Xi'an, a unos 560 Kms. al S.E. del anterior. Al menos una de ellas, la Pirámide Blanca (la de la imagen), es la más grande conocida sobre la superficie terrestre. Tiene una base de casi 500 metros de lado, con 300 m. de altura hasta donde llega actualmente, pero le falta el piramidión, en una proporción mayor a la parte faltante en la G.P. de Egipto. Su actual cubierta es de adobe, pero debió estar revestida de piedra en el pasado y posiblemente -dada su solidez- tenga un núcleo de piedra. Debió tener originalmente una altura de 318 metros, o sea como un edificio de unos cien pisos. 26.416.667 metros cúbicos. ¡ Casi ocho veces el volumen de la G. P. de Gizéh!. No se trata de una montaña acondicionada. La mayor parte del material debió transportarse a esa planicie desde las canteras más cercanas ubicadas a unos cien kilómetros.

El problema para la investigación sobre estas moles extraordinarias, mucho más grandes y en mayor cantidad que las egipcias, es que el gobierno chino aún no permite a los occidentales investigar nada en su territorio. No faltan razones políticas y culturales para ello, especialmente sabiendo lo que han hecho algunos países en Egipto, donde no sólo usaron las pirámides como pretexto para infiltrar espías, sino que se robaron casi todo lo que encontraron, incluyendo enormes estatuas y la mayoría de los obeliscos. Sin embargo, esperemos que en breve tiempo el gobierno chino pueda abrir sus puertas a quienes deseamos sinceramente investigar sus pirámides. Con Google Earth a 34° 20' N y 108° 36' E pueden verse estas pirámides. Hacia el NE y SO se extiende una línea de muchos kilómetros, con cientos de ellas y mucho más grandes.

Pirámides de Xi'an, China

En 1974 una arqueóloga peruana (sólo recuerdo que se llama Olga) descubrió lozas de caliza en un yacimiento de El Cairo, cortadas bastante bien en forma de trapecios y triángulos. Algunos bloques eran claramente angulares, e intentó armar un puzzle con ellas. El resultado (no práctico, sino sobre el tablero de dibujo, con medidas exactas), fue que sería la cubierta de una pirámide de unos 9 metros de altura, con un espesor de 70 centímetros de pared. Debieron usar una estructura de vigas de madera para sostener la construcción, según las marcas de encaje halladas en varios bloques, pero eso se pudre rápido. El artículo era un recorte que me enviaron por correo en 1984, unos amigos peruanos que sabían que estaba armando mi laboratorio piramidal. No tenía el nombre del periódico, pero supongo que debe haber más datos en las bibliotecas o hemerotecas peruanas y egipcias. Esto indica claramente que las casas piramidales halladas en los dibujos en algunos partes militares romanos de la época de Julio César, así como en el mismo Egipto, no eran imaginación de los romanos o representaciones ideográficas de las grandes pirámides, sino que existían barrios piramidales incluso en el Egipto de Cleopatra.

En Bali, la Isla de los Dioses, también hay algunas, pero más pequeñas, quizá más modernas y también en otros puntos de Indonesia, en la India y... Hasta en otros planetas, como Marte y la Luna, a pesar de las campañas de desinformación lanzadas desde diversos organismos del gobierno de USA y apoyados conscientemente o no por innumerable cantidad de "escépticos".

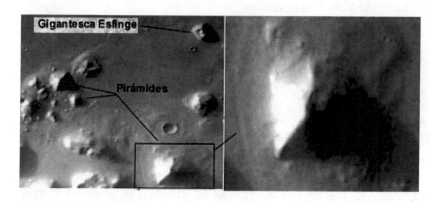

Encontrar pirámides en otro planeta equivale a que existe un movimiento en el cosmos bastante cercano, sin necesidad de remontar la imaginación a otras galaxias. Pero también significa que en algún momento fueron habitables -aunque sea artificialmente- sus superficies. Sin embargo, ello no quiere decir que las "nuestras" sean obras de extraterrestres. Bien pudo hacerlas la misma civilización y no necesariamente alienígena, sino humana, ya fuese terrestre o que provenga de otro planeta.

Y en la Luna están los llamados "Picos Lunares", que ningún geólogo puede explicar su formación por procesos naturales ni vale la teoría de la erosión por viento, puesto que no hay atmósfera en nuestro satélite y según los astrónomos jamás la hubo. Entonces tenemos una serie de incongruencias que son cuando menos, preocupantes por la información mal dada y contradictoria por parte de los científicos. Aquí ya no hablamos de arqueólogos ignorantes en ciencias exactas, sino de astrónomos, geólogos, ingenieros, informáticos y todo el personal científico que trabaja en la NASA.

Mientras ese organismo dice una cosa inaceptable para la mayoría de los científicos ajenos a él, los analistas de imágenes descubren adulteraciones de las fotos que se publicaron en un principio. Hay documentos que se pierden, enigmas de silencio, enorme cantidad de intentos fallidos en los lanzamientos de transbordadores y sondas, mientras que no fallan los lanzamientos de satélites para comunicaciones o espionaje internacional. Hoy mismo es justo dudar de que realmente USA haya llegado a clavar su bandera en la Luna porque hay muchísimas pruebas que demuestran que fue el fraude político más grande del siglo XX.

La cuestión de las pirámides en la Luna y Marte, no ha escapado a esos escándalos. Estos son los "Picos Lunares". En realidad, cinco pirámides de igual orientación, inexplicables desde el análisis orogénico.

Respecto a las pirámides de Marte, la versión oficial es que las ha producido por erosión el viento marciano. Para las de la Luna -carente de atmósfera- a cualquier geólogo esa explicación le parecería una tomadura de pelo, incluso aplicándola a cualquier planeta y también a Marte. El viento no forma caras rectas, enormes pirámides tetra y pentagonales con aristas definidas y afiladas, sino que en cualquier caso tendería a redondearlas, a difuminar los contornos. Actualmente, la NASA se encuentra abocada a una vergonzosa tarea política de desinformación -especialmente mediante internet- para hacer aparecer las pirámides y la Esfinge marcianas como una ilusión de óptica, que en unos años está deformada de las fotos originales. No se trata de una campaña contra las pirámides, sino la desinformación respecto a muchos temas de índole política.

En Perú encontré unas pirámides enormes en medio de la jungla, en el Sur del Parque Nacional del Manú. Cuando quise averiguar en Lima si estaba hecha la pertinente denuncia arqueológica, y en su defecto hacerla yo, terminé preso en un calabozo por unos días, sin saber por qué y sin que pudiera explicármelo el mismo Jefe de Policía, que tuvo que ordenar una investigación. Alguien había hecho una treta para hacerme detener en su nombre, mediante un comunicado radial, sin que pudiera saberse el causante ni el pretexto. Ni siquiera me pidieron documentos, ni me revisaron la mochila, donde llevaba un arma. El objetivo: Asustarme para silenciarme.

Unos años después un Amigo me prestó unas fotocopias de un libro titulado *"Crónica de Akakor"*, y hablaba de esas pirámides, incluso con su localización de longitud y latitud, aunque con error de algunos kilómetros, basándose en una foto de diciembre de 1975, tomada por el satélite norteamericano Landsat 2. La mayor de este conjunto, formado por dos filas totalizando una docena, tiene algo más de cien metros de lado, pero hay otro conjunto de por lo menos cinco pirámides, más enterrado y cubierto, a unos cincuenta kilómetros, que presenta al menos una, posiblemente tan grande como la de Kheops, aunque es imposible medir realmente su base mientras permanezca enterrada. Sólo un barranco del costado da indicio de los descomunales bloques que la componen, a diferencia de las anteriores (conocidas ya como Pirámides de Paratoari) que son mixtas, de bloques más pequeños y adobes de diverso tamaño. Las de Paratoari aparecen en http://www.paititi.com/

Estos conjuntos piramidales de Perú -de los que hay al menos una decena en todo el país- formarían parte de la legendaria Paititi, en la que no quiero extenderme porque daría lugar a varios volúmenes y por ahora no poseo suficiente material documental. Creo que Perú, cuando sea descubierto un poco más, dejará a Egipto como un pequeño "chiringuito turístico", aunque ciertamente no se han encontrado en occidente pirámides tan perfectas como las de Gizéh. Un dato curioso: la superficie de la base de la Pirámide del Sol en el complejo de Teotihuacán, es casi exactamente igual a la Gran Pirámide de Gizéh (sólo un metro menos por una de las caras), aunque su altura es considerablemente menor: 63 metros, contra los 146,6 de la G.P.

Estas grandes pirámides y la energía piramidal fueron aprovechadas por las civilizaciones posteriores, reproduciendo -mucho más toscamente- estas construcciones, según algunos colegas, pero... ¿No habrán sido las más toscas, construcciones experimentales más antiguas?. En realidad no hay ningún elemento que niegue objetivamente esa posibilidad. Los arqueólogos datan las construcciones por lo que encuentran en su interior y en parte porque ciertos gobernantes se las apropiaron en algún momento, pero ocultan el hecho de que hay escritos sobre las reacciones populares en unos casos, y las reacciones de sus sucesores, que han tendido a respetar las pirámides en su estado original (o mejor dicho como las encontraron ellos). A falta de los conocimientos físicos y tecnológicos perdidos fueron a veces usadas «místicamente» y ello parece haber tenido más aprobación popular, pero de ningún modo han podido usarlas como tumbas, so pena de ser defenestrados como el propio Kheops, según el sacrosanto Herodoto que por un lado le adjudica su construcción y por otro comenta -aunque en otras palabras- que fue sólo un usurpador de la G.P..

Sobre los modos de construcción, los arqueólogos -especialmente los de Egipto- parecen no tener ni la más remota idea de física y otras asignaturas esenciales para poder deducir la cuestión. Están tan convencidos de lo cierto de las teorías que les enseñaron hace dos siglos, que hacen oídos sordos a la opinión de los ingenieros, constructores, físicos, matemáticos e investigadores heterodoxos, más autorizados que ellos en esas otras materias. El debate sobre si eran tumbas o templos iniciáticos se mantiene entre diferentes investigadores, pero aún esa segunda opción -la de templo- aunque tiene muchas posibilidades de serlo, hay que verlo en diferente perspectiva: En primer lugar, como templo "místico" para los pueblos que las hallaron (no sólo a las pirámides, sino a muchas otras construcciones extraordinarias). En segundo lugar, que los constructores pudieron darle un sentido de templo entre otras varias utilidades, pero en todo caso templos "no místicos", sino en un sentido esotérico mucho más profundo y práctico que la mera idolatría o adoración a otras divinidades.

Cierto es que cualquier lugar que acumule energía puede usarse como templo en ciertas prácticas místicas y los egipcios así lo hicieron. Pero aquí se trata de maravillas tecnológicas absolutamente anacrónicas con las civilizaciones cuya autoría propone la arqueología oficial. Seguramente las usaron como templo una o más civilizaciones, como hoy mismo. ¿Acaso no van miles de personas cada año en grupos "iniciáticos"? . Pero no ha sido esa la intención principal de los constructores, aunque pusieran en ellas los más Sagrados Conocimientos. Para poder pasar a explicar mejor esas diferencias, hemos de entender primeramente los errores en los criterios con que se han elaborado las teorías oficiales actuales.

Buscando un parangón didáctico para explicar lo que ocurre con los arqueólogos de corta mentalidad y dogmas tan férreos como los religiosos, he imaginado la actitud de algunos arqueólogos de iguales características, pero del futuro. Permítame el Lector que me salga de lo estrictamente técnico para llevarle por unos minutos imaginariamente, al siglo XXV a partir del Gran Desastre, en este corto y didáctico cuentito, donde "*los personajes son ficticios y cualquier parecido con la realidad es mera coincidencia*":

EL TEMPLO DEL DIOS PÁJARO (Cuento muy didáctico)

Boletín extraoficial de la Legión de Pensadores Disidentes

Julián de la Torrefacta y J.M. Parralín Ortiga son dos sabios de esta época (al menos así lo considera este pueblo de Iberania del año 2.523 de la Era Post-Nuclear) Pero esa es una ocurrencia mía respecto al Gran Cataclismo. Si me pillan escribiendo esto de que hubo una Guerra Nuclear, me tendrán por loco una vez más, porque la versión oficial es que los hombres antiguos eran tan idiotas que Dios los castigó con fuego del cielo. Muy poco de tecnología se pudo salvar de lo que fue - según creo yo- una guerra mundial. Algunos libros, unas grandes pirámides vacías... La mayoría de la información estaba escondida en alguna otra parte.

Se han encontrado últimamente objetos muy extraños, como unos discos de un metal blando, flexible, que no se sabe cómo se usaban ni cómo se fabricaban, así que se buscaron hipótesis factibles de demostrar. Julián propuso una teoría muy en firme y parece que la decretarán como oficial, a falta de mejores pruebas de otros usos: Los discos -según Julián y Parralín Ortiga, correspondían a un ritual competitivo, consistente en embocarlos en un pincho de metal (como los hallados en otros sitios, especialmente donde habían mesas con cajones, de esas en las que dicen los sabios que los antiguos escondían la comida cuando había poca), y el participante que embocaba más veces el centro del disco en el pincho, se convertía en jefe o sacerdote.

Las reglas no están claras, pero hay pruebas de esta teoría, como marcas en un piso, en las ruinas de la antigua "Shopping", que podían significar las posiciones desde las que se arrojaban los discos. En un habitáculo se encontraron: a) Un gran cartel de metal que según las traducciones oficiales se pronunciaría "Rajuela". Posiblemente el nombre del ritual. b) Unos pinchos de metal con un pie redondo. c) Gran cantidad de esos discos con la enigmática denominación "CD". d) La ya referida marca en el piso, consistente en unos cuadrados pintados. e) Unas extrañas cajas, en cuyo interior hay unas bandejillas en las que estos discos parecen calzar. Pero ha de tratarse, según los sabios, de una mera coincidencia, ya que deducen que es absurdo pensar en guardar allí los discos, que cabrían en una caja de menor tamaño. Dichas cajas contienen unos amuletos de color verde, con rayas e hilos de cobre, al parecer destinados a eliminar los maleficios causados por las discordias entre los participantes o a dotar de suerte los discos antes de ser usados en el juego.

No me parece muy clara la teoría, pero es la que está aceptada de hecho. No entiendo cómo podemos decir para qué servía o no alguna cosa, cuando no sabemos cómo la hicieron....

Hace dos semanas que dejé de investigar lo de los discos, porque últimamente es imposible conseguirlos. El Dr. Nico ha ordenado su ocultamiento con pretexto de mejor conservación. Julián y Parralín Ortiga han sido convocados para estudiar un gran hallazgo arqueológico. El Dr. Hawas Nico les ha convocado para investigar lo que parece ser un Templo al Dios Pájaro.

En el Informe Oficial de la Revista Grandes Descubrimientos, el Dr. Hawas Nico escribe lo siguiente:

"Los primitivos del continente Amariconia también eran adoradores de los pájaros y hasta hay pruebas de que algunas veces intentaron volar como ellos, igual que otras civilizaciones en otros continentes. Esto se debe a la simple casualidad o al hecho de que todo el mundo ha soñado alguna vez con volar y los pájaros han sido siempre envidiados y a la vez adorados. Tal era la obsesión de esos pueblos semi-trogloditas. Pero lo que no pudieron hacer realidad (como seguramente jamás podrá hacerlo la humanidad, ya que la naturaleza no nos ha dado alas), lo hacían con el espíritu, con la imaginación, y en especial en los rituales fúnebres, donde el difunto era consagrado al Dios Pájaro para que se lleve su espíritu. Hemos encontrado hasta ahora más de cien templos al Dios Pájaro en Europa, pero sólo cinco en la casi inexplorada Amariconia. Éste es el sexto templo, siendo también el más grande jamás hallado. Es una pena que hayan usado grandes conocimientos de metalurgia y de química para construir esas representaciones místicas en vez de hacer armas, arados y otras cosas que habrían sido más útiles. Pero así eran los primitivos, ingeniosos para hacer cosas misteriosas que no podemos ni reproducir, pero como tenían millones de esclavos, podían darse el lujo de moldear a martillo los metales. También hacían un curtido de las pieles, que hemos hallado en los asientos de los templos, imposible de lograr con nuestras técnicas. Ya quisiéramos hallar el taller de Plastinapa & Co. que parece ser el fabricante, para que nos revele los trucos del curtido. Es posible que fuesen de animales que extinguieron durante el último Gran Cataclismo, cuya existencia es innegable porque hemos encontrado sus huesos incluso dentro de ciertas construcciones.

Mis compañeros Julián de la Torrefacta y J.M. Parralín Ortiga, que colaboran conmigo en esta seria investigación, han llegado a la misma conclusión que yo, sobre los usos del Templo. Este, recientemente hallado en la selva, cerca del Río Mayor, antiguamente llamado Armazonia, estuvo diseñado para grandes reuniones. El ara está completamente destruida, de modo que no es posible obtener muchos datos sobre el proceso ritual, pero es de imaginar que lo hacían los sacerdotes, de espaldas a los fieles, que en un número cercano a los 400 se postraban en los asientos para drogarse con alcohol, e imaginar que iban en el vientre de un pájaro. Estos templos, en los que siempre hemos hallado muchos esqueletos humanos, eran también lugares de sacrificio colectivo. Los primitivos no temían a la muerte, pero sí a los muertos, por eso abandonaban definitivamente esos templos cuando se oficiaba el último ritual, el del suicidio colectivo...".

Bueno, Amigos Pensadores Disidentes, el Dr. Hawas Nico y sus amiguetes dirán lo que quieran. Yo he hecho una maqueta del templo en escala, con un metro y medio de largo. Lo he arrojado al aire usando una catapulta de vara y ha volado muy largamente (más de ciento veinte pasos largos), aterrizando con toda suavidad. A riesgo de lo que digan los sabios, sostengo que el Templo 747 ha sido construido -como los demás templos del Dios Pájaro-, para volar y podía volar. No era un templo, sino un vehículo aéreo. Y Boeing, no era el ángel del Señor ni el nombre del cuerpo sacerdotal, sino el fabricante o algo así. Aunque me tomen por loco voy a hacer más maquetas de los Templos-Pájaros para que jueguen los niños. Quizá aprendamos a volar si perfeccionamos los diseños.

Grabiel Avlis, 13 del mes Primero, de 2.523 D.G.C.

Así, como el personaje del cuento, me siento ante los arqueólogos oficiales, habiendo demostrado que las pirámides tienen utilidades infinitamente mayores y más importantes que servir de tumba a unos señores que -curiosamente- parece que luego se arrepentían y bajo ataques de humildad se hacían enterrar en el Valle de los Reyes y otros sitios menos visibles y nada monumentales. Cabe recordar que de las 117 pirámides registradas en Egipto, sólo en dos se han hallado cadáveres completos y en otras pocas unos huesos o vísceras, sin que haya indicios de que fuesen los constructores ni los faraones.

No hay que confundir "Pirámides" con "mastabas". Esta últimas eran túmulos de piedra mucho más humildes, rústicos y pequeños que las pirámides. Es lógico que no se gastaran en los muertos ni en el "más allá", las enormes obras que se gastaron para mejorar la vida en el "aquí mismo" de los vivos. Especialmente cuando hemos probado ya los efectos terapéuticos y revitalizantes de las pirámides. En lo concerniente a misterios constructivos de la Gran Pirámide de Gizéh, nos encontramos con una buena lista de rarezas sin explicación por parte de la egiptología oficial, muchas de las cuales han sido ocultadas severamente, a fin de mantener los actuales estados de la que llamo con toda justicia "Tiranía sinárquica académica".

Cualquiera de las cuestiones planteadas en este libro obligaría a cambiar todos los libros oficiales, a que los fósiles académicos vivientes dejen de repetir tonterías en sus cómodas y bien pagadas cátedras; en fin, a reescribir la historia. Más de cien mil profesores en Europa y América se quedarían sin trabajo o deberían decirle a sus alumnos: "*Hasta ahora estábamos equivocados...*". La mentalidad reinante es que eso socavaría las bases sociales y el debido respeto al profesorado. Respeto que se va perdiendo igual, porque hay demasiada gente pensante y no tolera más mentiras académicas, pero que se rescataría si el alumnado viese una mentalidad más abierta, objetiva y franca en sus profesores.

Como decimos los piramidólogos: "*No sabe más de pirámides quien más respuestas tiene, sino quien más preguntas se hace*". Por eso, veamos algunas preguntas indiscretas y sus comentarios.

PREGUNTAS INDISCRETAS

1) ¿Por qué hay pelos, semillas, huesos, uñas, maderas, cerámicas y toda clase cuerpos extraños al granito, incrustados en las piedras de las pirámides, en especial en los bloques de mayor tamaño?.

2) ¿Por qué los análisis petrográficos de hace treinta años revelan que hay bloques donde las partículas aciculares con mayor concentración metálica de hierro, como algunas turmalinas, están "acomodadas" igual que si hubieran sido expuestas en un horno de microondas, en vez de estar desparramada su orientación, como es normal en la entropía de la formación de los granitos?. ¿Ese proceso ocurrió antes de colocarse los bloques, durante su colocación como piedra "blanda" o como producto de procesos energéticos en el interior de la pirámide?.

3) Sobre lo mismo, cabe preguntar por qué los análisis petrográficos se han ocultado y no se hacen públicos ahora, cerrando cada vez más el cerco a los investigadores heterodoxos. Ya no es posible ni ir a las pirámides sin custodia armada, ni sacar fotos a menos que se recurra al soborno de los guardias. ¿Por qué hay muestras de corte y taladrado del granito como las fotografiadas y difundidas ampliamente por la revista Año Cero y otras, cosas analizadas en detalle por el Dr. José. Álvarez López, que ningún ingeniero metalúrgico actual

acierta a explicar, sino con herramientas de extraordinaria dureza y tenacidad, muy superiores a las nuestras? ¿Tenían los egipcios de la IV Dinastía unos taladros de punta cincuenta veces más dura que el diamante?.

4) ¿Cómo explican los arqueólogos la construcción, con movilizaciones de material que aún nuestros propios ingenieros y arquitectos no pueden explicarse adecuadamente?, ¿Dejaríamos a los egiptólogos -que tan claro tienen el método constructivo de las pirámide- encargados de hacer nuestros puentes, edificios, caminos, vías férreas...?, ¿Apelarían a sus métodos teóricos de grúas de madera y cuerdas de lino, balsas de palmera y juncos para transportar bloques de decenas hasta centenas de toneladas, troncos de palmera para desplazarlos, enormes rampas kilométricas para subir paso a paso los bloques...?. Igual les prestaríamos un par de calculadoras electrónicas y algunos megáfonos para los capataces...

5) ¿Qué explicación tienen las marcas de "trabajo a punta de pala" en el Obelisco inacabado y otras piezas aún en cantera? No hay muchas marcas de pequeñas herramientas, ni de desbaste mediante cuñas de madera y agua, cosa útil en algunos tipos de piedras pero por demás absurdo e inútil en el granito, la diorita y la mayoría de las calizas.

6) ¿Acaso hay algún escrito, en jeroglíficos o cualquier otro lenguaje, que hable de los constructores de las grandes pirámides, que indique fechas de su construcción o que explique los métodos?. La respuesta es NO.

7) ¿Es explicable de algún modo que todos los faraones "piramidales" hicieran grandes construcciones para *engañar a los profanadores*" y se enterraran en otro sitio, donde jamás han sido hallados hasta hoy?.

8) ¿Cómo se explica que varios sitios, especialmente en Karnak se encuentren imágenes como la del dios Min, que representan claramente al espermatozoide, y no aparezca nunca una imagen de éstas en los manuales de egiptología?. Al preguntar su opinión a los guías turísticos

–generalmente titulados en historia, etc.- responde cada uno una burrada diferente. Se les rompen los esquemas históricos porque o bien había microscopios de más de mil aumentos hace milenios o hay que aceptar la clarividencia.

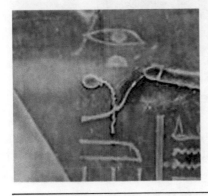 En este detalle de la foto, repetido más de diez veces en los frisos de Karnak, así como en el Templo de Horus y en el de Kom Ombo, la interpretación no puede ser otra que la que vemos en un microscopio. Por cierto, Kom Ombo debería ser estudiado y

analizado punto por punto, no por arqueólogos, sino por médicos. Allí se encontrará en los grabados, completos juegos de instrumental quirúrgico y detalles como este estetoscopio, que sólo la cortedad de mente de algunos, puede interpretar como un simple collar o un cencerro.

9) ¿Para qué y quiénes hicieron estas cámaras en la pirámide de Sekhemkhet., donde además hay en su interior unas cajas de piedra con puertas de calce múltiple?. Volveremos sobre estas cámaras luego.

10) ¿Por qué no se le da valor a la Estela del Inventario, que es casi el único documento que nos da pistas sobre la Gran Pirámide y para colmo si muchos egiptólogos se la adjudican a Kheops como quien mandó a redactarla?. La traducción oficialmente aceptada es la siguiente:

En el marco exterior:

"¡Que viva el Horus-Medyed rey del Alto y Bajo Egipto, Jufu, dotado de vida!, él encontró el Templo de Isis, Señora de las Pirámides, al lado del Templo de Hurun, en el noroeste del Templo de Osiris, Señor de Rosetau. Él construyó su pirámide al lado del templo de esta diosa y construyó la pirámide de la hija real Henutsen, al lado de este templo.

¡Que viva el Horus-Medyed rey del Alto y Bajo Egipto, Jufu, dotado de vida!, Él hizo para su madre Isis-Hathor inventario alojado en una estela. Presentó para ella ofrendas divinas de nuevo, construyó su templo en piedra y nuevamente encontró estos dioses en su lugar:" (y a continuación van enumeradas las estatuas en la estela). La estela también contiene imágenes de Isis y Hathor,

Discutir con los egiptólogos sobre las muchas interpretaciones posibles daría para más de un libro, pero en primer lugar, afirmar con las pruebas existentes en el conjunto global de la egiptología, que "Jufu" se refiere a "Keops, el constructor de la Gran Pirámide", tiene dos puntos "*per se*" cosa no aceptable en una investigación. El primero es que partimos de un dogma sin fundamento: Que Kheops construyó la Gran Pirámide. No existe absolutamente ninguna referencia en ningún grabado egipcio de que Kheops haya construido nada.

El segundo es que dan por hecho que el estilo de la estela corresponde a la Dinastía XXVI, adjudicándole a ésta todos los templos y construcciones similares. O sea, partiendo de un mismo armazón, de una misma cronología que hace aguas por todas partes y no se sostiene en infinidad de detalles, no sólo por sus contradicciones, sino por lo imposibles de explicar algunas cosas muy materiales y a la vista de todo el que va a Egipto sin preconceptos.

Un tercer punto "per se" ante cualquier estudio científico metódico, es que "Jufu" es un nombre y aunque se asocie a todo lo que asocia automáticamente, tomemos una perspectiva del tiempo y situémonos dos milenios en el futuro. ¿Sería Pedro el Grande el mismo que se supone apóstol de Jesús?. La misma estela, aparte de estar prácticamente escondida en un rincón del museo de El Cairo desde 1854 cuando la descubrió Auguste Mariette, presenta otra alternativa de traducción muy interesante:

"Él lo construyó para su madre Isis, Madre Divina; Hathor, Señora de (Nun). La investigación fue colocada en la estela. Él dio una vez más para ella una ofrenda, y construyó su templo de piedra otra vez. Él descubrió las estatuas de estas diosas que estaban en su lugar. El distrito de la Esfinge de Harmakis se encuentra al sur de la *casa de Isis, Señora de la Pirámide*; al norte de Osiris, Señor de Rostau. Las escrituras de Harmakis, fueron traídas para estudiarlas. (¿?) Permite que crezca, haz que viva eternamente, hacia el este. Qué viva Horus: Medjer, Rey del Alto y del Bajo Egipto: Keops, que posee la vida. Él encontró la casa de Isis, Señora de la Pirámide, detrás de la Casa de la Esfinge de [Harmakis] en el noroeste de la casa de Osiris, Señor de Rostau. Él construyó su pirámide detrás del templo de esta diosa, y construyó una pirámide para la hija del rey Henutsen detrás del templo".

Entendiéndola objetivamente y sin los rebusques subjetivos, tenemos que la Esfinge ya estaba construida, y también la Pirámide. Al menos la Gran Pirámide, aunque no menciona a las otras. ¿Se refiere a algún trabajo de reconstrucción del templo de Isis que hiciera Jufu (Kheops)?, Es lo más probable. Y ciertamente que no pudo haber hecho más que eso. Aún así, no ha quedado nada de Kheops, más que la estatuilla hallada por William M. Flinders Petrie en el templo de Jentyamentiu en Abydos en 1903 y algunas inscripciones en las canteras, que igual pueden referirse a un homónimo.

Cierta leyenda egipcia más antigua que Herodoto, figura en un escrito en hebreo (recogida por un viajero cartaginés) del 530 antes de Cristo; habla de que Kheops estaba empeñado en encontrar la *Cámara Secreta de Thot* en la Gran Pirámide y por ello y otras fechorías fue aborrecido por el pueblo. Es quizá la más antigua mención extranjera del faraón pero en dicho escrito, comprado en 1889 por un particular a la princesa Clementina de Orleans, se mencionan las otras pirámides y la Esfinge, a las cuales se les atribuyen propiedades de uso. Una parte del escrito dice casi textualmente: *"La del medio echaba más fuego y Jufu no la perturbó, salvo una vez para rogar curación de una herida y otra vez para rogar por su hija.*

Entonces los sacerdotes le permitieron entrar en una pirámide de las menores y allí le curaron sus males". ¿Se referiría a la pirámide de Henutsen?

Respecto a ésta, mis descubrimientos en 2006 aún están causando molestias importantes a ciertos grupos de escépticos, aunque las conclusiones de varios ingenieros consultados ya no dejan lugar a dudas: Se trata de cámaras terapéuticas de efecto combinado, por una parte, efecto de antipirámide, por otra, efecto de cámara hiperbárica a cuatro o cinco atmósferas.

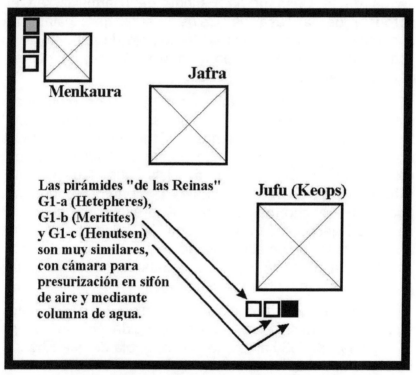

Que se llamen "Pirámides de las Reinas" son un entuerto complejo e incapaz –como toda la egiptología oficial- de soportar un análisis crítico. Pero olvidémonos ahora de esa discusión de tontos y volvamos a las cuestiones objetivas. Las tres son similares, e incluso con similitudes a todas las pirámides que no pasan de cincuenta metros de altura. Centrémonos en la llamada "de Henutsen".

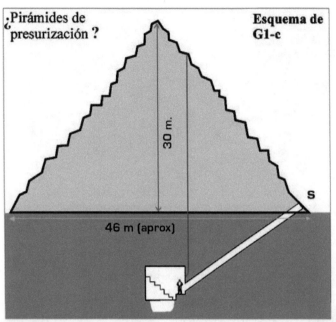

¿Pirámides de presurización?

Esquema de G1-c

30 m.

46 m (aprox)

S

Plano aproximado de la cámara de presurización aeróbica por columna de agua en la pirámide donde nunca estuvo sepultada la reina Henutsen, Hija de Snefru, esposa de Jufu (Keops) y madre de Jafra (Kefrén)... Aunque debió bañarse algunas veces en esta pirámide terapéutica.

N: +200 cm
N: +140 cm
N: -50
N: -35
N: 0 cm

Ingreso de agua desde el exterior

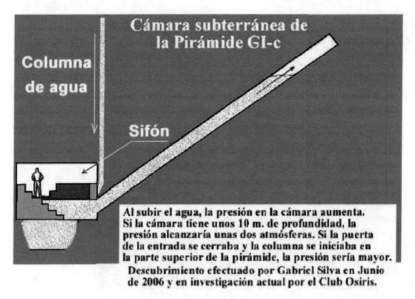

Cámara subterránea de la Pirámide GI-c

Columna de agua

Sifón

Al subir el agua, la presión en la cámara aumenta. Si la cámara tiene unos 10 m. de profundidad, la presión alcanzaría unas dos atmósferas. Si la puerta de la entrada se cerraba y la columna se iniciaba en la parte superior de la pirámide, la presión sería mayor.

Descubrimiento efectuado por Gabriel Silva en Junio de 2006 y en investigación actual por el Club Osiris.

Sobre el parentesco de Henutsen con Jufu (Kheops) también habría que abrir un foro aparte. La tumba de Henutsen fue descubierta *en Meidum*; hoy –como muchos sitios que debieran estar protegidos y bien cuidados- está lleno de basura. La pequeña tumba de Henutsen sigue sin hacerse demasiado pública y teniendo su cartel en Gizéh.

Volvamos a la Gran Pirámide con algunos pocos datos a analizar: Está compuesta por más de dos millones y medio de bloques, con pesos que van desde 2,5 toneladas los más pequeños, con un promedio de 20 Tn los medianos y hasta doscientas o más en el interior. Para construir sólo la G.P. en 20 años como escribió Herodoto, debería llevarse un ritmo de colocación de un bloque cada menos de cuatro minutos. O sea: Extraer de la cantera, lapidar (desbastar), pulir, transportar y colocar en un sitio único correspondiente a un plano preciso (porque no hay dos bloques exactamente iguales en toda la G.P.) un bloque cada 3,7 minutos, para ser un poco más exactos.

También hay que considerar que no se trata de una, sino de tres moles sólo en Gizéh y que las otras dos (Kefrén y Micerinos), forman juntas un volumen poco menor que el de la G.P.. Kheops (Jufu) con un total de

2.592.968 m3. Kefrén (Jafra) con 2.216.240 m3 y la de Micerinos (Menkaura) con 235.182 m3.

No se hallaron jamás dibujos, materiales ni señal alguna de dichas rampas, así como no hay marcas de cantera ni pistas sobre la extracción de dichos materiales. No pudieron ser simplemente arena, por una infinidad de problemas técnicos que sería largo de detallar. No existe jeroglífico alguno que describa la construcción de las pirámides. Como teorizar no cuesta nada, hay gente que ve muy fácil a miles de hombres haciendo rampas y poniendo piedras. Esta sería la "ingeniosa" rampa de los teóricos, cuya construcción llevaría más tiempo y materiales que la propia pirámide.

11) ¿Cómo explicarían los arqueólogos que los egipcios tuvieran una técnica de pulido equivalente a la usada en nuestros mayores telescopios, para aplicarla sobre los enormes bloques de granito?. Aunque se hubiera -como hay muchas pruebas- ablandado la piedra, el pulido es algo muy delicado, requiere de cierta dureza del material tratado... Y unos equipos ópticos muy sofisticados.

12) ¿Cómo se explica que los egipcios, que llenaban todo de jeroglíficos y dibujos, no hicieran ni uno sólo en las pirámides?... Salvo, claro, los jeroglíficos que curiosamente "descubrió" el muy dañino Coronel Howard Vyse en 1837, en las Cámaras de descarga, entrando mediante dinamitación y asegurándose de quedar sólo tras la explosión. Cabe recordar que además, Vyse dinamitó el hombro de la Esfinge, dinamitó también algunos tanques del Serapheum, cavó un pozo de tres metros junto a la cuba de la Cámara del Rey, excavó siete metros en dirección Sur, sobre la primera cámara de descarga, profundizó siete metros más el pozo de la cámara del Caos y varios otros desmanes nada científicos.

Unas pocas pirámides, ciertamente tienen jeroglíficos, como la de Pepi Iº, pero no dicen nada, son tan ornamentales como los papiros que tengo en mi casa. No tienen nada que ver con la construcción de la misma.

La ingeniosa "rampa" de algunos teóricos. Su construcción llevaría más tiempo y materiales que la propia pirámide

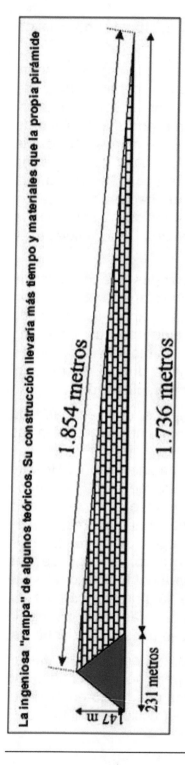

1.854 metros

1.736 metros

231 metros

147 m

También hay que considerar que no se trata de una sóla, sino de tres moles sólo en Gizé y que las otras dos forman juntas un volumen poco menor que el de la G.P. No se han encontrado jamás dibujos, rastros materiales, marcas de cantera concordantes con dicho material ni señal alguna de tales rampas.

Keops (Jufu): 2.592.968 m3 ....Kefren (Jafra): 2.216.240 m3........... Micerinos (Menkaura): 235.182 m3

Mi Amigo, el investigador Georgeos Díaz Montexano, es la única persona que me dejaba un hueco para la duda sobre la falsedad de los cartuchos de Vyse, (se llama "cartucho" a un conjunto de jeroglíficos) pero sólo porque me consta la honestidad y erudición de Georgeos, cuya postura por la legitimidad de esos grafitos, aunque no la comparto definitivamente, es digna de consideración. Si Vyse realmente encontró esos dibujos, es posible que hubieran sido pintados por quienes en algún momento hicieran una reparación en la pirámide. Es muy curioso que un obrero o un constructor dejara su marca -en jeroglíficos apurados- en un sitio que no estaba precisamente destinado a ser dinamitado para entrar allí.

Nunca se permitió hacer análisis químicos de la pintura y varios que lo intentaron terminaron presos, como el alemán Gurgen Wolksen en 1980 (que se fugó) y el químico francés Eusèbe Furniere, que pasó varias semanas en 1986 en un calabozo. Para presentar de modo breve el asunto, veamos algunos mensajes (textuales) intercambiados con Georgeos Díaz-Montexano, a quien al margen de nuestras diferentes posturas en el tema, respeto como honesto egiptólogo, historiador, investigador y explorador:

EL ENIGMA DEL CARTUCHO VYSE:

Únicos jeroglíficos hallados en la Gran Pirámide.

> Hola Georgeos y a Todos:

> Mi parecer es que quienes pueden dar una mejor pauta en ese asunto, son los ingenieros y arquitectos. Pero éstos ya se rascan la cabeza pensando en cómo se podrían haber construido las pirámides, teniendo en cuenta que hoy sólo podría imitarse la obra exprimiendo los más avanzados recursos técnicos y aguzando el ingenio al máximo.

> Cualquiera que haya tenido que «arreglar chapuzas», en cualquier ámbito, pero muy especialmente en la construcción, sabe que éstas suelen ser mucho más

complicadas que demoler y empezar de cero, más aún cuanto más «metido» está en la estructura el lío que hay que arreglar.

> Aunque no tengo planos muy completos de la distribución interior de los bloques, por lo que se ve no es posible siquiera imaginar una modificación tal en la G. P. porque las cámaras de descarga sostienen el peso de toda las moles que hay encima.

> No menosprecio en absoluto la habilidad de los constructores (¡de semejante obra!), pero hay cosas en las construcciones que son físicamente imposibles, o aunque fueran posibles carecen de sentido.

En cuanto a la G.P. una modificación de ese tipo es casi imposible, pero además carece totalmente de sentido.

> Uno de los arquitectos de Piramicasa, Carlos Taube, dice que lo que más le asombra de la G.P., es el juego de fuerzas calculado en una exactitud que a los egiptólogos - como a mí- se nos pasa completamente inadvertido, ya que hace a factores matemáticos y físicos bastante complicados.

> Vemos allí una obra cualquiera -y ni pensar en la pirámide- pero apenas podemos vislumbrar el trabajo de cálculo que hay en ella. Arreglar algo en la obra, implicaría hacer cálculos más complejos que los originales. Por todo ello es prácticamente imposible que las cámaras de descarga arreglos de una obra que las incluye en un cálculo global original.

Un Abrazo constructivo

Gabriel Silva

-- Original Message --

From: georgeos_diaz

Sent: Friday, February 14, 2003 5:25 PM

Subject: RE: LAS CÁMARAS DE DESCARGA

Estimado Sr. Silva:

Como es lógico, no intentaré cuestionar si es o no posible que las «cámaras de descargas» se hayan podido restaurar en algún momento posterior a la construcción de la G.P.; es evidente que no soy arquitecto, por consiguiente, no pienso invadir ese terreno. Soy un fiel respetuoso de la especialidad. Si los arquitectos creen imposible que se pueda haber realizado alguna restauración en las «cámaras de descarga» no pienso ni puedo contradecir esa creencia, ya que no poseo conocimientos suficientes para ello.

Ahora bien, se me plantea un problema muy difícil... como sabéis he estado estudiando las inscripciones existentes en estas «cámaras de descargas», de momento no he hallado ni una sola evidencia que apunte en contra de la autenticidad de las mismas. Sin embargo, al observar las mismas se puede apreciar, claramente que muchas de las inscripciones aparecen cortadas, lo que ocurrió a la hora de colocarse los pesados bloques de granito. A priori, esto evidencia que tales inscripciones se hallaban antes de la colocación de los bloques de granito. Si esto fue así, pues entonces las inscripciones no solo son auténticas sino que encima fueron escritas en el momento de la construcción de la G.P.. Este hecho demostraría que cuando se construyeron las «cámaras de descarga», estas ya estaban allí. Y si en

ellas se lee los nombres de Kheops «Jenum-Jchufu» y «Jchufu: «Heru Medyedu», entonces, como han defendido los egiptólogos académicos la G.P. pudo haber sido construida por o para Jhufu o Kheops.

Un análisis detallado y de cerca de las inscripciones demuestra que la línea de los grafitos que fueron cortados continúa por debajo de los bloques por un espacio por el cual no cabe prácticamente ni el filo de un cuchillo. Todo esto demostraría que, en efecto, cuando se colocaron los bloques, estos grafitos ya existían. Y si es imposible - según los arquitectos- que estos bloques se hayan podido colocar una vez construida y terminada la G.P., entonces no queda más remedio que aceptar que cuando se construyó la pirámide reinaba el faraón Kheops.

Por otra parte, una de las inscripciones ofrece la fecha del año 16 del reinado del Faraón. Si en el año 16 de su reinado ya habían llegado a construir hasta la altura de las «cámaras de descarga», nada impide pues que en los restantes 7 años de su reinado se concluyera la G.P.. La altura de las «Cámaras de Descargas» están ubicadas próximas al centro del edificio a una altitud estimada de 68 a 70 metros. Esto se corresponde, aproximadamente, con la mitad de la construcción, si tenemos en cuenta que la mitad de la altura sería de unos 73,5 metros sobre el nivel de la base. Como es lógico a medida que se avanzaba en la construcción esta se dificultaba más en cuanto a la altura, pero a su vez la cantidad de bloques a colocar es mucho menor que la que se había colocado hasta llegar a las «cámaras de descarga».

Un simple análisis matemático evidencia una cierta lógica. Suponiendo que se iniciaran las obras de la G.P., en el tercer año del reinado de Jchufu o Kheops (para que cuadren los 20 años de las fuentes clásicas), es más lógico suponer que los constructores necesitaran más años (según la inscripción y contando a partir del tercer año, unos 13 años) para alcanzar la altura de las cámaras de descarga, ubicadas encima de la «Cámara del Rey» que para alcanzar la cima o cúspide de la pirámide; lo cual, según la inscripción, conseguirían en 7 años.

Todos estos datos están revelando información muy sólida a favor de la autoría de la construcción de la G.P. en la época de Jchufu y de la versión tradicional existente desde los tiempos de Herodoto. Como ya sabéis, según las fuentes clásicas, Kheops sólo tardaría unos 20 años en construir la G.P.. Aunque resulte difícil de creer que los antiguos egipcios en los tiempos de Jchufu sólo necesitaran 20 años para construir la G.P., lo cierto es que las inscripciones halladas en las cámaras de descarga no sólo estarían confirmando la autoría de la obra por parte de Kheops (como señalan las fuentes desde la antigüedad) sino que además el año fijado confirma -en base una lógica de cálculo- el tiempo estimado de 20 años, según las mismas fuentes clásicas.

Mientras nadie pueda explicar, de manera convincente y científica, como alguien pudo falsificar estas inscripciones (que no sólo son gramaticalmente correctas sino que además se hallan por debajo de la línea de los pesados bloques de granito) estas inscripciones o grafitos de las cámaras de descarga ofrece un fuerte espaldarazo a las afirmaciones de Herodoto, y demás autores de la antigüedad.

Ahora más que nunca, los defensores del origen xenogenético extraegipcio de la G.P. tendrán que enfrentarse a un enorme reto: Demostrar científicamente que las inscripciones o grafitos de las cámaras de descarga son una falsificación. Sinceramente, como experto en escritura jeroglífica, es algo que considero prácticamente imposible. En primer lugar sólo otro experto en jeroglíficos tendría conocimientos suficientes para intentar rebatir la autenticidad de las inscripciones, desde el punto de vista gramatical. Sólo un experto en epigrafía tendría conocimientos suficientes para intentar refutar la antigüedad de los grafitos según el grado de erosión, despigmentación y difusión que presentan

la mayoría. Sólo un experto en arquitectura podría explicar cómo pudieron Vyse y compañía o quien quiera que fuera mover los pesados bloques de granitos, inscribir los grafitos y después volver a colocar los bloques de manera tal que se pueda apreciar por las estrechas hendiduras que los jeroglíficos continúan por debajo. Como podréis ver. Es un reto muy difícil.

Sinceramente, estoy convencido de la autenticidad de dichos grafitos, no sólo por todo lo anterior y todo lo comentado en mi artículo en http://www.Egiptopolis.com/ sino además por algo realmente increíble que de momento y según mis averiguaciones se les ha escapado a todos los colegas expertos en escritura jeroglífica.

Esto que se les ha escapado es la clave del Gran Secreto de Kheops. La clave que hará que todo esto tome sentido. Confieso que el descubrimiento que acabo de hacer no sólo es una prueba contundente sobre la autenticidad de las inscripciones sino una prueba demoledora de que Kheops contaba con un misterioso «PODER» que sería lo que le permitiría conseguir tamaña hazaña de construir una pirámide como la G.P. en tan sólo 20 años, poco más o poco menos.

Pronto estará listo el artículo. Eso sí me gustaría antes ver la posibilidad de publicarlo en exclusiva en una revista de Gran Tirada. Su importancia es enorme y va a dar mucho que hablar, no sólo por las conclusiones a las que se podrían llegar sino porque a muchos les dará la razón - en una gran medida- sobre algo que han venido defendiendo desde hace mucho tiempo en relación con las tecnologías desconocidas de los egipcios del Antiguo Imperio, a otros les dejará en el más absoluto de los ridículos por no haberse percatado jamás de ello -a pesar de presumir de especialista en escritura jeroglífica-, mientras que aquél que confiese que sí se había percatado quedará como un mezquino y un miserable manipulador y falsificador de la verdad, por no haberlo hecho público.

Saludos Cordiales de Georgeos

Hola Georgeos:

Como muchas veces, ha puesto Usted en interesante actividad nuestras neuronas. Porque conociendo sus anteriores trabajos y al margen que se comparta o no sus deducciones, su exposición no puede ser una teoría «traída de los pelos», y creo que todo buscador de la verdad debe tenerla muy en consideración.

Por mi parte, he sido hasta ahora proclive a la hipótesis de que los egipcios no fueron los constructores de las pirámides de Gizéh, y sería un alivio mental extraordinario descubrir que realmente lo fueron y cómo las hicieron. He defendido esta hipótesis extraegipcia por ser, de acuerdo a los datos existentes, la más lógica. No obstante, lo que importa es que vayamos avanzando en los descubrimientos, y si realmente Kheops construyó la G.P. significaría que estamos «más cerca» de hallazgos trascendentales, útiles hoy en día. Pero también significaría que la civilización egipcia era en muchísimas cosas, algo muy diferente a lo que nos pinta la ortodoxia.

Veamos algunas cuestiones que sería interesante dilucidar:

A) ¿Es posible que Kheops (y otros faraones) tomaran sus nombres de los constructores y mentores anteriores de la civilización egipcia?. Digo, del mismo modo que hoy, con milenios de diferencia, se toman nombres como José, María, Jesús, Suetonio, César, Minerva, etc... ¿Tenían los egipcios un nombre único y exclusivo que nadie más usaría en la historia?. ¿Podemos sacar tan tajantes conclusiones con tan mínimos datos?.

Permítame un simple ejemplo imaginario, que aunque «traído de las pestañas», un poco humorístico y hasta quizá sin algún valor científico, sirve para graficar mi idea: Si en el futuro (dentro de algunos milenios), un arqueólogo encuentra una imagen de Jesús crucificado, junto a una camiseta del Atlético de Madrid y algún periódico aún conservado y ya perdido en ese tiempo el idioma castellano... Podría decir que:

«Jesús ¿Gil? fue crucificado pero no se sabe con exactitud la fecha. De acuerdo a las ruinas halladas, los Iberos practicaban un ritual llamado fútbol, del que el crucificado era Sumo Sacerdote... Aunque no se sabe si fue el mismo Jesús quien mandó a construir la llamada por algunos «Catedral de San Martín de Londoñedo», puesto que hay una imagen del mismo crucificado tallada en madera. Una inscripción hallada en una losa de la época, en el interior de este edificio, cuyas pinturas se corresponden con las halladas en un depósito, al parecer de uso comunitario, llamado «pinturería», dice textualmente: «Viky, te amo por toda la eternidad». Dada la ubicación de la escritura, en un sitio de difícil acceso, es de suponer que el constructor quiso dedicar tan magna obra artística a lo más importante de su vida personal, al margen de la utilidad funeraria del enorme panteón. Pero algunos ortodoxos sostienen que Viky era el nombre íntimo de familia de la Reina Victoria de Inglaterra, por lo que la misma debió haber sido enterrada allí y no en aquella supuesta isla que habría existido al noroeste de Europa»

O sea, que si las cosas no encajan en la lógica por ninguna parte, es que debemos tomar otros rumbos deductivos. Y a veces, aunque encajen en la lógica, no tenemos garantía de que una teoría armada con tan pocos datos sea exacta.

B) Si las inscripciones están cortadas en las hiladas, no significaría necesariamente que fueron hechas antes de colocar los bloques. Hay tres razones:

B-1) Que los falsificadores tienen una genialidad sorprendente para adelantarse a las deducciones de los analistas, tal como demostró el timador y falsificador de dinero Arnold Boulin. ¿Pudo Vyse hacer a propósito unos cortes que nos harían deducir una inscripción anterior a la colocación de los bloques?.

B-2) Que según el tipo de pintura, ésta suele ir ocupando los intersticios y -tal como Usted sostiene- es muy difícil probar la legitimidad o falsificación, o la antigüedad de las pinturas, merced a la gran cantidad de factores ambientales. En la pirámide, seguramente contamos también con una rápida deshidratación de la pintura, pero si ésta es oleosa pudo tardar años en secarse totalmente.

B-3) ¿Qué sentido tiene hacer una «placa de constructor» escondida en un lugar que nadie jamás vería?. El hecho de que Vyse dinamitara la cámara para encontrar eso, tiene un espeluznante parecido con las maniobras actuales de Hawass. Todo queda en un mar de confusiones y tan escondido como se puede, hasta que un puñado de ortodoxos decida qué se encontró y que no.

C) Además resulta muy raro pensar en una inscripción cortada por ser previa a la colocación de los bloques, considerando que en esta obra (como en cualquiera, pero especialmente en una obra tan compleja), primero se construye y luego se pule, se pinta, se graba, etc...

D) Que donde se pone el ojo, se puede poner el pincel.

E) Que también resulta muy extraño que los dinteles posean irregularidades propias de un arreglo, resultando algo discordantes con el resto de la obra. Pero también resulta casi imposible que dichos bloques fueran metidos en la pirámide luego de su total construcción, aunque pudieron haber usado los mismos que había, haciendo las modificaciones de las que sobró algo de material. Y aunque por el momento los arquitectos actuales no ven como probable que se hayan hecho semejantes «arreglos» si los egipcios podían ABLANDAR y AMALGAMAR la piedra, como han hecho otros pueblos, bien pudieron hacer casi cualquier arreglito en el interior de la G.P., lo que tampoco asegura que fueran los constructores originales.

Uno de «mis descubrimientos» al respecto, fue lo que me enseñaron los aborígenes peruanos, (cosa que ya sabía un viejo amigo ornitólogo limeño y me confirmó muchos datos) sobre un pajarito que junta tres hierbas diferentes y los picotea hasta formar una masa, que al ponerla sobre el duro basalto de las salientes en la montaña, lo ablanda como si fuese masilla. Así construyen largos, delgados e inexpugnables nidos.

Con esa técnica, que no deja casi residuo de construcción ni escombro, ni requiere de aparaterío, los Vikingos (Ingas Virgötch o «Inkas Viracochas») construyeron todo lo que construyeron. Los egipcios bien pudieron ablandar la piedra, y demostrar eso sería una clave para defender la teoría de los egipcios como constructores, o al menos como buenos refaccionistas. Aún así, con alguna reserva, porque los conocimientos astronómicos, geodésicos, matemáticos, etc., aplicados, siguen sin corresponderse con la cultura egipcia.

En fin, que si «Kheops el Constructor» y «Kheops el Faraón», fueron o no la misma persona, es asunto muy interesante de dilucidar, pero seguramente lo es mucho más, el saber cómo, el porqué y el para qué se construyeron las pirámides. Sobre «cómo», «quién» y «cuándo», es para mí la incógnita, porque del porqué y el para qué no tengo duda alguna.

Es más: Estoy seguro que Kheops el constructor -y posiblemente también el faraón- no ha dejado cadáver alguno. Pero eso es otro tema.

Un Abrazo cordial y quedo en la ansiosa espera de sus declaraciones sobre sus hallazgos.

Georgeos Díaz no nos dejó clavada la espina del misterio porque nos dio la traducción correcta, pero aún así, sigue sin definir quién fue el constructor original, pero nos hace pensar algo muy importante en cuanto a tecnología egipcia.

La parte principal de la traducción de los grafitos de Vyse fue publicada bajo "Copyright" por Zahi Hawass en 1997, como "*¡Qué poderoso es el equipo de la Corona Blanca de Khenum-Khufu!*".

Y por otros traductores, como

"¡Qué poderoso es el equipo de la Corona Blanca!" o "La cuadrilla de operarios, ¡qué potente es la Corona Blanca de "Khenum-Khufu!" Bastante pobre en cantidad interpretativa y en calidad. Las traducciones de Georgeos Díaz-Montexano, cuya amplia documentación y fundamento ocuparía demasiado espacio y por lo tanto resumo, son textualmente:

"La Pirámide que contiene el Gran Poder". "La Pirámide que está en el Gran Poder". "El Horus Medyedu. El Purificado".

Respecto a la importancia de la purificación, Georgeos escribe:

[Es muy importante esta inscripción. El faraón debía ser puro, como lo demuestran varias sentencias mágico-religiosas de los antiguos textos piramidales: "... El faraón ha sido purificado con la purificación del dios puro ...", "... el Faraón asciende del lugar puro ...", "... la pureza de los dioses es la del Faraón ...", "... El Faraón se ha purificado, toma para sí el trono que está en el Cielo ...", "... el Faraón es puro, el está vivo ...", "... ¡Cuán perfecta es tu purificación! ...", "... Tu Pureza es la Pureza de los Dioses ..." y "... su purificación es la purificación de Horus ...". Esta última sentencia está estrechamente relacionada con el nombre de Horus de Kheops.]

Recordemos estas valiosas traducciones, muy relacionadas con el último capítulo de este libro, donde trataremos sobre la Trascendencia o Ascensión. Y siguiendo sus meticulosas traducciones:

"El Equipamiento Secreto de ... ¿Kheops?."

Hay algunas dudas, quizá por el deterioro de las pinturas, pero evidentemente se trata de un constructor, que pudo ser el refaccionista. Hay un jeroglífico, el Hmt, que lleva el código U24, que significa textual, fonética y literalmente "taladro", y al cual los egiptólogos fueron dejando de lado por falta de comprensión de su relación con el resto del mensaje. Ajustando el resumen del delicado trabajo de nuestro admirable Georgeos, la traducción final quedaría en: *"Qué poderoso es el taladro del Equipo del Señor de la Corona Blanca Jenum-Jachufu"*.

Sólo estudiando en profundidad los trabajos de este investigador, es que se puede tener idea de la importancia histórica y científica de su labor. No obstante, ello quizá convenza a alguien de la autenticidad de los grafitos y de la inocencia de Howard Vyse, pero al mismo tiempo nos pone en otra perspectiva respecto a la autoría de la pirámide, diferente de quienes pudieron hacer aquellos grabados. Asombrosas ambas tecnologías; la de los primeros, para construirla, la de los segundos para repararla o acondicionarla para los usos más trascendentales, puesto que según nuestros arquitectos es imposible haber metido en la pirámide, una vez construida, los bloques que componen las "cámaras de descarga" (en realidad, deberíamos llamarles "Cámaras de resonancia"). Si los egipcios no pudieron disponer del conocimiento necesario para diseñar la G.P. (sistemas de medición cuántica -como veremos más adelante-, microscopios electrónicos de barrido, herramientas láser o similares para pulido y mediciones) y conocimientos geodésicos muy avanzados, al menos disponían de tecnología para perforar el duro granito o para ablandarlo... O ambas cosas.

Una cuestión importante aunque no lo parezca, es el hecho de que los grafitos en cuestión estén PINTADOS, no esculpidos. No fueron grabados de modo más duradero, ni en un lugar destinado a ser visto, como habría hecho el constructor del más maravilloso edificio levantado hasta hoy según conocemos. Sin embargo va a tono con un "graffiti" de los obreros mandados o quienes pudieran repararla milenios más tarde.

Del mismo modo, el hecho de que se encuentren algunos jeroglíficos invertidos, de costado, en posiciones aleatorias, como habiendo sido escritos en la cantera o allí mismo, pero ANTES de colocar las piedras en el lugar que ocupan dentro de la pirámide, da un viso de autenticidad a los mismos. Pero no excluye la posibilidad de que hayan sido colocados "blandos" en el interior (en cubos, como nuestro cemento) para su posterior endurecimiento. En ese momento pudieron pintarse y luego colocados en su ubicación definitiva. Vamos a dar por supuesto que así sea, sería cosa de los obreros, porque... ¿Colocarían los constructores originales una placa en un lugar no visible ni destinado a descubrirse -y aunque así fuera- sus partes de modo desordenado, contraviniendo todo el orden y perfección de su obra?. En síntesis, según la lógica más elemental: Los constructores estaban más desarrollados que nosotros en demasiadas cosas; quizá en milenios, si vale una comparación temporal.

Los egipcios, los que escribían en jeroglíficos, tenían una tecnología muy diferente. Menor que la de los constructores originales pero en algunos aspectos, más avanzada que la nuestra, al menos en cuanto a tratamiento de la piedra.

A Georgeos Díaz-Montexano debemos también el descubrimiento real y definitivo en el 2003, de la Atlántida, que sin perjuicio de que se puedan encontrar "otras Atlántidas" la hallada por él es sin duda alguna la descrita por Platón, puesto que en base a la interpretación correcta de las crónicas clásicas es que la ha encontrado. Aunque hasta la fecha algunos de los vendedores de misterios -y menos la arqueología oficial- no han querido "quemar" dicho enigma y el asunto esté poco publicitado. Además, hay intereses espurios por parte de otros académicos, que -a diferencia de Georgeos-, carecen de ética y pretenden hacer suyo el descubrimiento oficial de este investigador. En lo particular, estoy entusiasmado con el tema porque siento -por pura intuición, quizá- que en el fondo marino, en los alrededores de la Atlántida o dentro de su "conurbano", se encontrarán interesantes pirámides cuando pueda continuar Georgeos su exploración, que ya está debidamente iniciada y documentada. Sigamos con las preguntas indiscretas a la comunidad científica fanáticamente ortodoxa.

13) Sigamos con preguntas indiscretas: ¿Dónde están las herramientas halladas en la primera mitad del siglo XX, así como las muestras de rocas que el Dr. José Álvarez López y el investigador Davidovich encontraron en diversos puntos de El Cairo y en Gizéh?. Estas demostraban -y demuestran, varias que están en los yacimientos aún- que se usaron tecnologías muy superiores a las nuestras para taladrar el granito, e incluso para ablandarlo, tal como hacemos hoy con la caliza, para fabricar el cemento e igual que los Incas (o sus predecesores) hicieron con el

basalto en Perú y Bolivia, para construir paredes de bloques gigantescos, en las que hay marcas de pies, dedos, fugas de encofrado, etc.. Creo que tanto los constructores como sus herederos disponían de los conocimientos necesarios para ablandar y reconstituir las piedras. Los bloques de la imagen miden en promedio un metro y medio de lado con similar espesor, pasando entre dos y nueve toneladas los más normales. Pero los hay hasta de 200 Tn. en los puntales de algunos muros de Ollantaytambo, Sacsahuaman y otros sitios de Bolivia y Perú.

En la imagen vemos el impresionante castillo de Sacsahuaman, cuyas moles poco o nada tienen que envidiar a los de la G.P. en tamaño. Aunque se marcan las juntas, no es posible meter en ellas una aguja. Estas obras sólo pudieron hacerse con la piedra en estado blando, como nuestro cemento y eso ha sido demostrado.

14) ¿Por qué existen las mismas situaciones de contradicción entre los arqueólogos y otros científicos, tanto en Egipto como en América y en todos los lugares donde hay pirámides?.

¿Por qué los arqueólogos se obstinan en mantener cronologías y teorías que son absurdas desde el punto de vista de la geología, ingeniería, la petrología, la física, las matemáticas, la química, la medicina forense, la psicoantropología y hasta el sentido común?. No menos incongruentes son las teorías arqueológicas con la más terminante de las asignaturas bajo las propias condiciones teóricas: La economía.

Pensar en 360.000 esclavos -como escribió Diodoro de Sicilia- o en los cien mil que calculó Herodoto, habría planteado, además de las imposibilidades técnicas en el trabajo, una logística que hubiese dejado señales tan grandes como las mismas pirámides. Suponiendo la suma más baja teorizada, habría que haber contado durante veinte años (o setecientos, según cálculos de ingeniería) con un servicio de alimentación, indumentaria, alojamiento y sanitarios que no habrían tenido rédito alguno. Haciendo concesiones extremas para aceptar -sólo hipotéticamente- la teoría de Herodoto, tendríamos que reconocer por fuerza que no se trataba de esclavos, sino de personas que vivían bajo una política con excedentes productivos en todos los órdenes sociales y laborales.

15) ¿Qué significan los símbolos indescifrables hallados en una escritura no jeroglífica en algunos de los pocos bloques de caliza que pertenecieron a la cubierta de la G.P.? Al igual que en los grandes tanques del Serapheum, los dibujos no tienen nada que ver con lo egipcio y más bien parecen planos de circuitos integrados. El único jeroglífico es una recomendación de Ramsés II a sus hijos para que "cuiden estos lugares de los dioses", al igual que una inscripción similar en el Rameseum.

16) ¿Por qué dichos símbolos sólo constan en escritos de los informes de museo sin su transcripción en imagen?. ¿Temen los arqueólogos de la camarilla oficial que los descifre alguien sin títulos, antes que ellos?. ¿Temen que esos pocos signos sean suficientes para aclarar que los constructores vivieron muchos milenios antes que los egipcios?.

17) ¿Qué pasa con los túneles y cámara hallados, fotografiados y hasta pasados por televisión bajo el complejo de Gizéh y la supuesta Tumba de Osiris bajo la esfinge?. Casi todas las publicaciones en internet que existían hace unos años han sido retiradas. Sobre el subsuelo de Gizéh trataremos luego en detalle.

En cuanto a las pirámides mayas, ocurre lo mismo que en las egipcias, a pesar de que parece mediar menos tiempo entre la construcción y los "okupas" que las usaron luego. Hay escrituras y símbolos que muchas veces no se relacionan, pero abundan los fraudes para hacer calzar a la fuerza las cronologías con los supuestos constructores. Nos cuentan una historieta increíble, de pueblos nómades, cazadores y recolectores que llegan a un punto, les gusta y dicen: "Hagamos unas pirámides"... Y de la noche a la mañana aprenden a tallar la piedra, desarrollan la matemática, arquitectura, ingeniería, astronomía y astrología, al punto de prever acontecimientos astronómicos milenarios a futuro; se dan cuenta de algunos factores geodésicos que apenas hemos conocido con los satélites y otras tecnologías de punta, se inventan una religión y ya está. *"Aquí fundaremos Teotihuacán y mañana la inauguramos..."*

Si, Querido Lector, puede decirse que estoy exagerando, pero eso es lo que propone la teoría arqueológica; una cultura capaz de construir Teotihuacán no se desarrolla sino en muchos milenios de evolución y aprendizaje. Ni siquiera podrían haberlo hecho con ayuda de otras civilizaciones coetáneas, a menos que fueran absorbidos, asimilados por la misma e incluidos como puede serlo hoy un inmigrante o un pequeño grupo. O por una cultura que les "invadió" con las mejores intenciones y gran número de individuos, como para moldearlos en tres o cuatro generaciones, dándoles todo el bagaje cultural traído de no se sabe dónde (la teoría extraterrestre). De todos modos, las deducciones geológicas demuestran algo muy diferente: Las pirámides y todos esos complejos fueron construidos mucho antes que los usaran los aborígenes de Centroamérica. Estamos en las mismas que en Egipto y en Perú.

Lo objetivamente analizable demuestra que las pirámides de México son muchísimo más antiguas que los pueblos de los que quedan rastros y un poco de historia conocida. La mayoría de las pirámides mexicanas son tan anacrónicas con los mayas y aztecas, como puede serlo el Boeing 747 con los pueblos yonomanis o macuxíes del Amazonas; anacrónicas como son las Pirámides de Gizéh con los egipcios. Pudieron haber desarrollos civilizatorios muy diferentes en la misma época, pero no compartiendo incluso el mismo lugar. O sea que los constructores de pirámides fueron unos en un tiempo. Los otros vinieron mucho después, cuando las pirámides y otras construcciones ya eran viejas y estaban abandonadas.

Por si fueran pocas estas cuestiones, hay arqueólogos, geólogos y topógrafos que afirman que la construcción del Teotihuacán exigió, antes de poner la primera piedra, una total transformación de la región, que era un valle pantanoso y debió costar movimientos de tierras de más de mil millones de metros cúbicos, sólo para drenar las aguas. El río San Juan, que atraviesa el complejo casi en el extremo, es según algunos hidrólogos un cauce muy modificado artificialmente, con lo que curiosamente están de acuerdo algunos arqueólogos. Teniendo en cuenta los grabados y estatuillas en territorio maya, que representan palas mecánicas y topadoras, no podemos menos que suponer su existencia, en una época muy anterior a los propios mayas.

Estos, como los aztecas y los egipcios, tenían por costumbre dejar bien claro quién hacía tal o cual cosa. Los constructores de pirámides no nos dejaron su tarjeta, sino sus obras, con su carga fantástica de conocimientos. Sin dibujos ni escritos, simples obras para deducir física y matemáticamente en base a los números Sagrados, que se hallan en toda la Naturaleza.

Tanto por los métodos constructivos, la matemática y astronomía aplicada, como por otras implicaciones que veremos en el capítulo de física, sabemos que no pudieron jamás unos nómades cazadores y recolectores hacer esas obras. Las incongruencias en las teorías dicen de la historia oficial realmente lo que es: Un cuento absurdo que los tiranos académicos no quieren cambiar. Las evidencias no nos terminan de aclarar las cosas, pero todas las asignaturas exactas y hasta la física cuántica, demuestran que la versión oficial es inválida. Sin embargo es más fácil cambiar de lugar la Gran Pirámide que hacer cambiar los libros que ya no valen, que están caducos por ser un cúmulo de errores.

En parte, el objetivo de este libro se plantea como tal tamaña empresa y sé que aparecerán críticas o simplemente indiferencia por parte de la oficialidad y sus creyentes. Pero el objetivo principal es despertar el sentido crítico en los que no están imbuidos en los intereses académicos, políticos y económicos de esa oficialidad pseudocientífica, a fin de que en algunas décadas más, el mundo pueda aprovechar el legado científico y mágico de las pirámides y de muchas otras reliquias antiguas. Para ello, es imprescindible acabar con la burda idea de que las pirámides eran tumbas, porque en esa creencia es donde está sepultado el sentido común.

En tal idea aberrante está sepultada para muchísimas personas, la posibilidad de usar las pirámides como muchos las usamos, para curarnos de algunas enfermedades y para prevenir otras que no es posible adquirir para quien duerme o vive en una pirámide. Debemos a esa falacia de las "pirámides como tumbas", que muchísima gente tenga miedo a usarlas o tan siquiera experimentar con ellas. Una de las más espantosas mentiras científicas oficiales de nuestra historia, es suponer fuera de toda lógica -y hasta negar sin fundamento las pruebas en contra- que las pirámides, aparatos construidos para alargar la vida física, mejorar la vida mental y espiritual de los vivos, hayan sido hechas para guardar cadáveres.

Ni siquiera los pueblos antiguos conocidos, en sus etapas de mayor estupidez colectiva, habrían hecho para los muertos lo que tan bien sirve a los vivos. Esos pueblos vivieron durante milenios, dejaron obras magníficas, tanto templos como otras construcciones. Dejaron un legado cultural no menos apreciable que el legado anterior de las pirámides, de modo que no eran idiotas capaces de trabajar en lo casi imposible para enterrar a un señor, por más faraón que fuese.

Para colmo de menosprecio a la sapiencia, se leen en manuales y en páginas de internet estas cosas (referida a la Pirámide Acodada):

"Snefru padre de Kheops, llegó a construir dos pirámides, una se llama la inclinada y la otra la plana. Durante la construcción de la primera pirámide, los arquitectos descubrieron que habían empezado con un ángulo de inclinación bastante grande y que si siguieran con él la pirámide habría alcanzado los 200 metros de altura y que probablemente las bases no resistirían. Por eso tuvieron que cambiar el ángulo y terminar la pirámide, lo que hizo que tuviera una forma curvada. Parece ser que el Rey Snefru, cuyo reino se extendía desde Nubia hasta las fronteras de Palestina, no quedó satisfecho y ordenó construir otra pirámide con menor ángulo y por eso tuvo una forma más plana que las famosas pirámides."

Por un lado se les adjudica obras tan geniales y perfectas, mientras que a su vez se les considera tan "improvisados" de no darse cuenta de lo que hacían y tener que modificar planos sobre la marcha, como si fuesen principiantes en eso de medir ángulos y calcular alturas, volúmenes y pesos...

Los cálculos de ingeniería y geología confirman que la pirámide acodada está asentada sobre un sitio que soportaría sin hundimientos, un peso muchas veces superior al de la pirámide. Las bases de la misma tampoco tendrían inconvenientes de resistencia. Como puede verse en sus medidas, hay una curiosa coincidencia entre el ángulo de las caras y el del corredor de entrada. Ambas cosas tienen una diferencia de diez grados.

LA TEORÍA EXTRATERRESTRE

Sin entrar en mucho detalle, puesto que hay excelentes libros sobre la relación entre astronomía y pirámides, veamos algunas cuestiones de fondo:

La teoría extraterrestre es algo que veo como "traído de las pestañas", sin nada concreto que pueda probarse. Pero debo reconocer que al menos no es tan absurda como la teoría de las tumbas. Esta última es aberrante por todos los lados, carente de lógica, de sentido común, sin demostraciones de nada y con demostraciones por lo contrario. La teoría de constructores extraterrestres sólo tiene algunos puntos de apoyo, siempre que partamos de la base de que cuando se construyeron, la Tierra estaba habitada por trogloditas; pero al menos, aunque improbable, no es absurda en sí misma. Sucede que está de moda achacar a lo extraterrestre lo que no podemos encajar en la ciencia oficial ni en nuestras limitadas ideas sobre quienes poblaron nuestro planeta antes del diluvio o las glaciaciones.

Se adolece de un orgullo, de una soberbia ridícula a nivel de civilización, que los científicos se creen realmente "la culminación de la historia", la máxima Obra Divina o -para los materialistas- la culminación soberana de un proceso dado por azar. Al punto de llamarse antropológicamente nuestra especie, *Homo sapiens sapiens*... Cuando en realidad ha demostrado el hombre de este tiempo -más que cualquier otro anterior- ser en lo colectivo, el menos *sapiens* entre todas las criaturas del mundo conocido. Cree el hombre moderno que las muletas tecnológicas que ha desarrollado son lo máximo (aunque las pague con el precio de la degradación del planeta, la esclavitud al sistema de mercado que las auspicia y la pérdida gradual de sus funciones cerebrales y físicas), pero ni siquiera se da cuenta de las maravillas que nos dejaron otros hombres anteriores.

La medicina china, que hoy se está recuperando ha sido considerada brujería en oriente y hasta Marco Polo tuvo que abstenerse de decir muchas de las cosas que descubrió, para no terminar en la hoguera. Sólo el hecho de decir que en Oriente el cielo nocturno se veía diferente, le obligó a enfrentar un par de juicios eclesiásticos.

Disculpe el Lector que me aleje a veces del tema para recalcar el error intelectual y la pedantería de nuestra ciencia oficial, pero es fundamental, para poder recibir el Legado Científico y Mágico de las Pirámides, quitarse de la mente lo que se nos impone en la escuela y en la prensa sobre ellas y muchas otras cuestiones históricas. Hasta he recibido mensajes (supuestamente de místicos) advirtiéndome de los "graves peligros" que significa para el mundo el uso masivo de pirámides, ante la supuesta posibilidad de despertar antiguas maldiciones, energías telúricas que pueden reaccionar "*como en el pasado, destruyendo a la civilización...*". En fin, cosas de las más descabelladas, como si el peligro que pesa sobre nuestra civilización estuviera en las pirámides, no en las armas y reactores nucleares, armas biológicas y climáticas (como el HAARP, una especie de cañón de impulsos electromagnéticos que está causando estragos climáticos como nunca antes y efectos psicológicos distorsivos en las poblaciones, especialmente en el Sur de USA).

Si hay algo de temer no son las pirámides, sino la demencia de los gobernantes de un sistema que tiene quince veces más capitales destinados a las armas que a la alimentación. La teoría -expuesta de modo irresponsable e infundado-, sobre que las pirámides pudieran haber provocado en el pasado anomalías en el magnetismo terrestre, hablan de lo poco coherentes que son algunos teóricos a la hora de sacar algunas cuentas básicas y lo poco que se informan antes de elucubrar dichos conceptos. Si en realidad hubiesen sido utilizadas para realizar modificaciones en el campo magnético de la Tierra, no sería para destruirlo o alterarlo, sino para normalizarlo o estabilizarlo.

Cierto es que localmente, las Líneas de Hartmann (que forman el entramado magnético del planeta) se ven modificadas como veremos en un capítulo a propósito más adelante. Pero la influencia sobre el magnetismo telúrico que puede tener la Gran Pirámide es cientos de veces inferior a la que ejercen las explosiones nucleares, de las que el mundo ha padecido más de dos mil experimentos, aparte de las dos que sufrió Japón. Los cambios en el paisaje producidos por el hombre actual son mucho más grandes y significativos, afectando no sólo a lo magnético, sino a todo el orden ecológico y climático.

Para poder entregar colectivamente el Legado de las Pirámides, tenemos la misma lucha que Nicolas Tesla y otros tuvieron respecto a la electricidad, considerada demoníaca por muchos clérigos, causante de la destrucción del mundo por muchos científicos oficiales del siglo XIX... Con la diferencia que las pirámides curan y aún usándolas mal, no matarían a nadie. Volviendo al fondo de la cuestión extraterrestre, no veo por qué hemos de suponer que este extraordinario legado haya sido dejado por gente de otro mundo. Sabemos del pasado de nuestro propio planeta tan poco como de los otros, pero al menos aquí tenemos sobradas pruebas de civilizaciones avanzadas. Que hayan usado naves voladoras, trajes de astronauta y altas tecnologías, no indica que fuesen extraterrestres. Los alienígenas ciertamente registrados en el pasado, no parecen haber sido constructores... Y los dogones lo saben muy bien. No obstante, hasta la teoría extraterrestre tiene más fundamento que las oficiales.

Sabemos que los pueblos constructores de pirámides han desaparecido, y parece más fácil explicar que hicieron las pirámides para alguna razón y luego se volvieron a su casa. Demasiados enigmas, demasiadas preguntas sin respuestas como para considerarse como teoría. En todo caso, aunque no es absurda, es una posibilidad tan remota como los planetas que queramos imaginar.

¿Por qué no pensar en que antes de que existieran nuestros ancestros más o menos conocidos, existieron otros hombres, otras civilizaciones que pudieron llegar a un desarrollo científico mayor que el nuestro actual?. Pues esa posibilidad no carece de pruebas. Se han encontrado "objetos imposibles" en muchos sitios del mundo, elementos anacrónicos con las teorías oficiales que quedan por el suelo. Para poner algunos pocos ejemplos menores, porque las pirámides son el máximo exponente de aquellos avances, veamos lo siguiente:

ALGUNOS OBJETOS ANACRÓNICOS

1) Un cráneo de uro (una especie de bisonte extinguido), hallado cerca de río Liena, en Rusia, fue atravesado hace más de ocho mil años por un proyectil que analizado por expertos en balística, debió llevar una velocidad similar a la bala de un fusil Mauser. Imposible de realizar tal disparo con un arma de menor potencia. El animal, según los forenses, siguió viviendo un tiempo con esa perforación. La herida era absolutamente limpia.

2) En la imagen que sigue, la Calavera de Cristal de Lubaantum ("*Ciudad de las piedras caídas*") en Belice, con un tallado perfecto y un trabajo de fundición para formar canales ópticos dentro la talla, a fin de producir destellos y efectos lumínicos asombrosos. No ha podido deducirse cómo la fabricaron y aún es imposible una reproducción usando nuestras más altas tecnologías. Colocada sobre

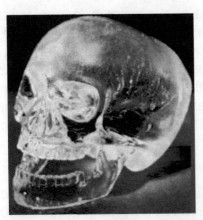

un vástago, para lo que posee un ajero bajo la zona del hueso esfenoides, se comprueba el perfecto equilibrio de la manufactura y el maxilar inferior se mueve parodiando una risa. No se sabe cómo pudo calzarse en los apófisis. El cuarzo tiene elasticidad cero. Está en el British Museum y de noche la tapan, porque muchas veces produce fenómenos lumínicos con la luz remanente, que atemoriza a los empleados de seguridad de museo. Hay otras parecidas -aunque de calidad mucho menor- en varios museos. También en Ucrania se han encontrado similares, toscamente labradas en cuarzo, pero no deja de ser impactante el hecho de tratarse de calaveras, en vez que tallas de cabeza completa o de cuerpos humanos o animales. ¿Nos dejó alguien un mensaje histórico que no hemos podido descifrar?, ¿Fue simplemente una moda "calaverística" de un grupo humano que andaba por todo el mundo?...

3) Los mapas de Piri Reis, cuyo sistema cartográfico es algo inexplicable sin contar con una tecnología y perspectiva satelital. Para colmo de "casualidad", el estudio geodésico del mapa principal, revela que la perspectiva corresponde a una vista del planeta desde unos cien Kms de altitud, justo encima de Aswan, en Egipto. Muchos otros mapas anteriores a 1.600 presentan América y la Antártida en su real dimensión, así como la Antártida tal cual es bajo el hielo, según se descubrió en 1956 y se confirmó en 1958: Un conjunto compuesto de dos islas mayores, con un gran hueco en el centro... Otro misterio que no podemos abarcar en este libro, pero seguramente lo haremos en otro.

4) Una bola negra de un material similar a la obsidiana pero no igual, de 18 pulgadas (unos 44 cms) de diámetro, hallada en 1975 a 8 metros de profundidad, en una cantera de Ucrania, en terreno arcilloso de unos diez millones de años. Lo más interesante es que no la han perforado porque el núcleo parece ser de densidad menor que cero y podría causar una enorme explosión en caso de ser de anti-materia.

5) También en Rusia, en 1993 se halló un espiral de wolframio y molibdeno, que tenía como mínimo 200.000 años de antigüedad, pero puede que hasta 320.000.

6) En Jacksonville (Florida, USA) Antoine Betz y su esposa Gerri encontraron el 12 de abril de 1974 una esfera de 9 Kgs. pero más pequeña que una bola de bowling, metálica muy pulida. Producía efectos notables, como rodar sola, vibrar y producir ciertos sonidos musicales

El investigador Bill Baker dijo que un laboratorio de la Marina presentó pruebas sobre la estructura interna de la bola: Parecía tener en su interior cuatro objetos distintos y contaba con tres polos magnéticos no lineales: una anomalía científica. Si se le golpeaba con un martillo, producía sonidos como una campana; si se le colocaba sobre una mesa de vidrio, el objeto parecía ir "en busca" de la orilla de la mesa para luego alejarse de ella; si se inclinaba un poco la superficie de vidrio, el objeto se desplazaba -asombrosamente- en el sentido contrario. Se especuló (cuándo no) con tecnología extraterrestre, pero el caso es que el objeto se lo quedó la Marina de Guerra de USA y nunca más se habló de él.

7) El cubo de Gurlt, un paralelepípedo de color plomizo, con caras ligeramente convexas, hallado en 1865 en una veta carbonífera de Austria, en terreno de varios millones de años. Estudiosos alemanes y austríacos que examinaron el dispositivo no dudaron de que era artificial ni de que hubiera sido depositado en la veta en épocas más recientes. Fue puesto a la vista del público en el museo de Salzburgo. Algunos científicos dijeron que el objeto, hecho de acero al carbón, era un meteorito "reprocesado" hasta alcanzar su forma cúbica. ¡Vaya metalurgia en la época de los dinosaurios!. Penosamente, se perdió en el bombardeo de Salzburgo durante la IIª Guerra Mundial, pero en un ayuntamiento hay una tajada que fue cortada para su estudio.

8) En Antikitera se halló hace poco una "máquina de relojería" con sus engranajes, pero no pudo determinarse exactamente todas las funciones, pero servía como reloj y a la vez astrolabio, planetario de ubicación y su rueda mayor tiene 253 dientes. Una obra de metalurgia y relojería de gran precisión en un objeto que corresponde al siglo Iº Antes de Cristo.

9) El Clavo de Crown, hallado enmohecido pero claramente un clavo, incrustado en una roca de 60 millones de años.

10) El Cráneo de Zambia, humano, algo menos antiguo que el del uro, pero con seguridad de unos cuarenta mil años como mínimo, perforado por un disparo de bala. Está en el Museo de Historia Natural de Londres. Presenta una perforación que sólo pudo ser efectuada con un proyectil de alta velocidad. Hay otros más, incluso un cráneo con un oficio perfecto en el parietal, perteneciente a un Neanderthalensis, . ¿Tenemos necesidad de echarle la culpa de estos homicidios prehistóricos a los extraterrestres?.

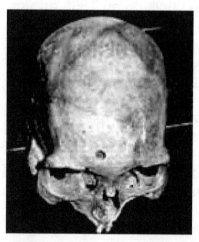

11) La cadena de oro que en 1891 la señora S. W. Culp, de Illinois, encontró cuando estaba extrayendo carbón de un bloque de mina, dejando en el trozo una cavidad en forma de lazo. Unos 200 millones de años de antigüedad... A menos que reescribamos todas las cronologías geológicas.

12) El bloque de piedra cortado más grande del mundo: La Piedra del Sur, en Baalbek (Siria) deja a los bloques del núcleo de la G.P., con sus 200 Toneladas, como "un misterio menor". Este mide 21,5 metros de largo, 4,2 de ancho por 4,8 de alto. Pesa unas 1.800 Toneladas, teniendo en cuenta la composición algo ferrosa de la roca. Quedó cerca de la cantera, pero hay otros poco menores (entre 800 y mil Toneladas) en diferentes sitios de Baalbek, lejos de donde los cortaron y en el Templo de Júpiter (dibujo). No existe actualmente tecnología para

transportar enteras semejantes moles. Habría que diseñar y construir maquinaria especial. No existen referencias escritas sobre quiénes pudieron hacer estas proezas de ingeniería y aunque los romanos –grandes constructores con buen currículo histórico- ocuparon estos sitios, ninguno de sus ingenieros se adjudicó la obra ni se atrevió a pergeñar teorías sobre las mismas. Orfelius Publio sólo dijo "¡Oh, Júpiter, a quién habrás enviado a hacer semejantes proezas!"

13) En los museos del oro de Perú, Colombia y otros museos sudamericanos, se encuentran muchas esculturillas catalogadas como "mariposas", pero que en nada se parecen a los insectos, salvo en que tienen alas. Su forma, incluyendo alerones y timones de cola se parecen más a un Sabre o un F-16 que a cualquier insecto

volador. Son objetos de muchos miles de años, como los astronautas (no por fuerza extraterrestres) que aparecen en estas pétreas estatuillas. Uno de ellos aparece sentado en una nave pequeña, con dos toberas de reacción. Es una pena que haya perdido la cabeza, que seguramente estaría cubierta con una escafandra. Igual consideración astronáutica cabe para el dibujo de la loza de Palenque. ¿Enterraron ahí a un "dios" que se estrelló con su nave?.

¿Dioses o astronautas?

Estos raros objetos son mucho más valiosos que toda la estructura teórica aceptada académicamente, porque son evidencias materiales de que las cosas no fueron como nos las enseñan en las escuelas y universidades. No podemos pretender encontrar gigantescas ciudades antiguas completas, porque vivimos sobre una corteza terrestre que sufre cíclicamente modificaciones totales. Océanos que invaden continentes, continentes que surgen donde antes era fondo marino... Igual nos llega la sorpresa cualquier día, pero basta comentar que en Perú, a 4.250 metros sobre el nivel de mar, cerca de Macchu Pichu encontré un yacimiento de conchas marinas y peces petrificados. Uno de los fósiles perteneció a posiblemente a un tiburón de 3,4 metros de largo. En Mendoza, Argentina, a 1.400 m/s/n/m, a unos 40 Kms. al Oeste de la ciudad, hay también fósiles marinos, mientras que a menor altura hay restos de un bosque con abundantes fósiles de equistonáceas (que aún existen, como la "cola de caballo", de tallo estriado). Y en el fondo marino del Caribe, en el Pacífico cerca del Japón, en Java y muchos otros puntos, se hallan restos de ciudades sumergidas.

Georgeos Díaz, como he comentado, ha encontrado la Atlántida de Platón -no demasiado antigua en comparación, sólo entre 10 y 14 mil años- a varias decenas de metros bajo el mar. Y muchas de esas construcciones cuentan con pirámides, como la de las Bermudas, que se encuentra coronada con un castillejo de piedra, aún soportando estoicamente el paso de los milenios bajo el agua.

Sirvan estos casos como ejemplo para tener una idea de dónde pueden haber quedado las antiguas ciudades. No quiero abundar en los cientos de misterios de los que hay miles de libros ya publicados, por lo que dejaremos asuntos como las líneas de Nazca, las crónicas de Vimanas de los libros sánscritos, los aviones chinos de hace cinco mil años, los aeromodelitos encontrados también en Egipto y cosas como para escribir varios libros sin necesidad de mencionar extraterrestres ni buscar explicaciones extradimensionales. Así que volvemos al más grande y monumental de los objetos imposibles y/o "anacrónicos" según la actual mentalidad: En las pirámides también se ha encontrado objetos anacrónicos como trozos de hierro, incrustados en las rocas más antiguas. ¿No dice la arqueología oficial que los egipcios no conocieron el hierro hasta épocas muy tardías?.

Aunque las grandes urbes del pasado hayan quedado sepultadas a centenares de metros, destruidas por cataclismos planetarios (naturales o provocados), o perdidas en los profundos abismos oceánicos, todos estos objetos nos prueban que existieron desarrollos científicos y tecnológicos tanto o más avanzados que los nuestros en épocas de las que apenas tenemos idea. También sobran evidencias de que en la época en que los dinosaurios asolaron la Tierra, había hombres. No sólo hay pruebas de dibujos, como las piedras de Ika, que presentan gráficos de hombres luchando contra dinosaurios. También hay pruebas más de fondo, menos rebatibles y de cuya autenticidad no puede dudarse, como huellas humanas en las rocas que hace 200 millones de años eran barro, o como es el caso de la propia genética de los grandes saurios.

Expertos en genética -como la Dra. Yamila Botuque y el Dr. Alberto Bugarín- aseguran que los grandes saurios sólo pudieron haber existido gracias a manipulaciones genéticas específicas, no por productos de evolución o por supuestos "ensayos" de la Naturaleza. Ni la gran cantidad de especies de monstruos prehistóricos ni las funciones y "parches" fisiológicos de algunos órganos en muchos de ellos, son explicables como producto del azar, pero tampoco como producidos por la adaptación, la selección o cualquiera de las leyes del Principio Vida. Todo apunta a que fueron creados como máquinas y armas biológicas, que luego escaparon al control de sus creadores y manipuladores, para exterminar toda la civilización, con excepción de los grupos muy aislados y los de poder tecnológico, que habrían sido los que dejaron varios legados civilizatorios, aunque sin la infraestructura suficiente para reproducir la tecnología en gran escala. ¿Se imagina el Lector que se haga realidad el potencialmente factible Parque Jurásico?. Unos pocos huevos colocados en ciudades enemigas harían un desastre equivalente a un bombardeo formidable, pero el riesgo de "contaminación biológica" sería más controlable para el atacante. La nanotecnología actual, mucho menos "monstruosa" que los grandes saurios, nos presenta un cuadro de riesgo mucho peor.

La enigmática desaparición en un corto tiempo de todos los grandes monstruos, bien pudo deberse a la entropía de sus propias especies, que cuando acabaron con el alimento disponible se comían entre ellos y hasta a sus propias crías, pero también pudo tratarse de una masacre provocada por los humanos supervivientes, usando técnicas biológicas. Aunque no hay aún indicios de grandes epidemias que pudieran diezmarlos a todos, no es descartable que algún tipo de virus -o unos cuántos, imposibles de hallar en fósiles- los hayan exterminado. Eso es mucho más factible que un gran impacto cometario u otras teorías de las cuales no hay realmente muchas bases probatorias, sino muestras de esos impactos que sólo pudieron tener efectos regionales muy limitados.

Analizando estas cuestiones con objetividad, sin delirios místicos ni improbables visitas extraterrestres, sobran elementos de juicio para decir que los constructores de pirámides pudieron perfectamente ser tan terrícolas como los materiales empleados, toda vez que aunque no queden en pie sus grandes ciudades (si es que los antiguos también cometían nuestras locuras urbanísticas), han quedado las construcciones más emblemáticas y universalmente útiles: Las Pirámides, que fueron colocadas en los sitios más estables del planeta desde el punto de vista magnético y posiblemente también en lo geológico.

Si nos atenemos a la progresión de hallazgos en China, México y Perú, podemos suponer que la cantidad de pirámides que existieron en algún momento supera nuestra imaginación. Teniendo en cuenta la leve desviación en la orientación de la G.P. a pesar de encontrarse en la isogona menos variable y los ciclos de declive del polo magnético norte, los geodestas -con algunas escasas diferencias- deducen que se trazó la orientación, es decir que se planificó su construcción, hace 28.000 años. Algunos sostienen que esa desviación, de tan sólo 0º 5' 31", es coincidente con la deriva continental de África, que se desplaza lentamente girando desde su centro. No es una teoría descabellada, aunque se carece de elementos probatorios, pero concuerda con la teoría de los geodestas que sostienen lo de la orientación primaria.

Bajo estas apreciaciones de gente muy detallista y exacta a la hora de medir y calcular, más la opinión de geólogos expertos en petrología, la historia de las pirámides se remonta a un tiempo siete veces más antiguo que el pregonado oficialmente.

Para finalizar este capítulo histórico, volvamos un momento a la burda idea de las tumbas, con la contundencia de la lógica más elemental: Las cámaras están cerca de la mitad de la altura... De modo que si el supuesto "cadáver" debía ser colocado allí antes de echar encima el resto de la mole, la "sepultura" propiamente dicha demoró más de siete años (según los arqueólogos oficiales) y más de 700 años según los ingenieros, de acuerdo a los medios de que disponían, también según los arqueólogos, con las reservas propias de que a pesar de que hubieron tardado ese tiempo, hay factores tecnológicos sin resolver. El caso es que no cuadra en la teoría fúnebre, que hayan hecho pasillos tan estrechos que resultan incómodos para una persona, por lo que es ridículo pensar que estuvieran hechos para trasladar un ajuar fúnebre o entrar un cortejo.

Pero aquí lo más contundentemente lógico: Tampoco cuadra el hecho de que se haya calculado un encaje tal para que no entren profanadores, ni cosa por el estilo. Si realmente hubiese sido pensada la G.P. (o cualquiera) como tumba NO HABRÍAN PASILLOS NI ESCALERAS... Simplemente una cámara - ¡Y no varias! -, dentro de una mole inexpugnable de bloques. Los pasillos -necesarios sólo al principio- habrían sido absolutamente tapiados luego de dejar al cadáver ocupante, rellenados desde las cámaras hasta la salida con bloques imposibles de extraer, para que no existieran más esas cavidades, en vez de cerrar sólo la entrada, arriesgando a que los profanadores (ladrones o arqueólogos) la encuentren. El pretexto del Ka (alma) que debe salir por los "conductos de ventilación", invalida la suposición de que los egipcios creyeran que los muertos pueden volver a la vida *con el mismo cuerpo*. En tal caso habrían usado las pirámides para momificar los cadáveres completos, en vez de extraer el cerebro y todas las vísceras, excepto el corazón, para luego enterrarlos en otros sitios que nada tienen que ver con los templos, los palacios o las pirámides.

Es posible (habría que profundizar mucho más para establecer esto) que en alguna época existieran técnicas criogénicas, pero no con frío, sino con latencia vital en las pirámides. Del mismo modo que se mantienen latentes y potentes las semillas de modo indefinido, es posible que existiera alguna técnica para mantener en las pirámides a determinadas personas y *"enviarlas al futuro"*, momificándolas y sellando los orificios con cera. Pero no al modo de "Stargate" para mandarlas a otro sector del espacio, sino simplemente manteniéndoles en animación suspendida para despertarles años, siglo o milenios después. Puede parecer descabellado, pero recordemos que siempre la ciencia-ficción se ha quedado corta. Leí sobre ello un interesante libro hace unos veinte años: "El Egipto Secreto". No me pareció tan improbable ni absurdo como las teorías oficiales, pero a pesar de los extraordinarios resultados experimentales, mantengo mis reservas al respecto.

No obstante, un arqueólogo francés dio una conferencia en Buenos Aires, en la que comentó que Ramsés II permaneció diecisiete años "dormido" en la Gran Pirámide, custodiado por sus sacerdotes que lo habían momificado y sumergido en aceites en la pila de la Cámara del Rey. Lamentablemente no poseo documentación al respecto y no he hallado nada en otros libros ni la web, más llena de basura que de información útil, por mejor que se busque. Sin embargo, las cuestiones que descubrimos en la práctica física, nos permiten sostener que dicha posibilidad de criogenia no carece de fundamento.

CAPÍTULO IIIº
DE FÍSICA, CAUSAS Y EFECTOS

Ahora dejaremos a un lado –parcialmente- la cuestión histórica y lo que podrá tener a los arqueólogos otros mil años en el misterio, para pasar a los asuntos prácticos, tal como lo hice hace tres décadas, ahorrando al Lector el largo proceso que he delineado a grandes rasgos en el primer capítulo. La Pirámide Perfecta es un "aparato" que funciona geománticamente, o sea que interactúa con el magnetismo terrestre y forma un campo magnético diferenciado, acumulando dentro del mismo, determinadas partículas, del mismo modo que un embalse lo hace con el curso hídrico. Tanto ese campo magnético como las partículas que incluye, producen efectos físicos y éstos son a su vez, la causa de los efectos orgánicos y psíquicos.

El cambio magnético dentro del campo de acción piramidal produce efectos bastante conocidos por muchos investigadores, pero pocos han sabido aprovecharlos. Ahora estos descubrimientos empiezan a ser empleados de un modo directo para el aprovechamiento humano en forma de casas y camas, es decir, pirámides de uso terapéutico, preventivo y habitacional.

No obstante lo "novedoso" que parezca, como he comentado antes, fueron usadas en Egipto, Perú, México y China desde hace milenios, pero desde hace un par de siglos muchas personas han aprendido a disfrutar de pirámides pequeñas para dormir en ellas, sólo que se ha mantenido la cuestión en secreto, en círculos esotéricos muy excluyentes, ya sea por egoísmo en cuanto a la posesión del conocimiento o porque se ha considerado que la humanidad no estaba en condiciones de saber aprovecharlo. Siempre me he rebelado contra toda clase de ocultismo, excepto cuando se trata de cosas realmente peligrosas, de fácil construcción y sin posibilidad de uso benéfico. Los secretos guardados por muchas organizaciones y grupos elitistas respecto a los poderes y aplicaciones de las pirámides, me ha parecido siempre una simple muestra de estupidez, egoísmo y la posesión de arquetipos poco menos que diabólicos, por parte de los ocultistas que así actúan. Cierto es que las pirámides son, como podrá comprender el Lector, el máximo exponente de una Tecnología Sagrada, pero como tal (y como todas las cosas Sagradas), sólo pueden aplicarse mal cuando se distorsionan. Y sólo pueden provocarse las distorsiones cuando el conocimiento está exclusivamente en las manos de poderosos egoístas.

Bajo el auspicio del monopolio de poder ejercido por las castas sacerdotales y políticas en la civilización que heredaron las pirámides, es como se ha perdido gran parte de los conocimientos que seguramente heredaron junto con ellas. Sabido es -incluso aceptado en medios oficiales- que los faraones usaban las pirámides para alargar sus vidas, pero hay huecos cronológicos en las dinastías, que se han rellenado con toneladas de escombros teóricos, mientras que lo más evidente es que muchos de los reyes y faraones han reinado mucho más tiempo del que se supone, aunque en el ritual de Osiris se cambiaban de nombre. Dicho ritual era, más que una ceremonia religiosa, una demostración política, en la que el gobernante debía probarle a su pueblo que estaba en condiciones de seguir al frente del Estado.

Según hay muchos indicios, no era sólo el faraón el beneficiario de esta utilidad de las pirámides, sino también toda la casta sacerdotal. El petrólogo danés Diphöld sacó fotografías de alta definición del interior del "sarcófago", que estudió posteriormente encontrando líneas que sólo pueden adjudicarse al agua, aceites u otros líquidos que alguna vez contuvo. Es muy probable que en realidad esta cuba haya sido varias cosas en diferentes épocas: Una cuba de reacciones en una planta electroquímica en un principio, según la teoría que veremos luego, para pasar a ser milenios más tardes, cuando los egipcios aprendieron a usarla, una bañadera, donde la persona a tratar (faraón o sacerdote) debía permanecer en el agua (o en aceites, como las unciones propias de los Esenios, cuya historia también se relaciona con las pirámides). A la luz de nuestros resultados en la investigación física, este procedimiento tendiente a curar y/o rejuvenecer se efectúa mucho mejor si el cuerpo está sumergido en agua a 36,7 grados para el humano, y a la temperatura que corresponda al tratar animales.

Las frutas y verduras colocadas en la pirámide con la humedad adecuada hace que permanezcan frescas como recién cosechadas, luego de meses, sobre todo si las verduras conservan sus raíces. Aunque es necesario ir agregando agua, ésta se carga con las propiedades adecuadas en muy corto tiempo. Así, en vez de llamar "sarcófago" al recipiente donde jamás se depositó cadáver alguno, deberíamos llamarle "cuba", "tanque" o "bañadera", desterrando para siempre del lenguaje de la piramidología, las palabras "féretro", "ataúd" y "sarcófago", porque estas calzan tan mal en nuestra ciencia, como lo harían entre las partes de un automóvil o el mobiliario de una casa.

TECNOLOGÍA DE DIOSES

La Pirámide actúa básicamente en lo físico como una compuerta que retiene parte del flujo magnético terrestre. Este campo tiene la propiedad de acelerarse, según el material de la pirámide y otras características, tendiendo a formar en su interior el principio de un "Punto Cero" o *vacío cuántico*. No llegará nunca a formarse en una pirámide simple pero pudo ocurrir en una G.P. completa y funcional. Los electrones se mueven en el campo magnético con tendencia inercial hacia el exterior, con lo cual esa tensión produce el vacío en el punto medio de la geometría piramidal, ubicado a la tercera parte de la altura (desde el piso) y justo en el centro.

Pirámide viene de "*Pir a mide*", que en griego significa "*fuego en el medio*" (en el centro o en el ambiente). Los sumerios llamaban "Thoaumaerithema" a la forma piramidal, y significa: THO = Ser (se pronuncia "Tde" y viene del vignio -anterior al sumerio- "Thor"); AUM= Perfecto; AERI = Atmósfera, aire; THEMA= Actuar, estar, hacer, asunto fundamental, meollo, realizar.

Puede traducirse al castellano como "*Dios Está Actuando Allí* ".

La Palabra Maya "TEOTIHUACAN" (donde están las más grandes pirámides centroamericanas, en México) significa "*Donde los Hombres se Convierten en Dioses*", pero curiosamente, algunos aborígenes de la cordillera oriental de Perú, llaman UTANINAAPU a las pirámides, que significa exactamente: "*Casa del Fuego Divino*". Hay otras versiones de nuestra castellana palabra "pirámide", pero carecen de sentido y exactitud etimológica.

Una vez que el campo magnético piramidal se ha estabilizado, se sigue cargando lentamente, es decir, incorporando más partículas, más electrones (iones negativos, benéficos para la salud), a la vez que va excluyendo los iones positivos -más pesados y dañinos- en una proporción variable pero aproximada de 85 % hacia abajo y 15 % hacia arriba. El campo puede alcanzar en una pirámide muy potente, un diámetro ocho veces superior al círculo en que se inscribe el cuadrado que forma su base. Lógicamente, con menos potencia a medida que se aleja del centro. A su vez, captura partículas subatómicas de alta frecuencia y mucho menor tamaño, como los neutrinos, que son en cuanto a masa, 13,7 millones más pequeños que un electrón. Estas partículas subatómicas de las que hablaremos luego con más detalle, producen efectos revitalizantes en los organismos vivos, a lo que se suma el arrastre magnético de los electrones del campo piramidal, que descomponen y barren todos los radicales libres, limpiando de estos oxidantes la atmósfera dentro de dicho campo. A la vez, el campo magnético piramidal filtra de tal modo las subpartículas, que mientras los neutrinos entran y no pueden salir del campo, otras -componentes o compañeras de radiaciones X, Gamma y Beta- no pueden entrar.

Los neutrinos en abundancia estimulan las funciones glandulares en animales y humanos, y aumentan el funcionamiento de las meristemas de crecimiento en los vegetales. También en la materia orgánica inerte, como la de los alimentos, el efecto es muy notable, pues la completitud neutrínica les hace más apetitosos -incluso al agua - mejorando además su conservación. Por causas ya muy bien conocidas que explicamos más adelante, sólo se desarrollan microorganismos beneficiosos para los Reinos Humano, Animal y Vegetal, evitando el crecimiento de microbios nocivos. Aunque no se ha conseguido demostrar que la pirámide mate a los virus, lo cierto es que lo hace con las bacterias peligrosas y se refuerza el sistema inmunitario.

Los adelantos de la técnica moderna - especialmente la física- nos han servido para descubrir gran parte de los secretos del antiguo saber de los constructores de pirámides. Nosotros, además, hemos descubierto porqué fueron éstas tan importantes, para qué las usaban (al menos los usos principales) y por qué el conocimiento de sus cualidades ha sido siempre secreto... Y hemos decidido romper con los ocultismos que las han convertido en objeto de culto, para brindar a la humanidad todo lo descubierto. La manera más apropiada, para poder dar a muchas personas la posibilidad de beneficiarse con la energía piramidal, fue diseñar científicamente la casa y la cama piramidal. Para muchos, no solamente se está haciendo realidad el sueño de una cama óptima. Muchas otras cosas brinda la pirámide, pero no crea el Lector que se trata de asuntos subjetivos. La construcción de pirámides no es un arte, sino una ciencia; por eso algunas pirámides modernas, construidas sólo en base a conocimientos arquitectónicos, no funcionan como debieran.

La arquitectura es una mezcla de ciencia y arte. Pero el uso piramidal auténtico -incluso en sus aplicaciones parapsicológicas- en ningún caso se relaciona con creencias, cultos religiosos o tendencias místicas, aunque por sus propiedades haya sectas que las usan. Los desarrollos psíquicos se favorecen mediante el uso de pirámides, pero no todas las personas podrán tenerlos y siempre que los haya será debido a prácticas específicas, ayudadas por la estabilidad orgánica que producen, a la armonización de la actividad cerebral y de los cuerpos sutiles del ser humano, así como de las correcciones químicas que produce en el organismo.

Si alguien desea desarrollar sus potencialidades psíquicas, no puede esperar que dormir en una pirámide lo produzca como un milagro espontáneo. Tendrá, indudablemente, el mejor instrumento, pero no habrá desarrollos sin Voluntad específica y ciertas disciplinas como aprender el autocontrol mental, la relajación psicosomática profunda, etc..

Para mí, la pirámide es el símbolo de la «*Ciencia con conciencia y sentido ecológico*». Los arrogantes científicos de los últimos tres siglos han hecho deducciones parciales y pueriles sobre las pirámides, su historia, sus usos, métodos y condiciones sociales de su construcción. Pero lo peor ha sido que se han creído fanáticamente sus teorías como cosa demostrada, impidiendo mayores descubrimientos, especialmente en el campo de la aplicación física, química y biológica. Eso debe terminar urgentemente, por eso ruego a los arqueólogos jóvenes que superen a sus profesores, abriendo la mente a otras perspectivas. No faltan demostraciones y fundamentos teóricos y prácticos.

Las Pirámides Perfectas, al contrario de las creencias inculcadas, han sido construidas como «Fuentes de Vida», porque su función física principal es la acumulación, procesamiento y sublimación vibratoria magnética. Esto quiere decir que su campo magnético actúa como un filtro donde quedan retenidas partículas atómicas y subatómicas de oscilaciones cada vez más altas, lo que contribuye en el orden biológico, a una «normalización de funciones químicas» cuyos alcances son sencillamente maravillosos. La pirámide es, para una civilización muy avanzada, tanto o más importante que el uso de la rueda para una civilización menor. Una civilización «*muy avanzada*», es a mi entender, aquella en que sus individuos han pasado de la mera lucha por la supervivencia, a la etapa de la Búsqueda de la Trascendencia.

En esta civilización nuestra, tan terrible, invasora, violenta y egoísta, hay sin embargo, una gran cantidad de individuos que están pasando a esa etapa mayor. Por eso es tan importante que comencemos a comprender el valor de la pirámide, que ha sido en otras épocas como lo es ahora, un salto evolutivo como el descubrimiento del fuego para los cavernícolas. Un grupo de científicos hemos hecho experimentos durante casi seis años, intercambiando información con otros equipos de investigación y consultando a diversos especialistas, reuniendo un total de miles de experimentos independientes. Ahora, para el Lector no hay forma mejor para descubrirla, que viviendo dentro de ella o al menos usándola para dormir, participando así de un cambio global que no sólo se basa en Internet, genética, y economía. Lo principal es el cambio interior en cada individuo, tanto en su salud física y mental, como en su desarrollo de la conciencia.

Los "dioses" que nos legaron estas maravillas desarrollaron tecnologías que aún nos superan, pero con lo que hay es posible deducir y hasta desarrollar por esa vía, las tecnologías que aquellos usaron para lo puramente utilitario -como energía eléctrica-, para curarse de todas sus pestes si es que las tuvieron y hasta para realmente "convertirse en dioses" como clarísimamente nos llega el mensaje maya como los de las demás culturas piramidales.

LA INVESTIGACIÓN CUÁNTICA

En 1966 y 1967 un grupo arqueólogos y físicos árabes y americanos hicieron un experimento con una "Cámara de Chispas", que sirve para detectar los rayos cósmicos (en realidad subpartículas) que se supone deben atravesar las pirámides como a cualquier monumento, cualquier montaña y todo el planeta. Pero en las Pirámides de Gizéh no funcionó así. Los aparatos no registraban ingreso de los rayos cósmicos, sino unas lecturas confusas que sólo podían deberse al rebote de los rayos a muchos metros de las pirámides. Una parte de las radiaciones no rebotaba, sino que parecía entrar más de prisa en las moles, mientras que el resto no podía hacerlo. Es decir que el campo piramidal resultó ser -a modo de filtro- un selector automático de determinadas subpartículas y casi un bloqueo total de radiaciones de alta frecuencia. Hasta ahí lo que sabía por noticias publicadas en revistas desde más de una década entes de empezar nuestros propios experimentos cuánticos en 1984.

En América las pirámides construidas por civilizaciones anteriores a los Toltecas, Aztecas, Mayas, Chibchas, Mongulas e Incas, no carecen de misterios físicos, pero el mercado turístico ha atendido con predilección a las egipcias, así que aquellas no han sido estudiadas como corresponde por equipos interdisciplinarios. En Asia las hicieron unos desconocidos antes que la poblaran los Chinos e Hindúes, y desde la antigüedad mejor documentada, los Caldeos, Asirios, los Babilonios, Sumerios y Etruscos. Estos legado de la sabiduría de las civilizaciones más lejanas que las del tiempo conocido, los hemos podido descifrar y comprender en sus múltiples ventajas y beneficios con enorme esfuerzo, pero aún quedan misterios. Aquellos sabios tenían un modo de ser, de sentir y de pensar muy diferentes de los nuestros. Sólo poniéndonos en su lugar en la medida de lo posible, es que comprendimos que para entender las pirámides debíamos profundizar en los átomos y más allá de ellos. Nuestro criterio estuvo acertado. Algunas de sus muchas cualidades -las que más nos interesan por el momento- es la de ser:

a) Acumulador de Neutrinos: Nuestra estructura atómica está sometida a un ambiente que no le es propicio; como si no hubiésemos sido diseñados por la Naturaleza para habitar sobre la Superficie Externa de la Tierra. Tenemos aquí presión atmosférica inferior a la óptima, una gravedad un tercio mayor que la que cualquier ingeniero hubiese tenido en cuenta al diseñar nuestro esqueleto, temperaturas que varían entre los -50 y los +50° Centígrados. Pero lo peor es que los átomos están cuánticamente incompletos. Les faltan neutrinos, debido a que las radiaciones solares que nos los proveen son insuficientes en un sentido y excesivas en otro.

Un electrón está compuesto por millones de neutrinos y otras partículas. Desde el punto de vista de la física cuántica, vivimos en un ambiente atómico ruinoso. Desde el punto de vista molecular, tenemos -como consecuencia- problemas con la simetría. Las moléculas están desordenadas, lo que produce incontables disfunciones en la actividad química de los organismos. El ADN es el que resulta afectado. Gran parte de esa deficiencia se corrige dentro de la atmósfera piramidal.

b) Antioxidante y correctora de la simetría molecular del agua: Y bien sabemos que nuestro cuerpo se compone en un 70 % de ese líquido compuesto. Iremos en detalle luego.

c) Bacteriostática: Existen tres clases de bacterias, clasificadas según su modo de interacción con otros organismos: simbióticas, saprófitas y parásitas. Las simbióticas no producen putrefacción, sino digestión y otras modalidades de transformación química ordenada, bajo un patrón de actividad controlada por el organismo. No hay que confundir "digestión" con "putrefacción". Las bacterias simbióticas que tenemos en el intestino se encargan de descomponer ordenadamente el bolo alimenticio, para poder absorber los líquidos, minerales, proteínas y provitaminas que se trasladan a la sangre. Tienen funciones que las hace en parte vegetales y en parte animales, por eso llamamos a ese conjunto "Flora" intestinal y no "microfauna". A ellas las pirámides sólo les afectan en cuanto a mejorar sus propias capacidades funcionales. Como su actividad de descomposición no requiere de "putrefacción", actúan normalmente, por más potente que sea la pirámide.

Estas bacterias suelen sufrir los ataques de las infecciosas, que son saprófitas (aprovechan la putrefacción para nutrirse) y las parásitas (que también son saprófitas pero a la vez son las que infectan para producir putrefacción). Si se eliminan del organismo las bacterias saprófitas y parásitas, las simbióticas recuperan su funcionalidad. Por la imposibilidad de que la materia se pudra dentro de la atmósfera piramidal, las bacterias parásitas y las saprófitas no pueden procrear. En unas pocas generaciones (o sea horas o pocos días) no queda ninguna, por más grande que sea la infección.

Volveremos oportunamente sobre estos temas, pero sigamos con las propiedades físicas de las pirámides: La pirámide acumula el tipo de materia (subatómica) que necesitan los organismos vivos para desarrollarse y conservarse mejor, y además, dependiendo de su tamaño y grado de perfección, puede aumentar el nivel vibratorio de las partículas que componen su atmósfera, dando así una lenta pero constante mejoría a todos los organismos superiores que habiten su ambiente.

La «Perfección» de la pirámide consiste en la mayor exactitud posible en cuanto a: 1) Orientación Cardinal, 2) Nivelación, 3) Proporciones geométricas, 4) Materiales aplicados 5) Cantidad de «otros metales» dentro de su estructura (mientras menos, mejor) y las descargas o filtros magnéticos -en grandes pirámides- que permiten eliminar las tensiones magnéticas anómalas de los metales que componen la estructura y las instalaciones (hierro, cobre, estaño, zinc, etc.) Si dichas tensiones no se eliminan mediante las parrillas de descarga adecuadas, el campo piramidal no llega a los resultados deseados o puede producir molestias a las personas que vivan en ellas. No hay riesgo de daños, pero sí de sensaciones molestas y de pérdida de los efectos deseados. Sólo puede ser patógena una pirámide cuando es grande como para permanecer dentro, cuyo material sea cobre o hierro en una densidad alta. Igual nadie llegaría a enfermar porque no soportaría la permanencia. Muy al contrario ocurre en las pirámides construidas con materiales paramagnéticos (madera, aluminio, cristal, plásticos, fibras sintéticas, resinas, etc.), en las cuales el organismo siente sensaciones agradables desde el principio y los efectos curativos en pocos días, para una serie de dolencias. Con los plásticos hay ciertas reservas, pues no todos son aptos y en realidad la mayoría acumulan cierta estática perjudicial, por eso no los usamos en pirámide de dormir.

El funcionamiento de la Pirámide Perfecta es el siguiente: El C.M.U. (Campo Magnético Universal) es aquel que corresponde a cualquier cuerpo existente en el espacio. Es decir que cada cosa que existe físicamente, (ya sea un objeto, una planta, una montaña, un animal o cualquier cosa amorfa o simétrica, pero perceptible como entidad material) tiene un campo magnético, y éste es según las características morfológicas, químicas y físicas de cada cuerpo en particular. En la Pirámide Perfecta el C.M.U. es el más especial que conocemos, porque además de acelerarse algo más que cualquier otro, actúa como una red, que atrapa en si misma los neutrinos y los mantiene en órbita en su radio de acción, con mayor concentración mientras más cerca del centro.

O sea que esas partículas tan diminutas que -según se cree- pueden recorrer millones de años-luz en el espacio, llegar a la Tierra y atravesarla como si no existiese, quedan atrapados por un C.M.U. tan... «simple» como el de la pirámide. Este fenómeno se llama "*inclusión magnética*", por eso los físicos llaman a la pirámide "*Trampa para neutrinos*". Una atmósfera piramidal, naturalmente saturada de neutrinos produce los efectos que ya hemos mencionado antes y tiene -en concatenación con los otros efectos- las siguientes características:

1) Los seres orgánicos mejoran su estabilidad genética porque los neutrinos contrarrestan los efectos de la mayoría de las radiaciones distorsivas. Las cadenas de ADN, siendo más completas atómicamente, tienen menos probabilidades de ser alteradas por radiaciones cósmicas patogénicas. Al mismo tiempo, la eliminación de radicales libres evita también los daños por oxidación. Bien puede hablarse de una protección triple, es decir: Molecular, atómica y cuántica, puesto que los efectos se verifican en los tres niveles.

2) La corriente electrónica normal del planeta, que en muchos edificios modernos causa depresión y agobio físico, en la pirámide es completamente a la inversa, porque en vez de producirse un enlentecimiento del flujo electrónico, con el consecuente descenso de la tasa

vibratoria, la pirámide lo acelera, descargando hacia abajo los elementos más densos y contribuyendo en general a aumentar el orden vibratorio de la materia.

3) Este flujo magnético acelerado de modo espontáneo, arrastra hacia fuera todos los excedentes atómicos, que no cumplen funciones de enlace natural. No sólo nos elimina los dañinos radicales libres y otros oxidantes derivados de las moléculas de agua destruidas o de las propias funciones celulares, sino de todos los gases que en estado de átomos sueltos suelen dañarnos.

Al librarse de estos elementos, las células vivas se encuentran en mejores condiciones de funcionamiento, de modo que se alarga su tiempo de vida y su reproducción más sana alarga la vida útil de todos los órganos. Pero además, esta corriente produce en las *protomoléculas* de agua que no está formando parte de algún organismo biológico activo, la separación de sus elementos, los cuales al ser gases (Oxígeno e Hidrógeno), son expulsados fuera de la atmósfera piramidal. El oxígeno molecular (O_2) disminuye levemente en las pirámides cuando son cerradas, pero la proporción de disminución no es en absoluto considerable.

En la materia orgánica inerte, como la de los alimentos, se observa deshidratación y momificación. Es decir que se detiene el proceso de putrefacción por falta de oxidación. Estos alimentos no sólo resultan «momificados» (como el jamón por efecto de la sal), sino que además se saturan de neutrinos, resultando más apetitosos y saludables, aunque dicha saturación no sea medible con métodos convencionales, sino con aparaterío de testeo cuántico y con ese magnífico "medidor incorporado" que nos dice muchas cosas: nuestro paladar.

Como resultado de todo ello, los habitantes de las casas piramidales o los que al menos duermen en una pequeña pirámide, gozan de las mejores condiciones para tener una vida más sana y alegre, pero no por misteriosas influencias psíquicas, sino por una perspectiva biológica más extensa. Lo mismo se verificará casi de inmediato, al ver los efectos espectaculares en el reino vegetal.

Todos los beneficios de la pirámide sólo son posibles mediante una construcción adecuada. Si fueran construidas con materiales inadecuados, mal orientadas, inexactamente niveladas o con proporciones erróneas, en el peor de los casos no funcionarán. La Pirámide Perfecta es un artefacto funcional, construido inteligentemente, en base -entre otras cosas- al fenómeno denominado "Simpatía Magnética de la Forma" (SMF).

Y ahora pasamos a uno de los secretos que hemos logrado arrancar a las pirámides, donde el andamiaje de teorías oficiales respecto a sus constructores es lo que queda realmente sepultado, pero de manera más que definitiva: Las disposiciones moleculares de los compuestos químicos naturales, tienen proporciones de tensioactividad exactas, debido a que son obra de una Inteligencia Superior. Muy superior a la del hombre. El Creador del Universo ("la Naturaleza" para los ateos) sabía, sabe y sabrá lo que hace. La Ley de Gravitación Universal hace que toda la materia sea atraída según afinidades, ocupando el menor espacio posible. Un experimento con los neutrinos tendía a demostrar que esta Ley funciona también en el universo cuántico, a pesar de las contradicciones y paradojas matemáticas que se dan en esa escala, cientos de miles de millones de veces más pequeña que lo que podemos ver a simple vista. Finalmente comprobamos que así es, pero surgieron de dicho trabajo algunos puntos misteriosos que había que resolver.

Se trataba de ver qué ocurría con el agua, porque habíamos detectado que algunas formas moleculares bien conocidas, -como los hidrocarburos- concentran neutrinos en el interior de la molécula, al igual que casi todos los cristales. El cuarzo, por ejemplo, los acumula en forma espontánea en cuanto se le da una orientación correcta o se lo somete a ciertas tensiones electromagnéticas. Habíamos desarrollado un sistema que permitía ver en una pantalla de televisor el movimiento de las partículas en un volumen "gigantesco" de un centímetro cúbico. Realmente un volumen "astronómico", comparado con el tamaño de los neutrinos y aún con el de los átomos, pero podíamos enfocar, dentro de una parte de ese volumen, algunos grupos de moléculas y reconocerlas, para luego enfocar al máximo el detector y marcar un punto determinado dentro de una molécula, siempre que el elemento estuviera en absoluto reposo, lo que resultaba difícil muchas veces, aún estando en terreno sin casi nada de actividad sísmica.

En una gota de agua, detectar los neutrinos era -si se me permite una comparación- como ver los cardúmenes de sardinas en el Pacífico, mirando desde la Luna, pero podíamos hacerlo ya a fines de 1987, gracias a los tres años que llevábamos mejorando sistemas, equipos y técnicas. El pasaje de neutrinos que se detectaba en cualquier punto de la gota de agua, tenía por lo tanto más del cincuenta por ciento de posibilidades de hallarse dentro de una molécula, en vez que en los intersticios entre ellas. Sin embargo, aunque observábamos la acumulación de neutrinos, no comprendíamos qué pasaba, por qué no podíamos diferenciar el centro de la molécula de agua y los neutrinos parecían acumularse lo más lejos posible de ellas. Me tuve que ir a una expedición para luego seguir con otros viajes, y esperaba que durante mi ausencia ellos resolvieran la cuestión.

Pero aquí fue donde nuestro matemático más nuevo en el equipo, tuvo una idea que venía masticando, sin llegar a hacerla tangible, hasta que los físicos le aportaron algunos conceptos puramente mecánicos sobre simetría molecular. Se le ocurrió que el H2O, conocido como "molécula de agua", no tenía posibilidades matemáticas de existir realmente, según ciertos cálculos de tensiones atómicas y -menos aún- en base a las leyes de la geometría espacial.

"Si fueran dos átomos de hidrógeno y uno de oxígeno, los que trabajan como una molécula -decía Herminio (II)- el agua no mojaría. Sería mucho más potente para disolver, que el ácido clorhídrico; estaría formada por plaquetas semisólidas, que al menor contacto formaría compuestos similares a los conocidos pero no de la misma manera... Sé que el agua existe, pero poniéndome en lugar del que la diseñó, creo que matemáticamente, el agua no es un diseño viable... En alguna parte, hay un error."

Roberto y Herminio (I) se quedaron perplejos y como yo no estaba presente querían esperar a que volviera, antes de seguir adelante. No obstante, el matemático había seguido grabando sus deducciones, y los otros -curiosos por saber si el nuevo integrante estaba chiflado o era un genio- intentaban entender sus grabaciones y las oían a cada rato. Decidieron seguir sin esperarme, ante la posibilidad de que el matemático, que repetía una y otra vez sus cálculos, estuviera en lo cierto. Ellos no eran cortos en números, así que invertían los papeles y eran ellos quienes revisaban los cálculos de Herminio II y finalmente decidieron que no había tiempo que perder.

Cuando llegué, unos meses después, tenían resuelto el tema de modo espectacular, que reproduzco a continuación más o menos textualmente en los diálogos y tal como ocurrieron las cosas, gracias a que todas las conversaciones importantes se grababan. Me tomé tres días de reposo, -accidentado y herido al regreso porque el avión casi se estrella al aterrizar- me relajé de las andanzas y me sometí a mi tratamiento de pirámide intensiva, pero en cuanto me sentí recuperado, inmediatamente me dispuse para estar al tanto de los avances hechos en el laboratorio. Los científicos pretendían que yo, que soy de los que cuentan con los dedos, les comprendiera su idioma, compuesto de signos extraños, fórmulas matemáticas, sus interminables y complicadísimas ecuaciones y sus conceptos de mecánica cuántica, mediante un pizarrón lleno de esos símbolos, más difíciles para mí que los mismísimos jeroglíficos.

No fue fácil la comprensión de los conceptos, pero finalmente conseguí hacer que me explicaran en un idioma casi pueril, y así lo transmito, casi textualmente, así que el Lector no deberá agobiarse para comprender la cuestión física.

DESCUBRIMIENTOS IMPRESIONANTES

" - Para ahí, Roberto. -le dije- Si pudieras convertir cada número o letra en un fideo y me lo sirves en una sopa, igual me agarro un dolor de panza que no me lo quita ni una noche en la pirámide H.P.

- Es que si no aprendes un poco de matemáticas... -me dijo.

- No la aprenderé porque no tengo tiempo. ¡Ah, si hubiera aprovechado mejor las clases en la escuela!. Pero en fin, que no es mi fuerte. Tendrás que aprender a explicarme los conceptos mecánicos en forma sencilla...

Finalmente conseguí que me explicara que los neutrinos -una partícula subatómica que tiene tres estados diferentes posibles en un momento determinado- son 13,7 millones de veces más pequeño que un electrón. Estamos hablando de "escala" respecto a la masa, no al tamaño.

- ¡Ah!, bien, en "escala de masa". -dije trabajando con la calculadora- Eso lo entiendo bien... Sería algo así como... Si el neutrino fuese... Como una sandía, el electrón de un átomo sería como la Gran Pirámide de Kheops... Si, una sandía al lado de la Gran Pirámide, algo increíblemente pequeño...

- Claro, burrito... Te digo que tengas en cuenta que hablamos de masas, no de tamaños. El espacio que ocupa un neutrino es noventa millones de veces menor que el que ocupa el electrón... En este caso puedes comparar sólo el peso, sin tener en cuenta el tamaño y el "peso" es 13,7 millones de veces menor.

-¿Y esa ecuación de las atmósferas -le pregunté- se puede traducir a simples porcentajes?.

- Bueno... No es tan así pero... Si, espera... -decía mientras sacaba cálculos en la pizarra y con ayuda de una calculadora- Digamos que nuestro cuerpo recibe en forma natural, una carga de neutrinos permanente a la que llamaremos "carga normal". Pero la carga óptima que debiéramos recibir es... Unas... Ochenta y tres veces mayor, como mínimo.

- ¿Y para qué nos serviría una carga mayor de neutrinos libres en la atmósfera?.

- Para que los átomos que componen nuestras células, especialmente los del ADN y esas moléculas vitales, estén completos. Lo interesante es que los neutrinos se acoplan a los átomos completando estructuras en electrones y protones, los reconstituyen equilibradamente, como una pared en ruinas a la que se le agregan los ladrillos que le faltan; y eso ocurre a diferencia de otras partículas que los alteran cuando llegan en forma de ciertas radiaciones. Todos nuestros átomos están en una deficiencia de subpartículas y la parte más afectada son los puentes de enlace molecular, es decir los electrones que se enlazan para unir diferentes átomos y formar la molécula... Esto es lo que impide la formación de moléculas perfectamente estructuradas. Digamos que tenemos un parámetro negativo, de uno a la menos doce de subpartículas "N" en un radio de dos "m" por el cuadrado de la distancia de la órbita de los electro...

- ¡Espera, Roberto!. Espera, que otra vez me estás hablando en chino... Y para colmo en chino mandarinumérico...

- Vale... -respondió pacientemente- Espera que me meta en la cabeza que tengo que hacer de cuenta que le enseño a un burro a comer pasto, pero sin explicarle la clasificación botánica de la hierba...

- ¡Gracias por el cumplido! -le respondí riéndome- y perdona mis rebuznos. Pero explica en castellano.

- En las pirámides de la sala mayor -siguió el físico- conseguimos una atmósfera de 67,4123 veces la normal como máximo. Pero en la HP, con una densidad mucho mayor, conseguimos una saturación de neutrinos que varía, según las tormentas magnéticas y efemérides solares, entre las noventa y las ciento treinta veces más de lo normal. La mayor parte del tiempo... Espera que encuentre la nota de la progresión estadística exacta... Pues... la mayor parte del tiempo... ¡Aquí está el papel de los últimos cálculos!... La saturación promedio es de 110,0975 veces la normal y tiene una relación...

- ¿Podríamos dejarlo en ciento diez veces? -dije.

- Vale. A efectos prácticos está bien.

- ¿Y es peligroso -seguí preguntando- estar en una atmósfera con ciento diez veces más neutrinos que lo normal?.

- ¡Qué va!... ¡Para nada!. A tu amigo el Dr. Andrés le hemos hecho trabajar mucho desde que te fuiste. Hemos estudiado a fondo la cuestión de la "composición atómica" del hombre, en vez que desde el punto de vista celular. Es cierto que nuestras células tienen defectos estructurales, genéticos, o sea de orden biológico, pero lo peor está dado en que nuestra constitución molecular tiene averías por todas partes. Materialmente, somos una ruina que aún así, funciona. El agua que nos compone en un promedio del 68 % está siempre desordenada. Pero si consideramos ese 68 % como un total, calculamos en 94,7 % como "agua enfermante" por su falta de simetría interprotomolecular...

- ¿Qué es interproto...?

- Es que te tengo que llevar al grano... Hemos descubierto que las moléculas de agua reales no son H_2O como hemos creído siempre, y éste es uno de los descubrimientos más importantes...

- ¿Qué? ¿Me tomas el pelo?.

- No, Gabriel. Es en serio. Muy en serio. Los grupos H_2O están como siempre... Gozando de buena salud... Hasta cierto punto, porque también tienen esas graves deficiencias a nivel de las subpartículas, pero lo importante que hemos descubierto, es que estos H_2O son solamente PROTOMOLECULAS, no moléculas propiamente dichas.

- Me dejas más confundido que una monja en taberna de marineros...

- Bueno, deja que te explique. Resulta que la verdadera molécula de agua está formada por CINCO grupos de H_2O. Un sólo grupo es un monómero inestable, ni siquiera "moja", pero oxida.

- O sea que Herminio II tenía razón en su teoría sacada de puros números –agregó Herminio I.

- Así es; no está chalado como creíamos al principio... En cambio cuando cinco (H_2O) es una molécula de agua completa, moja más pero oxida menos. En realidad no oxida nada si está bien estructurada. Lo que oxida es el H_2O cuando la molécula se rompe. Si está correctamente formada, no oxida, no se separan los H_2O... Y... ¡Esto te va a gustar!. Resulta que mientras mejor ordenadas están las protomoléculas, el agua es más tensioactiva, mejor funciona como disolvente pero menos como oxidante. Mientras mejor conserva su forma, los átomos de oxígeno se vuelven más difíciles de disociarse del hidrógeno... ¡Y esto te va a gustar más aún!. ¿A que no sabes qué forma tiene una molécula de agua real, perfectamente estructurada?.

- Ni la más mojada idea.

- Forma de... ¡Pirámide!...

- O sea como la Gran Pirámide... Lo que quiere decir que puede que... ¿Estás seguro?.

- Como que has vuelto y no te mataste al aterrizar.

- Me dejas petrificado... Explica un poco más...

- Bien. Resulta que aún no podemos verlo en un microscopio de barrido electrónico porque no lo tenemos todavía. Quizá algún laboratorio de los que tienen esos microscopios puedan hacer algunas comprobaciones, pero no sabemos de ninguno que pueda confirmarnos estos datos por medios visuales. Nosotros tenemos en cambio, un equipo que con diferencia de sistema, es también visual e indirectamente nos muestra lo mismo, pero ya has visto lo que es tratar de enfocar por sectores en base a las cuadrículas magnéticas...

- ¿Entonces es una cuestión... "teórica", que no se puede confirmar? -dije decepcionado.

- ¡No! -respondió Herminio (II)- Matemáticamente hemos estudiado la molécula de agua e hicimos unos treinta experimentos para comprobarlo. Hay un fenómeno que cualquiera puede comprobar, que se llama "simpatía magnética de la forma" y es el siguiente: Si ponemos los elementos que forman la pirita de hierro en una caja cúbica de ese metal, de lados exactamente iguales y reproducimos las condiciones físicas que crea la naturaleza, los cristales de pirita se formarán perfectos. Pero si la caja es un prisma triangular de hierro, tenderán los cristales a crecer con esa forma... Como no es su modo perfecto, se formarán piritas tan deformadas que engañarán hasta los menos tontos. Sabido es que la pirita es cúbica, pero se forman cristales tan deformes que parecen pepitas amorfas...

- ¿Y si es un prisma rectangular alargado?.

- Pues ocurrirá eso. -respondió Roberto- Los cristales de pirita tenderán a copiar el "molde magnético" que los contiene en su formación. ¿Has visto alguna vez una geoda de amatista?.

- Pues... Si, he visto algunas... Sólo algunos cientos de ellas...

- Esas amatistas toman la forma de las proyecciones de los átomos de los gases que se mueven dentro de la geoda que las contiene...

- ¿Y por qué no salen redondas, como las mismas geodas?. -pregunté.

- Porque la coraza de ágata es, magnéticamente hablando, menos potente que los gases que hay en el interior. La forma de las moléculas de los gases, que son tubulares con terminaciones piramidales determinan la forma de los cristales. O sea que en la formación de cristales, las tensiones magnéticas de los gases, que adoptan esas formas dentro de la geoda, determinan que los silicatos y demás sales se agrupen copiando su molde invisible pero efectivo. Volviendo a la molécula de agua, resulta que midiendo las fuerzas y calculando... Mejor ni te explico los cálculos... Haciendo una relación de distancias entre los núcleos de los átomos de hidrógeno que establecen puente con otros, para formar la molécula, nos encontramos con unas proporciones muy definidas. ¿A que no imaginas a qué se parecen esas proporciones?.

- Me estoy sospechando... Quizá diré una tontería... ¿A las proporciones de la Gran Pirámide de Kheops?.

- ¡Correctoooooo!. Si, querido Amigo. Aunque, como te dije, no hay tecnología a nuestro alcance para medir ópticamente la molécula de agua, podemos hacerlo por otros medios, ya que tenemos tecnología más avanzada para hacer conteos y muestreos cuánticos. Así que estableciendo parámetros de fuerzas y calculando su alcance, podemos deducir toda clase de intensidades magnéticas atómicas y hasta magnético-cuánticas. En la pantalla con que captamos y medimos el paso de neutrinos, hicimos unas adaptaciones para medir las fuerzas de interacción en las protomoléculas de agua...

.....................(una parte perdida de la grabación).

- Pero ve tú a decir esto en un congreso de física... -comenté.

- Pasaría como con muchas cosas... -intervino Herminio (I)- Nos tratarían de locos. Además no nos miran muy bien ciertas eminencias... Habrá que esperar que los laboratorios más acreditados del mundo se dignen medir las moléculas.

- Pero lo que a nosotros nos interesa -dije- es que las pirámides son en realidad, cajas donde es perfecta y completa la formación de las moléculas de agua que están adentro...

- ¡Eso es! -dijo Herminio (II)- Pero además, la saturación de neutrinos que ocurre como fenómeno accesorio, parece ser algo muy bien previsto por la naturaleza.

- Me he quedado más que sorprendido con esta revelación... -dije- Pero me sigue preocupando la cuestión de la saturación de neutrinos...

- A eso vamos... -explicó Roberto- Parece que nuestras células estuvieran genéticamente diseñadas para vivir en una atmósfera repleta de neutrinos, porque las moléculas de agua se hacen mejores en todas sus funciones cuando el nivel de neutrinos es mayor. No hay problemas de saturación para el organismo, porque cuando la cantidad excede lo que las moléculas (de agua o cualquiera otra) necesitan, el propio campo magnético de las moléculas excluye ese excedente. Eso sólo lo hemos podido comprobar en la HP, pero no me cabe duda de que ocurre en cualquier pirámide suficientemente densa. En las otras que tenemos aquí sucederá lo mismo, pero tardarán más tiempo en saturarse.

- ¿Puede ser riesgoso de alguna manera esa saturación, para los que dormimos dentro de las pirámides?. - pregunté preocupado.

- No, en absoluto. Tú llevas tres noches durmiendo en ella y sigues vivo, je, je, je...

- Si, pero como ya estaba desacostumbrado, las dos primeras noches tenía sensaciones muy raras. Anoche dormí mejor, pero la primera noche casi sentía descompostura, como me ha pasado cuando he hecho las terapias intensivas. Han resultado, pero al principio lo he pasado con un poco de miedo por la descompostura.

- Eso es normal... -dijo tranquilamente Roberto- La purga de radicales libres y la modificación de los líquidos estomacales quizá sea la causa de eso y luego el cuerpo ya se acostumbra, como cuando te trataste las rodillas y el reuma.

- Si pero eso también dolía mucho los primeros días. - dije.

- Era normal ese dolor, porque los líquidos se estaban modificando. Aunque te estabas curando, el organismo acusa ese cambio químico y lo denuncia con dolor... En las menos densas que la HP no sientes nada, aunque los efectos ocurren igual, pero suavemente. Además, hemos expuesto microorganismos simbióticos, plantas y hasta mi gato Rusito. Luego el Dr. Andrés ha hecho todos los análisis que puedas imaginarte. Parece que todas las estructuras genéticas de todos los seres vivos en la Tierra sufren una grave falta de neutrinos. Es como si estuviésemos creados para vivir en un mar de neutrinos y aquí sólo tenemos unos pocos, por lo que estamos como renacuajos en una charca casi seca.

- Entonces es por eso que en pirámide se mejora en algo la vida... -dije-.

- ¿En algo...? ¡En mucho!. Los átomos se completan, las cadenas de ADN se reacomodan, obteniendo de la atmósfera los neutrinos que necesitan para completarse, y encima, algo protegidas contra radiaciones cósmicas, según la densidad de la pirámide. Los átomos de las moléculas de agua se completan hasta formarse de manera perfecta y la molécula en si se estabiliza en la forma de la mayor tensioactividad... ¡Es una maravilla!.

- Veo que mientras andaba por ahí, no habéis perdido el tiempo. Pero... En fin que he visto que habéis dormido, finalmente, dentro de las pirámides.

- Yo no he podido. -dijo Herminio (II)- Estos dos oportunistas se han apoderado de las dos posibles. Las otras seis están llenas de cosas y en la HP no me he animado todavía. Ya veremos si Roberto te devuelve la tuya...

- No la necesito -dije- porque vuelvo a irme pronto y la HP me gusta más... Pero.. ¿Acaso no hay suficientes pirámides?

- No, Gabriel, -respondió Herminio I- hemos mandado a hacer una más, que está en el salón verde, que aún no te has tomado el trabajo de visitar... No creerás que todo lo hecho en estos meses ha sido posible con las que había. Hasta he dormido al lado de algunos de los experimentos...

- ¿Así que habéis hecho otra? -pregunté sorprendido.

- Si. -dijo Roberto- El carpintero ya te pasará la factura. Recordarás que habías encargado un centenar de larvas de moscas azules... Pues demoraron meses en preparar la partida de larvas. Finalmente, hace unos tres meses trajeron las *musca zafirus* y no podíamos suspender el experimento, a riesgo de perder el costo de las anteriores.

- Si, comprendo. -dije- Salieron bastante caras esas mosquitas tuyas; las pagué unos días antes de marcharme pero me dijo el biólogo que tardarían en preparar una partida de larvas sanas, libres de toda contaminación y con una provisión de su comida. ¿Ha habido algo interesante?.

- ¡Algo, si...!. -dijo Herminio (I)- ¿Te acuerdas cuánto viven?.

- ¡Como para olvidarme!. -respondí- Según el Dr. Prigueres, quince días sin variación, a pesar de cambios térmicos, etcétera; y por eso las cobraron más que si fueran de oro.

- Pues las nuestras de ahora valen mucho más. -dijo Roberto con la cara más feliz que jamás le viera- ¿Cuánto valen unas moscas zafiro que viven casi treinta días, en vez que quince?.

- ¡¿Qué?!.

- Lo que acabas de oír, Gabriel. La primera generación de larvas se desarrolló normalmente, pero vivieron veintitrés días y 25 como máximo. La segunda generación vivió veinticinco como promedio, aunque los dos días agregados lo pasaron como larvas y crisálidas. La tercera generación vivió veintisiete días como promedio, con el mismo período larval que la primera camada. Pero ocho especímenes vivieron treinta días y una alcanzó los treinta y un días.

- ¿O sea que las larvas de la tercera generación se desarrollaron más rápido y el total de vida llegó casi al doble de lo normal?.

- Eso es. -intervino Herminio (I)- Y yo que no entiendo nada de biología, ni me interesaba, ahora me produce ciertos vértigos. Si una mosca normal, una "musca domestica", viviera el doble, las pirámides causarían un gran daño ecológico.

- Si, -le respondí- pero la mosca doméstica es *saprófita*; o sea que come materia en descomposición. Por eso nunca pude hacer experimentos con ellas. En la pirámide nada se pudre y las moscas domésticas emigran o se mueren. No ponen huevos en las pirámides. Compramos las larvas de moscas zafiro porque aparte de vivir quince días exactos y sin variación, es simbiótica en la naturaleza, como las abejas, aunque no podamos comer su jalea alimentaria. Incluso contribuyen en la polinización y no comen materia podrida, por eso pueden permanecer en la pirámide. Nunca se realizarán esos temores ecológicos tuyos.

- Bueno... -dijo el matemático- Pero igual me produce vértigo. Si un bicho debe vivir quince días, como lo hace desde millones de años atrás, no es normal que viva el doble. ¿Qué pasaría con las personas, si viviésemos el doble?. ¡No cabríamos en el mundo!...

- Tus cálculos -le respondí- se centran en parámetros incompletos. Es que debiéramos vivir cien veces más que lo normal, aunque nos reprodujésemos menos, como los Primordiales...

- ¿Como los qué? -preguntaron los tres.

- Digo... Si viviésemos de otra manera, reproduciéndonos menos pero viviendo mejor, habría una "ecología humana" más ajustada a tus cálculos matemáticos, pero en todos los órdenes. Ya sé que diréis que estoy loco, como siempre, pero la matemática a veces no es muy justa. Especialmente cuando se trata de pensar en que el mundo nuestro podría vivir mucho mejor y muchísimos más años...

- Gabriel... -dijo Roberto- Creo que estás llevando el resultado de nuestros experimentos a una exageración. No pretenderás que nos hagamos inmortales usando pirámides...

- No... -respondí- No creo que sea suficiente eso. Pero de acuerdo a los resultados obtenidos... ¿Sería posible que una persona duplicara su perspectiva de vida?.

- Sí, claro. -respondió Herminio (I)- Pero de ahí a hacernos inmortales... Me parece difícil. De todos modos, duplicar el tiempo de vida en humanos es viable. El fenómeno causal es físico, atómico, molecular, con dos vertientes: Uno magnético y el otro cuántico, o sea específicamente neutrínico. El ADN de una mosca y el de un humano son muy diferentes en estructura "gruesa", pero desde el punto de vista atómico y molecular, son iguales, están compuestos de lo mismo. Igual se diría de las células, a pesar de las diferencias morfológicas. Si se oxidan menos por ausencia de radicales libres, trabajan mejor con el agua corregida molecularmente y los electrones tienen neutrinos para completarse, el efecto de las células se verá en todo el órgano, sea de mosca o de persona...

- Pero también -agregó Roberto- habría que tener en cuenta que las moscas utilizadas eran larvas cuando se las trajo y vivieron toda su vida dentro de una pirámide, las otras dos generaciones nunca salieron de la pirámide... Para hacer el experimento en humanos, necesitaríamos hacerlo en niños, y aunque no estuvieran todo el tiempo dentro de una pirámide, al menos que durmieran o vivieran dentro de ellas. Necesitaríamos doscientos años para verificar el experimento a nivel de humanidad...

- O sea que no hay mucho que demostrar en cuanto a aplicaciones en humanos...

- No tan así. -dijo Roberto- Si tenemos en cuenta que los efectos de recomposición molecular causada por los neutrinos son mucho más duraderos que la descomposición por pérdidas que sólo pueden medirse cuánticamente, entonces tenemos bien clara la explicación a los fenómenos que ya conocemos. Por eso te curas las heridas mucho más rápido. Si nuestras células viven el doble de tiempo, es lógico esperar que todo el cuerpo duplique su perspectiva de vida a partir de lo que te queda. No sólo por los efectos en células sanas y normales, sino por la regeneración que se produce, mucho mejor y más completa en casos de heridas o cualquier disfunción a nivel celular. Es una pena que no podamos pasarnos la vida entera dentro de una pirámide o extrapolar el fenómeno sin usarlas.

-Ya es una gran ventaja -agregó Herminio (I)- que no puedan prosperar las bacterias que promueven infección; con las moléculas de agua perfectamente estructuradas y habiendo saturación de neutrinos, es lógico que las heridas curen muy rápido. Como bien has comprobado, bastan las ocho horas de sueño para limpiar bastante el organismo. Hemos comprobado también algo interesante sobre los cuerpos orgánicos, pero no desde la biología, sino desde la física. Cuéntale tú, Roberto.

- En efecto... -siguió explicando el aludido- Empezamos un ensayo de análisis biológicos, pero con criterio puramente físico. Hemos logrado medir con una cámara de alta frecuencia (parecida a la Kirlian) agregada a nuestros aparatos, las funciones magnéticas en las células, comprendiendo mejor cómo funcionan éstas. Finalmente, toda la vida tiene que ver con la física, aunque hay una parte que se nos escapa, que está más allá... No sé cómo explicarlo.

- Me lo imagino. -comenté- Pues nuestro verdadero Ser no es físico. Si bien el cuerpo es una máquina extraordinaria, no podemos explicarlo todo bajo las ciencias materiales.

- Eso es. -dijo Herminio (II)- Yo concibo una idea de Dios como que éste es un gran matemático. Pero la matemática por sí sola no puede explicar la existencia de Dios, y éste existe por lógica. Sin tal Dios, cualquiera sea la forma o aspecto en que lo concibamos, no podría existir la Inteligencia Perfecta del Universo. Digamos que "alguien" tuvo que inventar el Universo y luego las matemáticas, para que éste funcione bajo Leyes Perfectas.

- O quizá al revés. -dije- Primero Dios pudo crear las matemáticas para darle una expresión perfecta al Universo...

- Si, también puede ser -dijo el matemático- Pero el caso es que llevado esto a lo físico, también encontramos que muchas funciones de las células no son las que puede esperarse en un modelo puramente mecánico. Hay una especie de "voluntad", de capacidad de decisión y elección, inmanente en los núcleos celulares. Hemos usado pantallas tridimensionales para hacer un testeo cuántico completo en una célula. En un cristal mineral, por ejemplo, podemos predecir sin error lo que ocurrirá con tales o cuales átomos, pero en las células no. Aunque tenemos un conteo casi completo de los átomos de una célula...

- Pero estás hablando -le interrumpí- de algo fabuloso. ¡Una célula tiene millones de átomos!.

- ¡Y billones! -dijo Roberto- Pero el caso es que podemos hacerlo. No estamos gastando una fortuna en este laboratorio para que hagamos experimentillos de aula escolar...

- Podemos hacer conteo atómico -siguió Herminio (II)- en volúmenes de hasta cinco centímetros cúbicos, y a nivel cuántico en poco menos de un centímetro cúbico. No se nos escapa ni un átomo en el primer caso, o ni un neutrino en el segundo, sin ser vigilado y contado. Y con el RBHV, medimos estadísticamente hasta la cantidad de neutrinos que hay en diez milímetros cúbicos de cualquier cuerpo orgánico. Por eso descubrimos lo de la forma del agua. Los neutrinos tienden a acomodarse en el centro del conjunto molecular, para lentamente incorporarse a los átomos carentes. Pero en el agua se acomodan en el interior de una pirámide, igual que ocurre en la macroescala. En vez unirse a las que desde ahora llamamos protomoléculas de H_2O, se establecen en el centro. Te repito, un solo H_2O no es agua, sino un óxido de hidrógeno, una protomolécula bipolar. Para ser agua, que moje, que funcione como agua, deber ser (5 [H_2O])

- Pero a lo que íbamos con el tema de la "voluntad celular", -siguió Roberto- es que además de haber una especie de molde magnético que determina que las células se reproduzcan donde falten éstas por heridas o cualquier deficiencia, hay una especie de "orden magnética", a modo de mensajes que se envían unas células a otras. Las células reciben del cuerpo magnético de la persona, una indicación cualquiera, pero también entre ellas "hablan", enviando mensajes en forma de ondas de altísimas y/o bajísimas frecuencias. Estas ondas en ultra o infra-frecuencia no podemos captarlas de ninguna manera. Pero las hemos podido verificar estudiando unas reverberaciones -que en principios nos parecían misteriosas- en la atmósfera de neutrinos dentro de una célula. ¿Vas entendiendo?.

- ¡Claro!. Es increíble... -dije- Y habiendo suficientes neutrinos en las células, estos mensajes son más claros. Mientras que la falta de ellos, como ocurre en la atmósfera normal, dificulta la "comunicación intercelular".

- Eso es. -dijo Herminio II- Los neutrinos acumulados en la atmósfera piramidal cumplen al menos dos funciones que conozcamos. La primera es completar cuánticamente los átomos de todos los elementos, lo que influye en una mejor formación de las moléculas, ya sea de agua, de ADN o cualquier compuesto. Y la segunda es que facilita las relaciones, las comunicaciones e interacciones de la vida orgánica. Especialmente en el orden celular.

Mientras continuábamos conversando, hacíamos un recorrido por la casa, inspeccionando los resultados de los experimentos llevados a cabo en todas las pirámides. El aparaterío principal, dispuesto en la Pirámide Mayor, había sido despojado de la carcasa de aluminio y dotado de una de plástico, a fin de verificar mejor los efectos del material de la pirámide. En ésta se hacían las mediciones más importantes. Era de aluminio normal, de 6,2 metros de lado de base y casi cuatro de altura. Sus vigas de ocho milímetros de espesor, con medio metro de ala cada ángulo, no tenía mucho que envidiar a la HP en cuanto a efectos.

En la "Segundona", de cinco metros de lado de base, teníamos la mayor parte de las plantas en experimentación. Las *Begonias rex* disciplinadas, que normalmente y en las mejores condiciones alcanzan treinta centímetros de largo en las hojas, tenían ya más de medio metro. Los helechos pilosos *Hixies*, que raramente llegan a cuarenta centímetros de altura, habían alcanzado los setenta, pero con tal amplitud de follaje que hubo que retirar algunos y cambiar las macetas.

En otra pirámide de cuatro metros y medio de lado teníamos más plantas y los demás experimentos eran de orden físico, puesto que nunca acepté usar animales que debieran permanecer enjaulados. Se usaron muy pocos animales y los resultados fueron magníficos.

- ¿Conoces al perro de tu Amigo Toninho Mendoça? -me preguntó Roberto-.

- ¡Si, claro, un afgano hermoso y muy inteligente!.

- Pues, ese mismo. Fue atropellado por un anta en la selva y se le mantuvo una semana en la pirámide. Sólo se le sacaba en su camilla para llevarlo al veterinario, pero finalmente su dueño mandó a construir una pirámide porque Danado se mejoró espectacularmente y volvía a la casa para meterse en la pirámide en cuanto le abríamos la puerta. Si no le abríamos ladraba hasta conseguir que se le atendiese. También Rusito, mi gato, duerme en esa pequeña pirámide de cartón y aluminio.

- Pero los gatos son muy raros. -le comenté- A algunos, la pirámide no les va. A otros, les encanta.

- Pues al mío le viene de maravilla. ¿Te acuerdas de su pata infectada?... No tiene ni cicatriz.

- Veo que vale la pena seguir con el laboratorio. -dije a mis compañeros- Mañana iré a arreglar algunos asuntos y veré si puedo asegurar otro año. ¿Estáis dispuestos?.

- ¡Y diez años también! -dijo Roberto mientras reía- Aunque en un par de años habremos alcanzado todos los objetivos propuestos.

- También la antipirámide -dijo Herminio (I)- plantea un campo de investigación magnífico, pero ello implicaría cuatro o cinco años más de trabajo. Y creo que con lo que sabemos de ese aspecto, es suficiente a efectos prácticos. Uno o dos años más, serán suficientes para comprender a fondo la pirámide y completar los trabajos iniciados. Incluso quiero hacer un experimento de generación electromagnética con acumuladores piramidales de cobre, pero eso también plantea grandes desafíos técnicos, científicos... Y económicos.

- Lo económico no es problema por ahora. -dije- Pero terminemos los trabajos iniciados, y ya veremos más adelante...

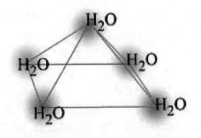

Quitando los tacos y otras cosas intrascendentes de las conversaciones, el presente resumen es casi textual y da una idea de los trabajos realizados en el campo de la física cuántica y de los dos días más alegres de mi vida de piramidólogo. Llegar a ello fue una tarea muy dura y pudo hacerse gracias a que mis socios contaban con contactos científicos de primera línea en todo el mundo, muchos de los cuales aportaron información y recursos técnicos que aún hoy son difíciles de hallar en el mercado. En síntesis, nuestro descubrimiento fundamental es que la pirámide perfecta es una réplica a macroescala de una molécula del agua, guardando relación directa con su simetría, cosa que por la misma época -aunque no lo sabíamos- Linus Pawling -

premio Nobel de física, descubría lo mismo por otros métodos dos años antes. Nos lo hizo constar enviando un teletipo inmediatamente que recibió la carta de nuestros muchachos y aunque ellos lo habían descubierto y demostrado, se le reconoció su autoría y lo hizo público poco después. Recordé a mis amigos que había leído un libro de un tal Georges que guardaba mi padre como quien guarda un gato montés, con cariño pero con cuidado, porque hablaba de las maravillas de la G.P. al mismo tiempo que decía que la construyeron esclavos y otras chorradas que ya ni la egiptología moderna acepta. Sobre los pocos bloques que quedan del revestimiento, ya decía alguien en el libro, que es "*albañilería gigantesca realizada por modernos relojeros*" y "*obra de ópticos modernos sobre obra de muchas hectáreas*". Pero nunca imaginé en aquella infancia llena –como hasta ahora- de sucesivos y maravillosos descubrimientos, que daríamos con éstas analogías, con semejantes semejanzas (valga otra redundancia) con la tecnología más avanzada.

Es decir que la Gran Pirámide de Gizéh, con sus casi 230 metros de lado de base, se corresponde con exactas proporciones a la molécula de agua, que tiene alguna millonésima de Å (Å = *Armstrong*. El nanómetro (nm) equivale a una millonésima de milímetro, y el Armstrong equivalente a una diezmillonésima de milímetro). Podría transcribir una serie de anotaciones físicas y matemáticas, que son para mí un idioma casi desconocido, resumidas en conceptos mecánicos que entiendo muy bien, pero este libro ha de llegar a una mayoría que como yo, prefiere conceptos sencillos y pocas fórmulas, salvo las imprescindibles para poder pasar a la práctica experimental, aunque sea en forma casera.

Quiero dejar constancia en este Libro que la investigadora mexicana Linda Manzanilla Naim estaba por dirigir un equipo científico multidisciplinario que debía medir en 2002, los muones bajo la Pirámide del Sol, en Teotihuacán, con un aparato sospechosamente similar al nuestro. No sabemos si se trata del nuestro o de uno similar al desarrollado por Luis W. Alvarez, pero no se han tenido noticias hasta ahora, al menos por internet. No sé dónde se encuentran mis compañeros, que tenían un contrato para Irán o Irak en 1992, pero no se menciona en el artículo de "LA JORNADA" de México D.F. del Viernes 27 de septiembre de 2002, al diseñador del detector de neutrinos. Me temo que como había participantes y "vigilantes" de varias universidades como Harvard, nada de lo que se descubra se llegue a divulgar si es importante. Hay muchos intereses económicos a los que les interesa que no prospere la piramidología, especialmente en sus aplicaciones terapéuticas, como veremos en detalle en el capítulo correspondiente.

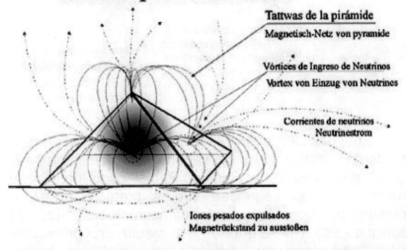

Pitfall for Neutrines
Fallgrube zu Neutrines
La Trampa de Neutrinos

Tattwas de la pirámide
Magnetisch-Netz von pyramide

Vórtices de Ingreso de Neutrinos
Vortex von Einzug von Neutrines

Corrientes de neutrinos
Neutrinestrom

Iones pesados expulsados
Magnetrückstand zu ausstoßen

Aquí vemos cómo la pirámide funciona como una trampa de inclusión magnética, donde los neutrinos entran y no pueden salir. Cuando hay agua en el interior, el proceso posterior es su acomodación dentro de sus moléculas, para después incluirse en los átomos.

En las imágenes siguientes apreciamos en modo aproximado cómo se expande el campo magnético piramidal en la mayoría de los casos, pero cabe advertir que las variaciones provocadas por el magnetismo telúrico, efemérides solares y otros factores, hace que lo dibujado no sea exacto siempre. Sin embargo, en el interior mismo de la pirámide, los efectos tienen pocas variaciones, el campo es más estable y el vórtice sólo tiene oscilaciones importantes cuando esas anomalías magnéticas externas son demasiado potentes.

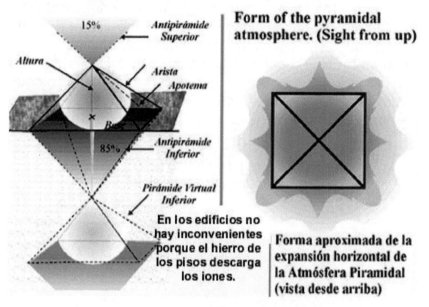

Form of the pyramidal atmosphere. (Sight from up)

En los edificios no hay inconvenientes porque el hierro de los pisos descarga los iones.

Forma aproximada de la expansión horizontal de la Atmósfera Piramidal (vista desde arriba)

En cualquier caso, esos movimientos del vórtice interior no afectan en nada importante a los cuerpos u objetos que haya en el interior. Por el contrario, puede decirse con toda seguridad que la protección que la pirámide produce ante determinadas radiaciones ya justifica su uso. No se trata de que resulte una protección contra radiaciones nucleares de una explosión bélica, como han exagerado algunos teóricos, pero sí que protege de varias radiaciones cósmicas que suelen producir distorsiones en el ADN.

Movimiento del Vórtice Piramidal

Líneas de mayor tensión. Durante vientos magnéticos telúricos

Líneas de tensión cuando el vórtice está estable

Durante eclipses y tormentas solares

A continuación dejamos un espacio para el investigador Markus Jaume Salas, quien nos explicará de modo sencillo, algunas de las maravillas matemáticas de la pirámide.

MATEMÁTICA Y GEOMETRÍA SAGRADA

(Participación Especial de Markus J. Salas- Los números subrayados y entre paréntesis corresponden a la bibliografía que puede consultarse, detallada al final del comentario)

La Gran Pirámide de Kheops (G.P.) es la construcción más grande, más precisa y mejor alineada del mundo. (5) Las mínimas desviaciones existentes en la nivelación del terraplén, en las longitudes de sus lados, en las angulaciones y en su orientación así lo de demuestran.

Los intentos de emulación para su construcción, efectuados tanto por la cadena de televisión Nova (sólo 6 m. de altura) como por la *Nipón Corporation* en 1978 (18 m. de altura) finalizaron en sendos fracasos. La Nipón tuvo que utilizar barcos de vapor para el transporte, y grúas y helicópteros para el traslado e izado. ¡Y moviendo piezas de sólo 1 Tonelada !.

Para unos egipcios que no conocían todavía ni la rueda ni el hierro, la empresa ejecutada hubiera sido impresionante o imposible, más teniendo en cuenta que movieron piezas de más de 70 Tn.. El enigma continúa abierto, y es seguramente desde el análisis de su estructura donde se puede empezar a deducir parte de las incógnitas.

Un principio desvelado: la estructura del agua

Un ejemplo claro de este hecho fue hace pocos años el descubrimiento de la nueva formulación de la molécula de agua, hecho por varios científicos pero formulada públicamente por el premio Nobel Linus Pawling. De la clásica H_2O hemos pasado a un polímero formado por 5 protomoléculas de H_2O organizadas en forma piramidal, y con una estructura que tiene la misma inclinación que las caras de la G.P. (52° aproximadamente). De lo cual se deduce que la G.P. es en primer término, una representación gigantesca de una molécula de agua. Un gran monumento a una de las estructuras básicas de la Vida, tal como la conocemos, y que todavía sigue siendo una fuente continua de incógnitas cuya resolución dependerá probablemente en el futuro, de la evolución de la Mecánica Cuántica.

El número de oro

Vamos con las medidas de la Gran Pirámide. Pongamos que aproximadamente la base mide 230,30 metros, que la altura original era de 146,6 y la apotema de sus caras (la línea que recorre todo el centro de la cara) es de 186,3. Pues bien, si simplificamos estas medidas y consideramos que la base mide 2, la altura mediría 1,272 y la apotema sería 1,618. Es decir, un triángulo que tenga como base 2, como altura 1,272 y como los lados 1,618, tendría las mismas proporciones que la Gran Pirámide en su corte transversal. La altura divide a ese triángulo en dos triángulos rectángulos menores que tendrían como base 1, como altura 1,272 y como hipotenusa 1,618.

O sea, que la Gran Pirámide está edificada teniendo como armazón a un triángulo rectángulo que tiene como base la unidad de medida, como altura la raíz del número Fi (1,272) y por hipotenusa al número Fi. Por lo que queda demostrado que el número Fi está incorporado a la Gran Pirámide sin distorsionar ninguna medida. Por si acaso hubiera dudas, la secante del ángulo de 51 grados y 51 minutos (ángulo de inclinación de la Gran Pirámide) es 1,618 (Fi) y por ende el coseno de 51 grados y 51 minutos es el inverso de Fi (0,618).

Geometría sagrada

Mucho se ha hablado en el último siglo sobre las interpretaciones que parecen deducirse de las mediciones de las pirámides de Egipto, y sobre todo de la G.P. Muchos investigadores han aventurado un contenido substancial de información sobre las medidas terrestres y solares, lanzándose hasta pronósticos del futuro que abarcaban hasta septiembre de 2001.

Para hacer los cálculos el primer objetivo fundamental fue encontrar la unidad de medida que utilizaron sus constructores, y cuando emprendemos la investigación sobre este punto nos encontramos con una extensa variedad: Codo piramidal (0.6356 m.), codo real (0.5229 m.), codo corto (0.4501 m.), codo negro de Al-Mamún (0.577 m.), codo baladí (0,4618 m.), paso egipcio (0,5432 m.), etc.

Se hace necesario realizar un análisis de la información existente, a fin de poder verificar la fiabilidad otorgada a cada sistema de medición, y en especial con los dos primeros sistemas, dado que han sido los más utilizados.

Ya escribió Max Toth en 1979 ([1]): Uno de los puntos más confusos en la medición de la G.P. es el relativo al codo piramidal, o codo sagrado, y a la pulgada piramidal. El codo y la pulgada piramidal fueron creados por el profesor Piazzi Smyth como unidades de medidas ajustadas a Pi en la escala de la G.P.. A través de un elaborado proceso, el profesor Smyth determinó que 999 pulgadas piramidales equivalen a 1.000 pulgadas inglesas. Utilizando el mismo proceso, calculó que la unidad de medida utilizada en la G.P. era un codo que estaba dividido en 25 pulgadas piramidales.

En resumidas cuentas, si la pulgada inglesa (1/36 parte de la yarda) equivale a 25,4 mm., la pulgada piramidal equivale a 25,4254 mm. y el valor del codo es de 635,63 mm.. Todo un sistema de medición excesivamente oscuro y complicado, que parece haber sido creado para hacer coincidir la longitud del lado de la pirámide con los días del año solar (365,24 codos piramidales).

Charles Piazzi Smyth (1819-1900) era astrónomo real de Escocia y creía que la pulgada inglesa derivaba de la antigua "pulgada de pirámide", y que el codo utilizado para construir el Arca de Noé y el Tabernáculo de Moisés también se basó en esta pulgada. Como hombre profundamente religioso, creía también que los británicos eran descendientes de la tribu perdida de Israel, y que la G.P. era una representación inspirada por Dios, una profecía de piedra de los grandes acontecimientos de la historia mundial...(2)

Se dice que la yarda fue establecida en el siglo XII por el Rey Enrique I en homenaje a la longitud de su espada, y que por lo tanto era desconocida antes de esta época. No existe otra constatación de las razones de su existencia. Y por otro lado, aplicar una dimensión de 9.131 pulgadas piramidales a la longitud de cada lado de la base de la G.P., nos situaría por encima de los 232 metros, cuando ya está aceptada una longitud media de 230,3 m., con una desviación máxima entre cualquiera de sus lados de 19,75 cm. (1) Otro sistema generalmente utilizado es el codo real (0.5229 m. o 0.525 m., según fuentes diferentes) que tenía siete palmos de 4 dedos cada uno. Si el codo era de seis palmos de 4 dedos, se le llamaba codo corto (0.4501 m.).

Se atribuye su origen a los agujeros de alineación encontrados a lo largo de todo el perímetro de la G.P., que equidistaban 3.675 m., distancia adjudicada a 7 codos reales (2). Las mismas estacas se encuentran en la Pirámide de Kefrén por parejas, pero la distancia se incrementa a 5,25 m. (el equivalente a 10 codos). Aunque los topógrafos advierten que los intervalos no son tan precisos como para realizar mediciones incrementales de longitud.

Y esta última observación es importante, porque da viabilidad a otro sistema de medición: el paso egipcio (3). Aunque el autor del libro no especifica claramente de dónde sale la famosa "*unidad lineal del Antiguo Egipto*", la aplicación del paso egipcio a la G.P. (1 paso igual a 0,5432 m.) da unas dimensiones claras a la pirámide: 600 pasos de diámetro de la base por 270 pasos de altura. Además, el volumen calculado de la G.P. sería de 10.000.000 Phi pasos cúbicos egipcios, lo que abriría otras posibilidades de concreción del sistema de medición utilizado.

La G.P. fue construida siguiendo un sistema de medición decimal, al igual que las porciones astronómicas y geométricas del "sagrado lenguaje secreto" (4). Blavatsky matiza que: el alineamiento de la G.P., tanto con Alción como con la Estrella Polar en la bóveda celeste es significativo, puesto que se convierte en el punto focal sobre la tierra del principio masculino-eléctrico Espíritu y del principio femenino-magnético Forma. Estos principios son el fundamento del sistema decimal: el 1 y el 0.

Desde finales del siglo XVIII se ha elaborado una interesante colección de correlaciones astronómicas. He aquí una lista parcial de esta colección (6), que habría que observar con las matizaciones realizadas anteriormente:

1) Las medidas de la Gran Pirámide resuelven la cuadratura de la circunferencia. Demostración: La circunferencia que tiene como radio la altura de la pirámide tiene la misma longitud que la base cuadrada de la Gran Pirámide.

Radio = 146,6 x 2Pi = 921

Lado de Base = 230,30 x 4 = 921

Lo cual implica que si dividimos la base de la pirámide por el doble de la altura obtenemos el número Pi.

2) Las medidas de la Gran Pirámide resuelven la cuadratura del círculo. Demostración: un rectángulo formado por la base de la Gran Pirámide y su altura tiene la misma superficie que un semicírculo que tenga como radio la altura de la pirámide.

Superficie del semicírculo = Pi x radio2 /2 = 33.758

Superficie del rectángulo = 230,3 x 146,6 = 33.761

3) Las medidas de la Gran Pirámide resuelven la cubicación de la esfera. Demostración: según la geometría, la mitad de un círculo plano es también matemática y rigurosamente igual en área a la superficie esférica de un cuadrante de 90 grados. O sea, que un rectángulo cuya altura y base sean las de la pirámide tiene la misma superficie que un cuadrante esférico cuya altura sea la de la pirámide y su arco la base de la Gran Pirámide.

Superficie del cuadrante esférico = arco x radio = 230,3 x 146,6 = 33.761

Superficie del rectángulo = 230,3 x 146,6 = 33.761.

4) Otra demostración: la superficie del prisma generado tomando la base y la altura de las caras de la Gran Pirámide (una caja donde se pudiera meter la Gran Pirámide) tiene la misma superficie que la semiesfera generada tomando como radio la altura de la Gran Pirámide.

Base x altura 230,3 x 146,6 x 4 caras = 135.047

Superficie de la semiesfera = 4 x Pi R2 / 2 = 4 x Pi x 146,6 x 146,6 /2 = 135.035.

Y todavía más (1):

5) La longitud de los lados de la Base (9.131 pulgadas) dividida entre 25 es igual a 365.24 codos, que son los días del año solar.

6) La longitud de la Cámara del Rey más la mitad de la longitud de la Antecámara equivale a 365.24 pulgadas.

7) Un círculo cuyo diámetro fuese igual a la longitud de la Antecámara (116.25 pulgadas) tendría una circunferencia total de 365.24 pulgadas.

8) El ancho de la cámara del Rey (206,066 pulgadas) multiplicado por la raíz cuadrada de Pi es igual a 365,24 pulgadas.

9) El doble de la longitud de la cámara del Rey (2 x 412,12 pulgadas) medido siguiendo el suelo de la Gran Galería, contiene una diferencia de nivel de 365,24 pulgadas.

10) El valor en pulgadas del perímetro de la base equivale al número de días que tiene un siglo.

11) El valor en pulgadas del perímetro del trigésimo quinto nivel de la pirámide es igual al número de días que hay en 80 años solares.

12) El doble de la longitud de la diagonal de la base (2 x 12.913,26 pulgadas) es igual al número de años que hay en la precesión de los equinoccios, y además equivale al valor en pulgadas del perímetro del quincuagésimo nivel.

13) Sumando la longitud y la altura de la Cámara del Rey, y dividiendo el resultado por su anchura, se obtiene el valor de Pi.

14) Sumando la longitud y anchura del tanque y dividiendo el resultado entre su altura, se obtiene el valor de Pi.

15) Cada una de las caras de la G.P. representa un cuarto del Hemisferio Norte.

16) La cúspide de la G.P. corresponde al Polo Norte, mientras que el perímetro de su base se relaciona con la circunferencia del Ecuador.

17) La G.P. es un almanaque perfecto que registra las estaciones del año, funcionando como un enorme reloj solar, cuya sombra indica, entre otras cosas, los solsticios y la duración del año.

18) La altura de la G.P. determina, a escala decimal, la distancia de la Tierra al Sol en su perihelio.

19) La superficie de la base determina, a escala decimal, la superficie de la esfera terrestre.

20) Las caras laterales del prisma determinado por la G.P. establecen, a escala decimal, la órbita de la Tierra alrededor del Sol...

Y todavía podemos añadir otra más, difícil de cotejar dado que no se conoce el paradero del piramidión (3):

21) La circunferencia del último nivel (710 unidades) dividido por el número total de hiladas (226) nos da el número Pi, con una desviación menor de 850 millonésimas.

Ubicación de la G.P.

Es evidente que la ubicación de la G.P. fue el primer problema a resolver al que tuvieron que enfrentarse sus constructores, y que tal ubicación tuvo que responder a poderosas razones logísticas. Existen varias posibles explicaciones contrastadas:

1.1 Una de las grandes propiedades de Gizéh es estar situada en una zona de "declinación magnética cero", un factor indispensable para los constructores que no podían arriesgarse a qua la constante fluctuación del polo norte magnético (se movió unos 10 Kms. el año 2003) pusiera en peligro la perfecta alineación norte-sur de la G.P..

1.2 La necesidad de un gran caudal de agua (el Nilo) y de la materia prima básica (arena) que aseguraran un correcto suministro para la construcción.

1.3 El meridiano de la G.P. (31º al este de Greenwich) es el cero de longitud más adecuado de nuestro globo. Si trazamos dos líneas perpendiculares sobre el mapa de la Tierra, utilizando la G.P. como centro, encontraremos que la tierra firme y los océanos se encuentran equitativamente repartidos en sus cuatro cuadrantes.

Construcción de la G.P.

El hallazgo del profesor Joseph Davidovits de uñas, pelos y burbujas de aire en el interior de los bloques facilitó la investigación sobre el sistema de construcción utilizado, que no estaba basado en bloques tallados sino en moldes prefabricados (7).

En el año 1889, el egiptólogo C. E. Wilbour encontró en la pequeña isla de Sehel, al norte de Assuán, una estela recubierta de jeroglíficos de Egipto en que los dioses están eternizados en fantásticos dibujos rupestres. Los textos de la estela fueron traducidos en el siglo pasado por los arqueólogos Brugsh, Pleyte y Morgan, y completamente descifrados en 1935 por el arqueólogo francés Barquet. Parece claro que los jeroglíficos de la así llamada «estela de Famine» fueron grabados en la dura piedra en época ptolemaica (hacia el año 300 antes de Cristo), aunque los hechos a los que se refiere el texto acontecieron más de un milenio antes de esta fecha. La estela presenta un total de dos mil seiscientos jeroglíficos, ¡seiscientos cincuenta de los cuales explican el modo en que se elaboraban las piedras artificiales! (8).

Davidovits preparó diversas mezclas de cemento y argamasa basándose en antiguas fórmulas egipcias. El nuevo (¡antiquísimo!) material obtenido resultó ser mucho más duro y resistente a la intemperie que nuestro cemento, pues debido a determinadas reacciones químicas se secaba mejor y más rápidamente. No es de extrañar, por lo tanto, que la firma francesa «Géopolymère France» fabrique mezclas de hormigón basándose en la antigua mezcla, y en los Estados Unidos la firma líder en hormigón «Lone Star» haya incluido en su producción este cemento, que seca más rápido y es el más resistente de todos: ¡hormigón para la eternidad! .

Objetivo de la G.P.

Uno de los factores innegables de la G.P. es la existencia de 43 "vigas" de 70 Tn. de peso cada una en las llamadas Cámaras de Descarga de la Cámara del Rey. Estos bloques son de granito con una pureza de cuarzo no inferior al 55 %, y fueron pulidas en todas sus caras excepto la superior, que fue devastada hasta conseguir que todos los bloques vibraran a la misma frecuencia de 440 Hertz, es decir, la frecuencia media de vibración del planeta (5).

Una de las teorías consiste en que la Gran Pirámide era capaz de generar algún tipo de energía térmica o nuclear. Interpretando los procesos técnicos que pudieron tener lugar allí. Alan F. Alfort (9) expone una teoría sobre la búsqueda de cámaras secretas atendiendo a su funcionalidad y dice que dentro de la Gran Pirámide se debería encontrar un sistema de energía integrado por una fuente de combustible, un sistema de tratamiento, otro de dirección de la producción y otro de control, e identifica los corredores, las cámaras, los pozos y la Gran Galería como el sistema de tratamiento, siendo el agua el combustible. Utiliza un diagrama para demostrar el flujo ascendente del agua y los gases que constituyen el sistema energético de la Gran Pirámide. La culminación de este proceso es la producción de calor y vapor de agua, que se desplazan por un pozo desde la cámara del fuego hasta el mecanismo de producción situado en una sala cercana a la cúspide de la pirámide.

Según sus planteamientos, la Gran Galería contribuye a crear el sistema de hidrógeno comprimido a gran presión, en la Cámara del Rey se produciría el fuego y en la Cámara de la Reina existiría una fuente de agua. En este entramado tienen especial relevancia los llamados canales de ventilación. Hasta ahora se han identificado como trayectos que recorrían los espíritus de los difuntos en su complicado paso entre la vida y la muerte. Pero si tuvieran dicha función religiosa se hallarían en todas las pirámides y no sólo en ésta, precisamente la única a la que sus constructores hicieron premeditadamente hermética por medio del milimétrico acople de sus millones de bloques. Estos canales podrían servir para trasvasar líquidos y gases y resolverían el problema del canal norte de la cámara de la Reina, el cual se encaminaría a la cámara del Rey. Esta idea está aparentemente argumentada ya que, si bien no se ve la salida de ese canal a la Cámara del Rey, sí existe la evidencia en el suelo, cerca del sarcófago, de la prospección realizada por los árabes en el siglo XII, motivada seguramente por la presencia allí de la desembocadura de este canal. H. Vyse perforó allí mismo, pero lo hizo tan destructivamente que cualquier conducto debe haber quedado muy bloqueado.

El que en las paredes del canal horizontal, en el pozo o en las Cámaras de Descarga se encuentren restos de una materia salada, parece indicar que en la Gran Pirámide se produjo algún tipo de experimento físico o químico. Descubrir su naturaleza conllevaría la localización de las cámaras o elementos constructivos necesarios para que se produjeran tales procesos.

Otra teoría es la analizada por C. Dunn (5), para quien la G.P. sería una gran central de energía de microondas. Aprovechando la vibración mecánica de la Tierra (440 Hertz) y amplificándola en la Gran Galería conseguirían transformar en la Cámara del Rey la energía mecánica en eléctrica por el efecto piezoeléctrico de las más de 1.500 Tn. de cuarzo de las cámaras de descarga. A partir de aquí y a través de la producción de Hidrógeno en la Cámara de la Reina, la oscilación de los electrones de los átomos de hidrógeno conseguiría la producción de microondas.

[Nota de Gabriel Silva: En esta segunda edición hemos agregado el descubrimiento por deducción de Philippe Lheureux, que no invalida la teoría de C. Dunn debido a la polivalencia de la G. P.. Hay que entender que la "polivalencia" requiere de una ingeniería tan avanzada (que no podemos menospreciar merced a los datos conocidos), que varias teorías sobre los objetivos de la construcción pueden ser perfectamente compatibles. Lo más parecido en la actualidad es la famosa "navaja suiza", donde varias herramientas, con funciones completamente diferentes se encuentran en un mismo objeto. La diferencia está en que la Gran Pirámide no atornilla, sierra, punza, limpia uñas, corta, defiende, enrosca y abre botellas, sino que cura, produce energía, arregla problemas geobiológicos, deja datos matemáticos, geométricos, geodésicos y astronómicos y guarda cámaras secretas para la civilización que la comprenda y encuentre su legado.]

BIBLIOGRAFÍA

(1) Las Profecías de la Pirámide. Max Toth.1979. Ed. Martínez Roca

(2) Todo sobre las Pirámides. Mark Lehner. 2003. Ediciones Destino

(3) La Rebelión de Lucifer. J.J. Benítez. 1996. Editorial Planeta.

(4) La doctrina secreta (H.P. Blavatsky)

(5) Tecnologías del Antiguo Egipto. Christopher Dunn. 2000. Editorial Urano.

(6). «Le calcaire des pierres des Grandes Pyramides d´Egypte serait un béton géopolymère vieux de 4.600 ans», Revue des Questions Scientifique, 1986.

(7) Davidovits, Joseph: Pyramid Man-made Stone, Myth or Facts, Barry University, Florida 1987.

(8) Alan F. Alfort. Los dioses del nuevo milenio (Ed. Martínez Roca).

(9) José Alvarez López "El Enigma de las Pirámides" Edit Kier.

GEOGRAFÍA PIRAMIDAL

Se hace necesario un breve comentario sobre el punto 1.1 que nos comenta Markus, y que hasta ahora ha pasado desapercibido para la mayoría de los investigadores: No sólo la G.P. está colocada en un sitio sin variaciones magnéticas. Entre los más grandes complejos piramidales están también las de China, (en Xi'an y Qinchuan), las de México y las de Perú (apenas exploradas todavía). Si observamos un mapa de isogonas (las líneas del planeta de igual nivel de variación magnética), llama la atención el hecho de que esos cuatro centros piramidales, los más grandes del mundo, están ubicados en sitios donde la declinación -y por lo tanto la desorientación gradual- prácticamente es nula a lo largo de muchísimos milenios.

Un Ejemplo para diferenciar: Una pirámide que se instale en España, sufrirá una desviación de más de cinco grados en 15 ó 20 años, -no es exacta la previsión- debido a la *declinación magnética*, porque los polos magnéticos van corriéndose poco a poco, describiendo círculos muy amplios alrededor de los Polos geográficos. Eso nos ha obligado a diseñar nuestras casas con una plataforma muy ingeniosa, de tal modo que con un costo mínimo, cada 15 ó 20 años pueda ser reorientada en una tarea de un día usando una grúa, o tres días haciéndolo manualmente. Pero los constructores de la G.P., como los genios que hicieron las pirámides en la China y en México, eligieron esos sitios que no tienen variaciones. La razón por la cual existen esas líneas de variación cero ante la declinación polar, aún está en discusión por parte de los geodestas, que tienen cuatro o cinco teorías sobre el particular, pero las isogonas son producto de mediciones muy precisas efectuadas desde principios del siglo XVIII. Así que hay estadística suficiente como para determinar algunas variaciones futuras, o los sitios donde no las habrá. ¿Es posible que los egipcios, mayas y chinos tuvieran estos conocimientos que requieren de siglos de estadística, aparatos precisos y conocimientos geodésicos globales?. No es posible determinar una isogona si no se tienen parámetros del resto del mundo. ¿Se puede creer que "por casualidad" se hayan instalado los más grandes centros piramidales en los cuatro sitios más adecuados del mundo?.

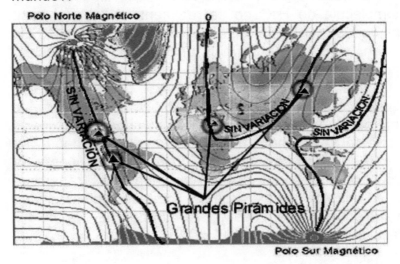

AGUA DIAMANTINA Y AGUA PIRAMIDAL

Disculpe el Lector memorioso que me vea obligado a repetir algunos conceptos, pero no estará mal repasarlos al tratar la cuestión del agua piramidalizada y el agua diamantina.

El Agua Diamantina no es producto de un proceso místico, ni es "agua bendita" en el sentido religioso. Tampoco tiene necesariamente que ver con algún tratamiento homeopático, aunque es posible combinar éste con los procesos que describo en adelante. Pero tal como agua Diamantina, ha de entenderse a una que ha sido tensioactivada artificial o naturalmente, o sea que además de libre de algunos elementos químicos que no se corresponden con las moléculas de agua, éstas están correctamente ordenadas en sus formas piramidales, con sus átomos en la mejor disposición de atracción y enlace. No olvidemos que la pirámide en sí, es una réplica a escala de las medidas de la verdadera molécula (la de 5 H_2O). La que se ofrece por ahí es parecida a la tratada en pirámides, pero con algunas diferencias. Existen cuatro métodos para lograr "casi" lo mismo.

Vamos a la aclaración de repaso: Una protomolécula de H_2O no es realmente AGUA, ni tiene propiedades solventes como ésta, sino oxidantes. Se precisan cinco para formar una actividad molecular propiamente dicha, con las propiedades que le conocemos. Un H_2O ni siquiera "moja", porque su fuerza de adhesión es más agresiva: Oxida, liberando los átomos de hidrógeno para formar otros compuestos y el oxígeno se une al elemento oxidado. Pero normalmente se agrupan en cinco conjuntos H_2O mediante el "puente de Hidrógeno" (una órbita electrónica doble y enlazada) que une a dos de estos átomos, pertenecientes a dos protomoléculas diferentes, para formar la verdadera molécula de agua. O sea (5 [H_2O]).

MODOS DE TENSIOACTIVAR EL AGUA

1) LIBERACIÓN IÓNICA ELECTROMAGNÉTICA: Se hace con diversos modelos de aparatos que por inducción electromagnética, liberan al agua de protomoléculas H_2O "sueltas". El método de liberación iónica barre aquellos H_2O que no pertenecen a ningún conjunto molecular, como es realmente el agua. Siempre se trata de protomoléculas cuyos átomos tienen carencias cuánticas, les faltan subpartículas y sus electrones son "pobres de neutrinos". Este método electromagnético no hace que el agua sea muy especial porque no agrega neutrinos ni reordena las moléculas, pero al menos elimina los H_2O defectuosos, así que es un agua mucho menos oxidante porque el oxígeno no se disocia del hidrógeno fácilmente mientras que forme conjuntos piramidales. Desde ya que es más adecuada para el consumo humano y animal que el agua sin tratar.

2) LIBERACIÓN IÓNICA POR SALINIZACIÓN. Con lo que se logra Agua Alotropizada. Hay diversas sales que pueden emplearse para producir lo anteriormente explicado, mediante precipitación. Los H_2O no incluidos en un quinteto, son arrastrados por combinación con otros compuestos. Este método tiene el problema de que resulta difícil no dejar en el agua algunos restos de sales que pueden no ser del todo benéficos o al menos innocuos, y la tensioactividad del agua dependerá de los factores magnéticos de la región. Además, resulta bastante caro, ya que requiere de insumos renovables y maquinaria un tanto sofisticada.

3) ASIMILACIÓN MAGNÉTICA: También empleando aparatos magnéticos, pero diferentes de los que producen liberación iónica propiamente dicha, se puede lograr que el agua se libere de impurezas de toda clase, especialmente de bacterias y minerales, y actúe como solvente biológico

perfecto. Pero este método tiene el problema de que en cambio, deja trazas de subpartículas variadas que no pertenecen a los átomos componentes, mientras que a nivel de impurezas, el agua queda casi destilada, impropia para el consumo humano y animal. Es en general muy buena como disolvente no oxidante, tanto para la higiene personal como para la ropa u otros usos industriales, pero dependiendo de la atmósfera donde se trate, puede llegar a contener elementos nocivos, como radioisótopos, que se incorporan fácilmente al agua durante su tratamiento. Éstos, por tener cargas más atractivas que la del agua, pueden convertirla en otra cosa que no es precisamente la deseada agua Diamantina. Es preferible usar aparatos de liberación iónica, en vez que de asimilación.

4) AGUA PIRAMIDALIZADA: La pirámide no trabaja exclusivamente sobre el agua, sino sobre toda la atmósfera encerrada en su volumen. Por lo tanto, se asegura así que el agua piramidal es, además de Diamantina, libre de bacterias patógenas y rica en neutrinos. El agua tratada por liberación iónica produce también la esterilización, pero la orientación molecular no es tan perfecta como la tratada en pirámides. Hay unos pequeños aparatos que se fabrican en Alemania, compuestos de aluminio y cristales de cuarzo, formando una especie de cañón orgánico de alta frecuencia y baja potencia. Tienen el tamaño de un bolígrafo grueso. Son en realidad inductores magnéticos de cuarzo, muy sencillos, que producen casi el efecto piramidal en menos tiempo, pero también es más efímero. El agua se destensa en pocos minutos.

Una combinación de inducción por cuarzo, para luego tratar el agua en las pirámides, hace el proceso mucho más rápido, permitiendo también que las propiedades duren mucho más tiempo. También, usando inductores orgánicos de cuarzo, conseguimos que una pirámide de cualquier tamaño acelere notablemente su tiempo de carga. Una pirámide de 2,10 m. de lado (como las que se usan para dormir), se carga a tope en menos de una hora. Sin inducción demora un par de días.

En conclusión, efectivamente, el agua Diamantina que se distribuye gratuitamente en algunos sitios y se vende muy cara en otros, es muy similar a la tratada en la pirámide, aunque el tratamiento nunca será tan completo y perfecto. Otra cuestión es que si no la produce uno mismo en casa, no hay modo de hacer comparaciones claras y hay que atenerse a la honestidad de quien la vende o regala. En eso "regalar" cosas mágicas suelen haber trucos comerciales, cuyo objetivo es en el mejor de los casos, atraer clientes para consultas o a grupos sectarios. En nuestro sistema, hay que tener cuidado con lo que se recibe sin pagar.

También existe una supuesta aplicación del principio homeopático, en base al que se trataría el agua y ésta podría "reproducirse" poniendo algunas gotas en una botella llena de agua normal. Eso es una tontería y para entenderlo basta pensar que si preparamos algunas toneladas de agua diamantina y la echamos en el mar, la regalamos a todo el mundo.

Fabrique o compre el Lector su propia pirámide y podrá hacer experimentos más seguros y tratar el agua que debe beber.

TIEMPO DE CARGA

La pirámide perfecta empieza a cargarse en el momento en que queda correctamente orientada y nivelada, pero el tiempo de carga total dependerá de muchos factores, así que lo que se expone a continuación es apenas como para tener una referencia aproximada.

Partamos del ejemplo de una pirámide de aluminio, hecha con ángulos de 100 milímetros de ala y tres de espesor, de un metro de base. Tendrá 0,636 m. de altura.

Su carga empezará a ser notable para efectos de "ANTI-PIRÁMIDE" (la pirámide magnética que se forma invertida bajo el plano de la base), en unos diez minutos, más o menos. Es decir que para realizar terapias sobre esguinces o articulaciones con reuma, estará disponible en muy poco tiempo; pero para tratar agua la carga comenzará a ser efectiva en el interior de la pirámide luego de unas doce horas y plena en cuarenta y ocho a sesenta horas. Aunque el efecto sobre el agua puede verificarse antes, como "picante" por su modificación en cuanto a electroconductividad y otras cualidades, hablamos de agua molecularmente reestructurada.

No importa mucho el tamaño de la pirámide en este sentido, sino su equivalencia en densidad y si es cerrada o estructural, porque similares tiempos se tienen en una pirámide hecha con los mismos materiales en mayores dimensiones, pero sí hay diferencias notables cuando es de madera u otros materiales higroscópicos. Hasta que la pirámide no elimina la humedad de los propios materiales, no se verifican los efectos. Por eso es imprescindible, cuando se hacen de madera, hidrofugarlas con pinturas especiales y barnizarlas muy bien. Hay que tener en cuenta que las pequeñas pirámides suelen no funcionar en los puntos patógenos de la Red de Hartmann, de modo que cuando no funcionan estando correctamente orientadas, sólo hay que desplazarlas medio metro en cualquier dirección.

TABLA DE MEDIDAS PARA CONSTRUCCIÓN DE PIRÁMIDES

PROPORCIONES DE LAS PIRÁMIDES PERFECTAS

ALTURA	BASE	ARISTA	APOTEMA	ALTURA	BASE	ARISTA	APOTEMA
100	157,0	149,4	127,9	600	942,4	896,7	767,4
150	235,6	224,2	191,8	650	1021,0	971,4	831,3
200	314,1	298,9	255,8	700	1099,5	1046,2	895,3
250	392,7	373,8	319,7	750	1178,1	1120,9	959,2
300	471,2	448,3	383,7	800	1256,6	1195,6	1023,2
350	549,7	523,1	447,6	850	1335,1	1270,4	1087,1
400	628,3	597,8	511,6	900	1413,7	1345,1	1151,1
450	706,8	672,5	575,5	950	1492,2	1419,8	1215,0
500	785,4	747,3	639,5	1000	1570,8	1494,6	1279,0
550	863,9	822,0	703,4	1050	1649,3	1569,3	1342,9

www.piramicasa.com

PIRÁMIDES Y GASOLINA

Un experimento sencillo sobre los efectos de la reestructuración molecular, es el del rendimiento de los combustibles. En una pirámide de aluminio de tres metros de lado de base, fue colocada la gasolina, que usábamos para la camioneta Ford F-100. Su consumo normal era de once litros cada cien kilómetros, a una velocidad 100 Kms/h. El combustible puesto en bidones de cincuenta litros no rindió mucho más que el normal, que apenas si bajó a 10,8 cada cien kilómetros. Pero ya habíamos visto muchísimas veces las diferencias ocurridas en el agua. No es lo mismo tratarla en envases grandes que en pequeños. Así que metimos la gasolina en botellas de vidrio, de un litro. Las dejamos cuatro días y el resultado fue espectacular. Vaciamos el tanque otra vez, echamos la gasolina piramidalizada y nos fuimos en un viaje de cuatrocientos kilómetros. Consumió 1,87 litro menos cada cien kilómetros, es decir un ahorro cercano al 17 %. No se trata de algo realmente práctico a la hora de ahorrar combustible, pero prueba los efectos físicos, especialmente la corrección molecular de todos los líquidos. Aunque las moléculas de los hidrocarburos son muy diferentes a las del agua, también forman pirámides macromoleculares y la extracción de energía en su oxidación es mayor.

Algunos experimentadores dicen haber logrado ahorros notables poniendo pirámides sobre el tanque de combustible, en los maleteros de los coches, pero a nosotros, tal como preveíamos, no nos resultó. En tal caso lo que actuaría sería la antipirámide, que algunos de sus efectos son similares a la pirámide propiamente dicha. También hemos apreciado correcciones de simetría molecular en la antipirámide, pero en unos pocos experimentos que nos dieron la pauta que con ella hay un terreno muy grande a explorar, que hubiera necesitado de algunos años más.

Se presenta en la cuestión de la pirámide en el maletero, el problema de la orientación. Por pocos instantes en cualquier viaje, la pirámide queda correctamente orientada. Insuficiente para trabajar sobre el combustible y modificarlo. Pero existe un modo que han propuesto otros experimentadores, para evitar este problema: Se trata de usar conos, en vez que pirámides. Estos tienen efectos parecidos -no iguales- y menos potentes que las pirámides, pero el anti-cono también se forma y no tendría el problema de la orientación. Quedo a la espera de disponer de algo de tiempo para probarlo e invito a los Lectores a hacerlo.

Un cono pequeño es mucho más fácil de hacer que una pirámide y para esa finalidad puede convenir usar lámina de cobre, de 1,5 mm de espesor. Las proporciones de los conos para obtener algo de ellos, tienen que ser diferentes a las de la pirámide, según varios aficionados, lo que concuerda con las medidas dadas por los arquitectos esotéricos de la Edad Media a las cúpulas de las torres en muchos palacios y castillos. Ha de calcularse aproximadamente que la altura sea 1,9 veces mayor que el diámetro de la base. Es decir que a un cono de un metro de diámetro, corresponde una altura de 1,9 metros, lo cual hace un poco incómodo ciertos usos. Para el maletero de un coche irá bien un cono de 20 cm. de diámetro, con cuarenta de alto. Esto si nos atenemos a las medidas calculadas para efectos orgánicos, pero igual habría que experimentar con conos de proporciones similares a las piramidales. Digamos que a un cono de 60 centímetros de diámetro le corresponderán 36,7 centímetros de altura, según una de las varias proporciones dadas por los experimentadores. Mi criterio es que no hay nada claro, puesto que hay varios informes y deducciones diferentes, así que hay que hacer conos de diferentes proporciones y probar al menos con dos modelos, ajustándolos luego de modo práctico en base a los resultados, más que por cálculo matemático.

Otras informaciones de experimentadores con conos, dicen que la altura para conseguir efectos "mágicos" (o efectos psíquicos) correspondería a tres veces el diámetro. Esta postura de matemáticos concuerda con ciertas obras materiales. Hay varios planos de antiguos castillos, también con esas proporciones en los remates de las torres.

No he trabajado mucho con ellos y no los usamos para la investigación cuántica, así que también son un interesante terreno a explorar, incluso en lo terapéutico. Ahora volvamos un poco a la historia, que no deja de darnos perspectivas muy interesantes.

HECHOS EXTRAÑOS Y LA ESFINGE

Volviendo un poco hacia el pasado, historia sobre la Esfinge, compañera misteriosa de las pirámides de Gizéh, trata sobre el príncipe y futuro faraón Tutmosis IV (. 1425 a. C.). Luego de una cacería se durmió una siesta a la sombra de la Esfinge, y ella le anunció en sueños que sería máximo gobernante, aunque en esa época Tutmosis no tenía chance, según la línea dinástica. La Esfinge le pidió que le quitara la arena del desierto, que la hacía sufrir, y apenas se cumplió la onírica profecía, el recién coronado Tutmosis IVº mandó erigir una estela de granito entre las patas de la Esfinge para conmemorar su encuentro con la figura, a quien consideró una deidad. En la estela aparece el propio faraón haciendo ofrendas a la Esfinge y ésta se presenta con todos los atributos que debió tener en tiempos más remotos.

La arqueología oficial afirma que el palacio grabado en la estela que mandó a poner allí Tutmosis IVº es el templo que tendría la Esfinge enfrente, pero no concuerda con las normas constructivas de los egipcios de aquella época ni con las anteriores. Muchos investigadores heterodoxos lo han interpretado como un palacio o cripta que se encontraría DEBAJO de la Esfinge. Y esta especie de cámara conectaría con la Gran Pirámide y las otras dos, mediante conductos subterráneos.

La Orden Rosacruz A.M.O.R.C., a la que tuve el honor de pertenecer sostenía exactamente lo mismo. A pesar de haberse explorado adecuadamente las cavidades subterráneas de la G.P., no es descartable que exista un contacto entre la Esfinge y las pirámides, sobre todo porque las exploraciones han quedado siempre en secreto, siempre ocultas incluso a las esferas académicas menores de Egipto.

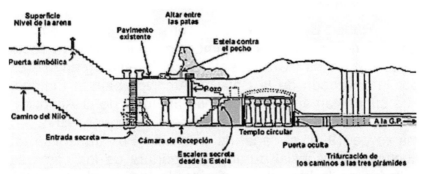

El Dr. John Kinnaman (l877-1961), arqueólogo bíblico muy famoso en su época, fue a excavar en Gizéh en 1924 junto con el conocido egiptólogo Sir Flinders Petrie, también célebre por sus estudios de estas pirámides y el primero en descubrir que las piedras fueron trabajadas con herramientas "imposibles" (aún en nuestros días), y descubrieron casualmente un túnel al sur de la Gran Pirámide. Kinnaman narró que habían encontrado un corredor descendente que, sumergiéndose a gran profundidad, llegaba hasta una sala que contenía unas máquinas extrañas, así como miles de prismas de cristal de ignara funcionalidad, una de las máquinas -según el criterio de los exploradores- sería de antigravedad, entre otras muchas cosas increíbles.

Algo les sucedió a ambos científicos, porque sospechosamente no recordaban la ubicación de este túnel que nunca más se encontró. Teniendo en cuenta que estos académicos se jugaban su largo prestigio con tales relatos, no parece factible que fueran puras imaginaciones. Pero quienes hemos trabajado con pirámides y estudiado en alguna medida los accesorios que pueden tener modernamente, comprendemos que hay asuntos relacionados con esas misteriosas galerías del subsuelo de la pirámide y la Esfinge, que podrían producir algunos efectos extraños, en caso de hallarse determinados aparatos funcionado aún, o por los mismos principios que trabaja cualquier pirámide simple. Hay alguna relación muy estrecha entre ambas construcciones, aunque en 2000 se encontró la llamada "Tumba de Osiris" bajo la Esfinge.

Robert Baivel dice en su libro "La Cámara Secreta" que los miembros de la ya famosa aunque exclusiva secta Skull and Bones ("Cráneos y Huesos") tenían gran interés por la búsqueda de la Sala de Archivos bajo la Esfinge, que supuestamente contiene los archivos de la Atlántida, según muchos autores modernos y antiguos. El 2 de marzo de 1999, el canal de televisión Fox transmitió un documental especial durante la apertura de las cámaras selladas en la llamada "Pirámide de la Reina" en Gizéh. En vez de encontrar la Sala de los Archivos, se halló la supuesta tumba de Osiris. Entre quienes vigilaban este acontecimiento en Gizéh, había muchos miembros de las órdenes esotéricas que veneran a Osiris. Pero también los espías de "Cráneos y Huesos", a la que pertenecen el presidente norteamericano George Bush y su padre.

Como remate de extrañezas, ese mismo día este magnate petrolero anunció su candidatura a la Presidencia. Su padre había planeado estar presente en la pirámide el 31 de enero de 1999 para celebrar la apertura de la cámara y así se informó a un selecto grupo de periodistas. No para su difusión demasiado masiva, sino para que queden constancias de los hechos. Al parecer, la llamada Guerra Kamamanásica (Guerra de las Ideas o "Guerra en el plano del Alma"), tiene momentos cumbre en lo material. Sin duda, hay mucho más de lo que nos llega como información recortada.

El príncipe Faruk, el hijo del rey Fuad de Egipto, tuvo en 1945 una visión similar a la de Tutmosis, pero más material. Entró, según él, en una cámara acompañado por un autómata, que le mostró varios túneles. Cierta o no, su mención sobre tal cámara y un túnel que luego no pudo ser encontrado, concuerda con lo ocurrido a Petrie y Kinnaman en 1924. No sabemos si el príncipe estaba enterado de lo ocurrido a los investigadores 26 años antes, pero tampoco resultaba favorable al prestigio del heredero, decir algo que luego no pudo probar. Tampoco son exclusividades de estos famosos, porque miles de visitantes han tenido experiencias extrañas en la G.P. y a casi todos, en mayor o medida les ha cambiado la vida permanecer y recorrer esta maravilla.

¿CUÁL ES LA TUMBA DE OSIRIS?.

En reiteradas oportunidades se ha dicho la noticia y modernamente la prensa mundial se ha hecho eco del supuesto hallazgo de la legendaria tumba de Osiris. Pero finalmente hasta los propios arqueólogos han tenido que desdecirse y reconocer que se trataba de otras tumbas. La de la Pirámide de la Reina abierta en 1999 parece haber sido otro chasco más, aunque es posible que se haya dicho mucho menos de lo que realmente se encontró, pero...

Casi bajo la cola de león de la Esfinge, en 1926 se halló un hueco al que no se le dio importancia y quedó olvidado (o mejor dicho "escondido"), hasta que en 1983 Mark Lehner y el actual "dueño" de Gizéh, Zahi Hawass desbloquearon la abertura e hicieron oficialmente un descubrimiento. Pero la supuesta Tumba de Osiris resultó ser un conjunto de toscos túneles, sin importancia aparente, según dijo Hawass.

No obstante, en meses posteriores se difundió en círculos de élite científica, la noticia de que se había hallado tras unos trabajos de inspección más refinada, la entrada a una cámara con columnas, que contenía un sarcófago de gran tamaño. La noticia sólo se supo públicamente en febrero de 2002, cuando Zahi Hawass anunció que a 35 metros de profundidad se halló un sarcófago de granito entre un conjunto de cuatro columnas formando una cámara cuadrada. Se dató el sarcófago como del año 500 a. de C., mientras que todo lo demás tendría más de tres mil años.

Una contradicción tras otra, por chapuza en la tarea de desinformación o por mero intento de "quitarle años" a la Esfinge y todo lo que contiene bajo su protectora presencia. El caso es que resulta demasiado difícil encontrar copias del documental en cuestión, no se encuentras fotos claras y menos fácil es intentar -como lo han hecho varios investigadores- penetrar en el recinto. En cualquier caso, el hallazgo concuerda exactamente con los dibujos y planos que poseen al menos dos Ordenes Esotéricas desde hace algo más de dos milenios (La Orden Rosacruz y el Votivvm Hermeticvs).

LA PIRÁMIDE TERMONUCLEAR O ELECTROQUÍMICA

La Gran Pirámide encierra aún misterios matemáticos, arquitectónicos, constructivos, químicos y físicos, de los cuales hemos podido revelar algunos, pero hay teorías francamente desconcertantes por lo lógicas y nada descabelladas desde el punto de vista de las ciencias exactas, teniendo en cuenta lo que hay materialmente. Una de ellas es la de que en algún momento, esta obra polivalente en sus utilidades, pudo ser usada como reactor nuclear o al menos como aparato para producir algún tipo de energía más materialmente práctica, como la eléctrica, a partir de reacciones químicas.

Fue construida de tal manera que ni un sólo átomo podría escapar de sus cámaras a menos que se les abriesen los conductos. Los físicos más sanamente escépticos teorizan sobre los usos que pudo darse a semejante obra, pero alucinan cuando comprueban que hay demasiadas analogías con los aparatos que ellos diseñan y hasta con muchos de los que existen actualmente. Para algunos, los canales de ventilación no tienen nada que ver con una salida para el KA del difunto (eso sí que es una teoría *traída de las pestañas*). Serían en realidad, en un modelo de trabajo nuclear, las válvulas más adecuadas para evitar una formidable explosión. Por si fuera poco, se dice que las medidas del Arca de la Alianza, dadas por Jehová a Moisés, calzan casi exactamente con las de la cuba de la Cámara del Rey. Hasta aquí tenemos sólo dos probabilidades de uso que concuerdan con la física teórica, y una con la teórica y la práctica demostrada. Que la cuba mal llamada "sarcófago", según los objetivos de los constructores, contenía algún líquido. Los físicos dicen que allí pudieron perfectamente llevarse a cabo operaciones de enriquecimiento de materiales radioactivos, extracción de energía termonuclear por reacciones químicas controladas y diversos procesos fisico-químicos para los que aún hoy, si la Gran Pirámide se reacondicionara, podría servir.

Nosotros hemos probado que si contenía agua, podía usarse (hoy mismo, a pesar de estar la G.P. sin su piramidión), terapéuticamente de un modo increíble, sumergiendo el cuerpo en agua. Esta utilidad la tiene cualquier pirámide bien fabricada aunque no tenga más de dos o tres metros de lado de base. No es algo teórico sino bien comprobable. Según algunos investigadores, también pudo usarse conteniendo aceites, aunque no se han podido hacer estudios de conteos de isótopos en la G.P. para determinarlo, por la razones ya explicadas.

Veamos un poco más sobre esta teoría de la central energética:

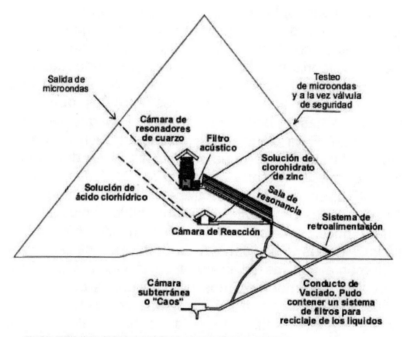

Teoría de Christopher Dunn con arreglos de otros ingenieros

Esta imagen del corte esquemático de la G.P. muestra lo que sostienen varios ingenieros, especialmente Christopher P. Dunn -y con bastante coherencia- de que la G.P. era una central energética de tipo físico, con generación de grandes cantidades de microondas. Se trata de una teoría que tiene además de lógica y sentido práctico, fundamentos documentales en la misma pirámide, como marcas en las piedras que sólo pudieron producirse por explosiones o reacciones controladas en las que radiaciones de alto poder modificaron la coloración en las aristas y bordes "iluminados" por dichas explosiones.

Uno de los misterios más interesantes relacionados con esta teoría se encuentra en la cámara subterránea (a casi 35 metros bajo el nivel de la base de la pirámide), llamada también Cámara del Caos, Cámara Siniestra o "De las Duras Pruebas". Esta última denominación obedece al uso ritual (ya sea religioso o esotérico) de dicho sótano, pero por lo que parece, los constructores no la hicieron ni para someter a nadie a pruebas de contacto con el plano astral (aunque bien puede usarse para ello por varias razones), sino que la utilidad del diseño se corresponde con una cámara de desagüe de una central térmica. Los líquidos derivados del proceso que describe la imagen, serían tratados allí, en donde la forma del piso de la Cámara indica la posible existencia en el pasado, de algunas instalaciones que apenas podemos vislumbrar. Las "tarimas" de la cámara no tienen correspondencia con medidas antropomórficas propias de ningún ritual o actividad que podamos deducir. No es un sitio acondicionado para estar, dormir, ni hay un altar o cosa por el estilo.

No obstante, los partidarios de esta teoría creen que la G.P. estuvo diseñada sólo para esa finalidad. Creo que caen en el exclusivismo de los que no comprenden la mentalidad polivalente de los diseñadores avanzados. Para poner una comparación algo pueril pero didáctica, digamos que hoy no se diseña un coche "para ir a trabajar", o "para ir a pasear", exclusivamente. Se lo diseña para "brindar locomoción", cualquiera sea el uso que quiera dársele a dicha locomoción, pero también con comodidades para dormir, para transportar material, etc.. En la pirámide, no tenemos un aparato "para producir microondas", o "para producir fenómenos psíquicos" o "para producir curaciones", sino para todo eso junto y mucho más.

Al igual que un vehículo sirve para ir a infinidad de sitios y transportar no sólo a las personas, la pirámide sirve para producir una infinidad de formas de energía. Desde la "*simple forma*" piramidal, que sin necesidad de accesorios acumula espontáneamente energía telúrica y la transforma en un campo magnético acelerado, siendo a la vez acumulador de neutrinos (con todos los efectos harto comprobados en muy diversos usos), hasta la compleja estructura de una planta generadora de energía termonuclear, electroquímica u otras modalidades, sólo hay una pequeña diferencia: Los accesorios (las cámaras, los conductos, la cuba y los posibles elementos metálicos, plásticos o de cualquier otro material que pudo haber en el interior). Si agregamos a la mentalidad de semejantes ingenieros, las cualidades propias de seres humanos realmente avanzados, no podemos pensar que todo ello ha sido construido sin tener en cuenta factores metafísicos, simbólicos y artísticos, para expresar al mismo tiempo que la utilidad práctica, la utilidad esotérica. Más aún, sabiendo como seguramente sabían que dentro de una pirámide perfecta se produce sensibilidad psíquica, que dentro de la Cámara del Caos, ubicada cerca del vórtice de la antipirámide se producen fenómenos relacionados al plano astral y que las formas representativas del cuerpo humano tienen impacto psicológico en las personas que recorren los lugares.

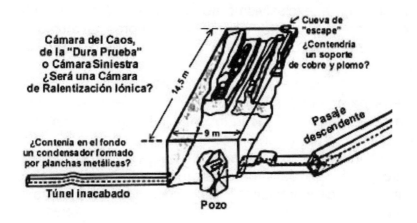

Cámara
del Caos

El túnel supuestamente inacabado, creo que no es tal, sino que en algún momento debió contener parte de un equipo, cuya analogía con un sistema de ralentización de la descarga iónica tuvimos que desarrollar para evitar que las pirámides mayores de cinco o seis metros de lado y mucha densidad, produzcan sensaciones desagradables. Este es un plano parcial de la parrilla de descarga (sin mucho detalle) diseñado para las Casas Piramidales.

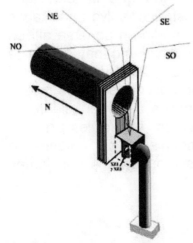

En realidad hubiera podido diseñarse con forma de caja cuadrada, como la Cámara del Caos. Hay en ambas construcciones - nuestras parrillas y la Cámara del Caos- un "túnel inacabado" o cañón de retención de iones (efecto "buffer" invertido), así como un pozo de descarga regulada, que si en nuestras parrillas lleva una especie de filtro para evitar la influencia de las radiaciones magnéticas telúricas, en el pozo de la Cámara del Caos debió contener algo perfectamente análogo, de mayor tamaño y quizá de más avanzada tecnología. Esta parrilla (en realidad cámara de ralentización del flujo iónico) que hemos desarrollado en 1989 basándonos en el conocimiento del flujo de partículas dentro de cualquier pirámide, seguramente hubiese tenido otra forma -con la misma función- si yo hubiera sabido cómo es la Cámara del Caos, que no conocí en detalle hasta años después. En ningún manual he podido ver esos detalles, que los arqueólogos parecen no dar importancia alguna, aunque sea uno de los aspectos más "misteriosos" de la G.P..

Ahora analicemos un poco las estructuras de otras pirámides, comparando aspectos comunes entre ellas y la G.P.. Si vemos con un poco de sentido común y olvidamos el cúmulo gigantesco de absurdos funerarios, lo que tenemos en estas construcciones son "esqueletos", pero no de personas, sino de la infraestructura edilicia de algo que debía de funcionar con algún propósito muy diferente de lo que dicen los arqueólogos "tumberos".

En la Pirámide Escalonada adjudicada al hijo de Djoser, Sekhemkhet, que reinó entre 2611 a 2603 a. de C. encontramos una edificación mucho menos perfecta que la G.P., pero que tampoco tiene nada que la identifique realmente con el adjudicatario histórico, salvo unas tapas en jarrones con su nombre, que pudieron ponerse allí en cualquier época anterior al enterramiento natural de la pirámide, que fue cubierta por las arenas y permaneció así más de cuatro mil años. Su plano se corresponde más a una central de tratamientos químicos o termonucleares y almacén estratégico de materiales especiales, que a cualquiera de las utilidades especuladas por quienes se empeñan en encontrar faraones momificados que jamás aparecen.

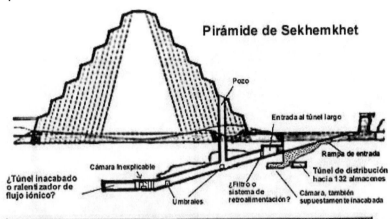

Pirámide de Sekhemkhet

Pozo

Entrada al túnel largo

Rampa de entrada

Cámara inexplicable

Túnel de distribución
hacia 132 almacenes

¿Túnel inacabado
o ralentizador de
flujo iónico?

¿Filtro o
sistema de
retroalimentación?

Cámara, también
supuestamente inacabada

Umbrales

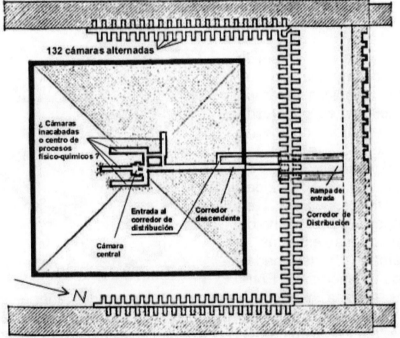

132 cámaras alternadas

¿ Cámaras
inacabadas
o centro de
procesos
físico-químicos ?

Entrada al
corredor de
distribución

Corredor
descendente

Rampa de
entrada

Corredor de
Distribución

Cámara
central

N

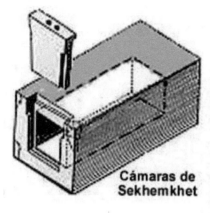

Cámaras de
Sekhemkhet

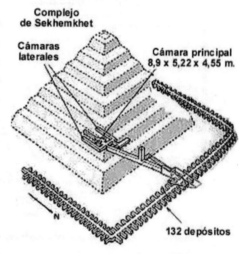

Complejo de Sekhemkhet

Cámaras laterales

Cámara principal
8,9 x 5,22 x 4,55 m.

N

132 depósitos

La Pirámide Acodada, una de las tres atribuidas al faraón Snefru, presenta desde el punto de vista "funerario", rarezas tan inexplicables como en las otras grandes pirámides. Esta es especial por el hecho de tener dos entradas y cámara designadas como "funerarias". Entre las rarezas hay que destacar el hecho de tener sus entradas a 27°, que es el mismo ángulo de las entradas de las tres Pirámides de Gizéh y de la Escalonada de Djoser (o Zoser). Seguramente hay muchas pirámides con ese ángulo en sus túneles descendentes, pero la información que se consigue de medidas es muy escasa y recortada. Como si los arqueólogos tuvieran miedo a publicar cosas que den pasto al auténtico pensamiento crítico.

En el fondo del cañón horizontal de nuestras parrillas de ralentización hay una serie de placas metálicas, que no se ven en la imagen. Sin entrar en mucha información, digamos que el Caos de la G.P. como de todas las demás, contenía un sistema similar, o quizá funcione por un principio natural, sin necesidad de las partes electrónicas que nosotros usamos, a falta de más exacto conocimiento -cuantitativo- de la mecánica del principio magnético. Las primeras parrillas eran diferentes, pero no eran muy seguras en algunas circunstancias, y dejaban de funcionar en la cercanía de metales magnéticos como el hierro, así que tuvimos que modificarlas aplicando una correspondencia con el "embudo" de arriba, formado por el campo magnético piramidal.

Aunque parezca absurdo, esa parrilla de descarga, colocada en la antipirámide, es una síntesis geométrica del funcionamiento de la pirámide (aunque eso lo observamos luego de haberla diseñado en función de otros factores). No quiero "largar más prenda" por ahora, porque hay intereses científicos y comerciales que me veo obligado a proteger, pero el túnel del Caos, como el Pozo, no son "inacabados", como no son galerías "inacabadas" las cámaras de las demás pirámides, ni son "nichos" los depósitos y almacenes subterráneos, algunos de los cuales contienen cofres colosales, adecuados para materiales radioactivos y no para indefensas momias que jamás se hallaron en ninguno de ellos.

Al margen de que por otras razones pudieran tener algunas cámaras o continuidades, la función física terapéutica, como la de ralentización magnética que cumplen -concordante también con el uso como central energética física- es a partir de esas medidas y disposiciones. Los túneles de las pirámides están perfectamente acabados y los pozos también. Simplemente funcionaban así, sólo que en otro tiempo hubieron allí otras piezas, placas de cobre y plomo, etc., o -si funcionaba como nuestras parrillas modernas-, un circuito electrónico, que pudieron haberse llevado los "okupas" o los propios constructores. Si no hubo estas piezas electrónicas, es que el principio funciona igual sin necesidad de ellas, pero con toda seguridad hubo piezas metálicas no electrónicas.

Teniendo en cuenta la teoría de Christopher Dunn, la cubierta interior del Caos de la G.P. debió ser de algún material noble, inalterable por los ácidos utilizados. Pero Dunn no es el único ingeniero que sostiene teorías de pirámides como centrales energéticas de tipo muy físico. Ahora veamos algunas imágenes, valen por miles de palabras, pero infinitamente más que todos los libros de arqueología.

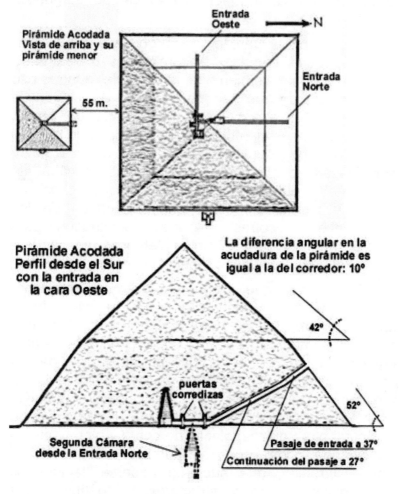

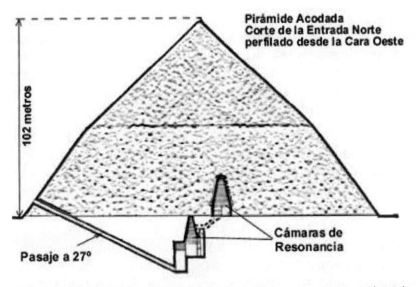

Pirámide Acodada
Corte de la Entrada Norte
perfilado desde la Cara Oeste

102 metros

Pasaje a 27°

Cámaras de Resonancia

El Serapeum (o Serapheum) encierra otros misterios tecnológicos que concuerdan perfectamente con los de las pirámides en general y la G.P. en especial, pues contiene 21 tanques, contenedores o depósitos especiales que son denominados en la arqueología "féretros" o "sarcófagos" sin que jamás -como en el resto- se hayan encontrado cadáveres ni indicativos de que alguna vez los contuviera. El Serapeum tiene actualmente 21 tanques de granito o basalto completos y existen al menos tres más, que fueron demolidos en época totalmente incierta.

Cada uno mide 2,30 de ancho, 3,80 metros de largo y 2,40 de altura hasta el borde. A ello se agrega la tapa, de unos 60 centímetros. Caben dentro ellos unas veinte personas de pie. El espesor de las paredes es de 42 centímetros. Lo suficiente para que ningún tipo de radiación pueda salir al exterior. Cada una de estas moles pesa entre 60 y 70 toneladas, más las 15 de la tapa. La mayor parte de los contenedores estaban abiertos, con las tapas caídas o deslizadas, pero algunos estaban herméticamente cerrados. Los egiptólogos usaron dinamita para abrirlos, en vez de consultar con un ingeniero. Observaron que el polvo de la explosión fue casi todo hacia el interior, a través de la pequeña abertura provocada, por lo que los contenedores debieron estar... ¡

sellados al vacío !. Pero allí vino la otra sorpresa: No contenían nada. Ni rastro de momias, esqueletos ni nada; sólo aire, pero antes de abrirse, ni eso. Estos depósitos son instrumentos de alta tecnología y hechos con tecnología acorde a finalidades que nada tienen que ver con fúnebres "enterratorios de familias reales".

Los "depósitos fúnebres" de los arqueólogos, que se extienden fuera del contorno piramidal de Sekhemkhet, son 132 almacenes que jamás han contenido cadáveres ni ajuar mortuorio de nadie, pero que son sumamente parecidos a los depósitos de material pirotécnico, a los arsenales militares y a los depósitos de materiales radioactivos de cualquier central nuclear. Incluso tenían puertas levadizas que debieron requerir de un sistema hidráulico para ser abiertas y cerradas. Nadie haría esos costosos mecanismos para visitar a los muertos.

En la pirámide de Djoser, en el fondo de un pozo, se encontró un esqueleto en la cámara inferior, sin elementos funerarios apropiados como tales, ni dato alguno que lo relacione con el supuesto faraón y que bien pudo pertenecer a un profanador o a un curioso que cayó allí varios milenios atrás, pero muchos milenios después de haberse abandonado la pirámide.

Otro detalle que pasa desapercibido a los dueños de la historia oficial, es que las perforaciones hechas en varios de los tanques de granito o de basalto, tienen por finalidad el equilibrado de su peso, para lo que se utilizó una tecnología similar a la que usan nuestros mecánicos a la hora de balancear el peso de un motor. Más curioso aún, es el hecho de que semejantes moles hayan sido colocadas en insertos en el piso, para evitar su desplazamiento... ¿Se imagina el Lector cuán difícil es mover una masa de base plana, de 2,30 x 3,8 metros, con 2,4 metros de alto y cerca de ochenta toneladas? (o setenta como mínimo, según algunos calculistas). Esta colocación de encajados en el suelo sólo tiene una explicación: "antivibración" y/o "antidesplazamiento". Indica que los tanques debieron contener algún tipo de energía, capaz de producir oscilaciones y de afectar a los propios contenedores. No hay otra explicación dentro del amplio espectro racional de la ingeniería.

Tapa
Tanque
con dibujos
inexplicables

¿Indicaciones de un
circuito integrado?

ORIENTACIÓN DE LAS PIRÁMIDES

Hemos de tener en cuenta que además de la curiosidad angular que presentan la mayoría de las entradas, con sus corredores a 27º (Excepto la Acodada, que empieza con 37º para unos metros en el interior tomar los 27º) debemos agregar que sus orientaciones son como sigue, con un promedio inferior a 8 minutos de error.

Kheops: 0º 5' 31" O	Meidum: 0º 24' 25" O
Niuserre 0º 0' 0"	
Kefren: 0º 5' 31" O	Romboidal: 0º 9' 12" O
Meferikare: 0º 30' 0" E	
Micerinos: 0º 14' 3" E	Sahuere: 0º 1' 45" O
Djoser: 3º 0' 0" E	

Es absolutamente imposible lograr esas orientaciones -que pudieron ser perfectas en cada época en que se hicieron, teniendo en cuenta la declinación, sin haber contado con brújulas y teodolitos avanzados. Pero la extraña Pirámide Escalonada de Djoser tiene un desvío de tres grados, que no concuerda con tanta exactitud. ¿Era mucho más antigua? ... O tenía una finalidad en la que no interesaba demasiado la orientación. ¿Acaso tendría más capas y una cubierta, siendo lo que hay actualmente, sólo el macizo central?. Seguramente los constructores no usaron en ninguna de las pirámides, ni arcos estelares ni cálculos "*a ojo pelao*", como no pudieron usar cuerdas y bastones para medir al milímetro las construcciones y bloques, cuyos encajes tienen errores menores de 0,5 mm. Pero sigamos apreciando las complejas galerías e instalaciones, para dar al final mi punto de vista sobre todo esto:

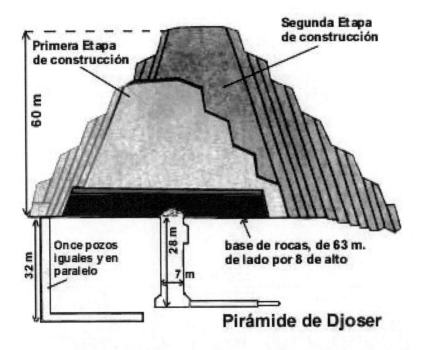

Segunda Etapa de construcción

Primera Etapa de construcción

60 m

Once pozos iguales y en paralelo

32 m

28 m

7 m

base de rocas, de 63 m. de lado por 8 de alto

Pirámide de Djoser

Detrás de la pirámide, una misteriosa cápsula inclinada contiene a una persona que no necesariamente tenga que ser el faraón. Pero así lo dice la historia. En cualquier caso

Cápsula inclinada de Djoser

Djoser inclinado hacia atrás y hacia su izquierda, visto desde la mirilla de la cápsula.

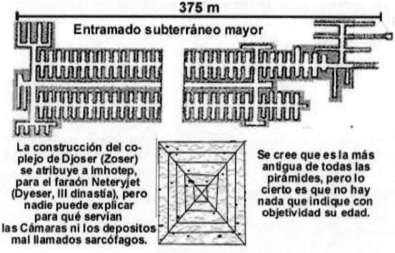

375 m

Entramado subterráneo mayor

La construcción del complejo de Djoser (Zoser) se atribuye a Imhotep, para el faraón Neteryjet (Dyeser, III dinastía), pero nadie puede explicar para qué servían las Cámaras ni los depositos mal llamados sarcófagos.

Se cree que es la más antigua de todas las pirámides, pero lo cierto es que no hay nada que indique con objetividad su edad.

. En cualquier caso el sujeto parece más a punto de emprender un viaje espacial que "espiritual".

LOS TEMPLOS ELECTRÓNICOS

Estimado Lector: le ruego que antes de juzgar la teoría que voy a exponer, se haga estas preguntas: ¿Para qué servían tantos "templos" con inmensas columnas, con pasillos con o sin salida, con paredes gigantescas, con innumerables pasadizos, cámaras y recámaras que no estaban destinadas a contener nada?. ¿Qué sentido tienen columnas gigantescas, con disposiciones simétricas impecables algunas y variaciones inexplicables en otras?.

¿Qué finalidad "religiosa" podía mover a los egipcios a realizar obras tan formidables?. ¿Realmente hay alguna congruencia en el asunto? ¿O es que los denominados "templos" los usaron los egipcios -y reacondicionaron y llenaron de jeroglíficos- a partir de construcciones tan antiguas como las pirámides, para venerar a quienes se los dejaron?. Para ellos eran "cosa sagrada" estos lugares y sus dioses-hombres. ¿Quiénes eran estos dioses?.

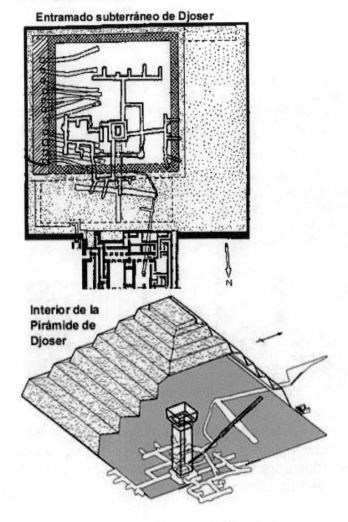

Entramado subterráneo de Djoser

Interior de la Pirámide de Djoser

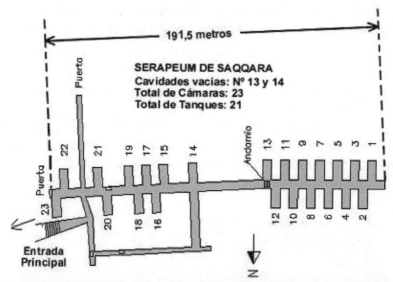

SERAPEUM DE SAQQARA
Cavidades vacías: Nº 13 y 14
Total de Cámaras: 23
Total de Tanques: 21

191,5 metros

Puerta

Puerta

Puerta

22 21 19 17 15 14 Andamio 13 11 9 7 5 3 1

23 20 18 16 12 10 8 6 4 2

Entrada
Principal

N

Maqueta reconstrucción de Djoser

¿Templos o naves industriales?

El conjunto estaba rodeado de muros que a la vista de los ingenieros expertos en instalaciones energéticas, estaban diseñados para facilitar la emisión del calor, como en algunas modernas centrales nucleares.

En cuanto a la pirámide, lo que queda todavía defiende su verdadera forma y dudo si era realmente escalonada, pues hay que hacer mediciones más precisas e investigar más en la zona. A pesar de los cientos de investigadores serios que van cada año a Egipto, seguimos quedándonos cortos a la hora de profundizar en detalles, cortos en fotos y videos... Demasiada historia y demasiados misterios, pero del revestimiento queda algo.

Revestimiento original
de la pirámide Djoser

Otro misterio más de este impresionante sitio, está en las cámaras de resonancia, de las que quedan una docena por lo menos. Los pequeños huecos de extraños techos, permiten oír lo que ocurre a cientos de metros.

Nadie da explicación para estos detalles pétreos que serían la única "decoración" de estos sectores. El techo de las cámaras está compuesto de barras de piedra cilíndricas y algo oblongas.

Cámaras acústicas

Techo central de la cámara triple

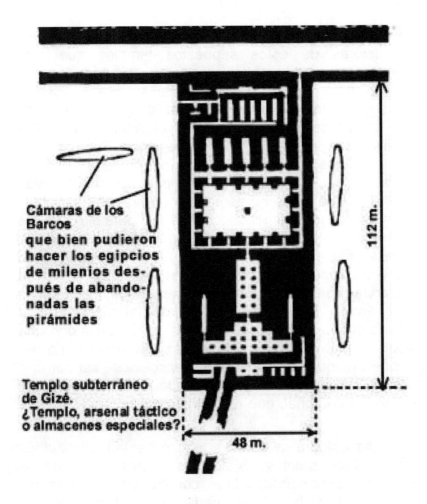

Cámaras de los
Barcos
que bien pudieron
hacer los egipcios
de milenios des-
pués de abando-
nadas las
pirámides

Templo subterráneo
de Gizé.
¿Templo, arsenal táctico
o almacenes especiales?

112 m.

48 m.

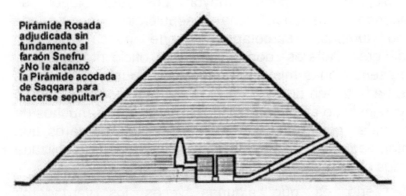

Pirámide Rosada
adjudicada sin
fundamento al
faraón Snefru
¿No le alcanzó
la Pirámide acodada
de Saqqara para
hacerse sepultar?

Ante las aberraciones de lógica de los arqueólogos sobre muchos de los asuntos relacionados a las pirámides, francamente ya no me creo ni la historia "segura" de los constructores de estos supuestos templos que más parecen en sus reconstrucciones, grandes naves industriales, almacenes tácticos y usinas electrogeneradoras. En las próximas imágenes, veremos unas comparaciones que pueden explicarse de varias maneras. La primera es que los egipcios "encontraron" ciertos objetos misteriosos y los reprodujeron en una escala colosal, pero la segunda, que me parece más factible, es que estas obras son en sí mismas, las ruinas de un complejo energético que va en paralelo con los poderes de las pirámides. Apenas podemos saber todavía con exactitud el tipo de energía que se manejaba, pero podemos comparar las construcciones egipcias con las de las grandes catedrales, con sus subterráneos destinados a hacer circular la energía telúrica de tal modo que la persona que se encuentra en el ara se beneficia con una potente corriente magnética capaz de mantenerle en elevación psíquica y claridad de consciencia, así como a los fieles les produce sensaciones de plenitud orgánica y regularidad neuronal, que estos interpretan como "energía espiritual".

Las catedrales y otros templos están construidos para producir efectos fisiológicos sutiles y profundos impactos psicológicos; las construcciones egipcias producían energías más variadas, puesto que su complejidad es mucho mayor. Los arqueólogos se empeñan en imaginar "cámaras sepulcrales" donde nunca hubo tumbas, "sarcófagos" donde nunca hubieron cadáveres, "altares" donde nunca se offció rito alguno y representaciones místicas donde todo apunta a utilidades que nada tienen que ver con lo espiritual, por más que se hayan incluido aspectos artísticos en las obras, muchos de los cuales pudieron ser añadidos por los herederos que tenían vaga idea de la tecnología representada o utilizada por los constructores originales.

Cierto es que algunas veces los verdaderos profanadores fueron quienes ocuparon esos sitios para enterrar algunos muertos o venerar a alguna deidad, pero eso es todo. No hay concordancia entre la mentalidad de los constructores, en sus capacidades tecnológicas, en sus soberbias ideas esotéricas y científicas, con los egipcios que apenas si conocían el uso de la rueda y andaban en carretas, que medían con sogas y varas... Que tenían por "dioses" a los antiguos a los cuales adoraron en las construcciones que aquellos les dejaron...

Pirámide de Userkaf y sus complejas instalaciones... electrónicas ?

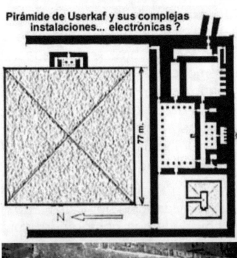

¿Se puede ver en este friso de Déndera algo diferente a una lámpara? Obsérvese que los dos brazos del pedestal que la sostiene en el extremo están visibles, así como difusamente el cuerpo y mano izquierda del hombre que está detrás. O sea que se trata de un objeto transparente, sin la menor duda... Y hay varios frisos y dibujos más, con las mismas lámparas. Si Kom Ombo debería ser analizado por médicos, Déndera debería ser analizado por físicos, astrónomos y expertos electrónicos.

Si nos han dejado estas evidencias por todos lados, sobre una tecnología que hoy podemos comprender casi perfectamente, no termino de entender la ceguera de los que se empeñan en interpretar en términos fonéticos estas referencias gráficas nada "simbólicas" y de claridad meridiana, a energías que desde la eléctrica hasta la electromagnética y otras, pudieron perfectamente producir y manejar los antiguos, incluso los ancestros de los egipcios. Como esto no era conocido en la época de Napoleón, se les dio interpretaciones místicas, pero conservar esos criterios hace de nuestros arqueólogos auténticos fósiles mentales.

El "Ramesseum"
Al Oeste de Luxor

Rameseum

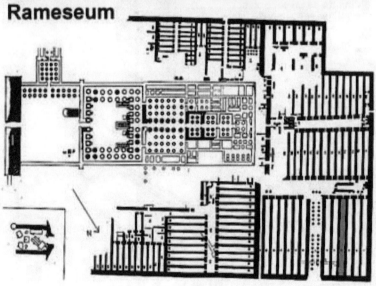

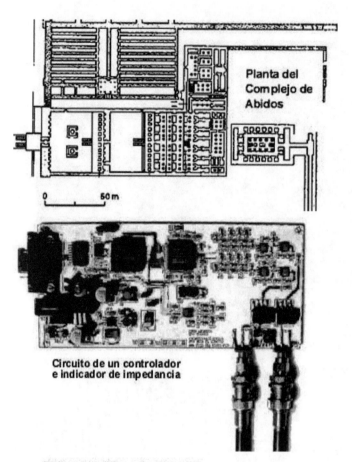

Planta del
Complejo de
Abidos

0   50 m

Circuito de un controlador
e indicador de impedancia

El llamado "Templo del Sol"
de Ramses, mucho más complejo antes.

0   50 m.

Columnas
de Diorita
llevadas a
Francia

N

Templo... o Circuito telúrico de Luxor

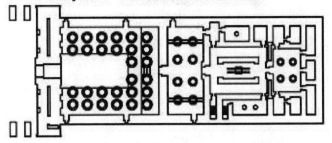

Templo de Kom-Ombo

0   50 m

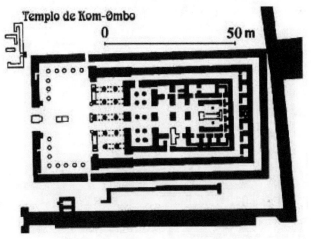

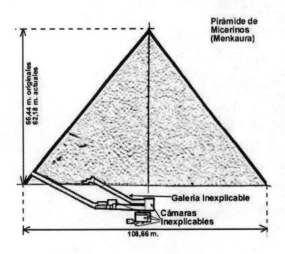

Pirámide de
Micerinos
(Menkaura)

66,44 m. originales
62,18 m. actuales

Galería Inexplicable

Cámaras
Inexplicables

108,66 m.

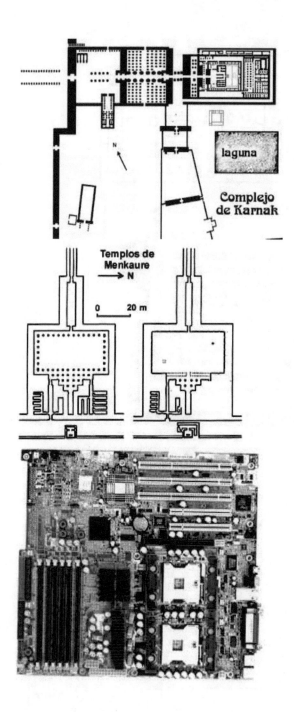

Templos de
Menkaure
→ N

Complejo
de Karnak

laguna

0   20 m

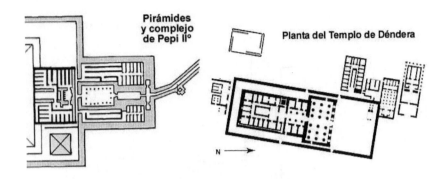

Pirámides
y complejo
de Pepi II°

Planta del Templo de Déndera

N ➝

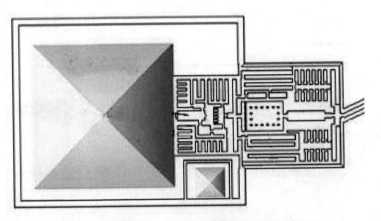

**Pirámides y laberinto
de Pepi I°
¿Almacenes tácticos y/o
Circuito magnetotelúrico?** N

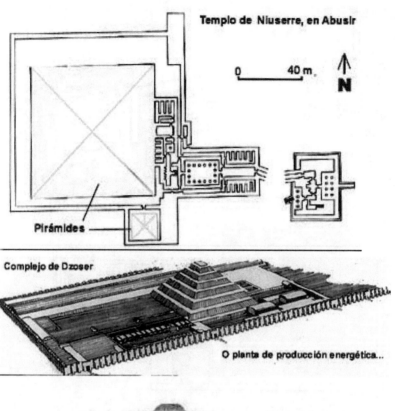

Templo de Niuserre, en Abusir

0   40 m

N

Pirámides

Complejo de Dzoser

O planta de producción energética...

La foto de arriba es de 2006, pero la de abajo es de muchos años atrás, cuando todo este complejo estaba enterrado. Al parecer, su lugar como parte de un aparato magnetotelúrico estaba bajo la superficie, no en el exterior.

¿ "Columnas de Dzoser"...¿O transistores de un formidable circuito magnetotelúrico?

Complejo de Djoser según los "funebristas"

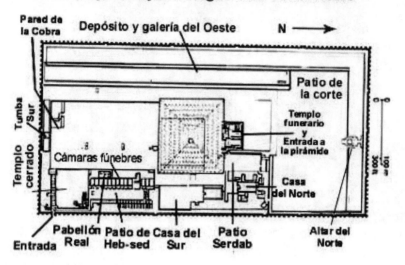

¿Y dónde están los cadáveres de toda esta fábula "mortuoria"?

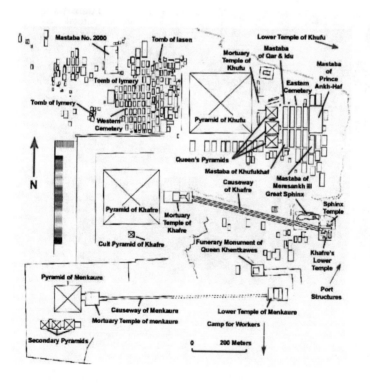

No crea el lector que me burlo de la oficialidad, aunque bien lo merecería, pero como no concibo ninguna actividad sin ponerle buen humor, permítame hacer las comparaciones en las imágenes, dotadas algunas de cierta ironía. Ellas explican con un poco de broma, lo que para mí es algo sumamente serio: La Tecnología Sagrada que los antiguos conocían y en la que nosotros, con el desarrollo de la electrónica estamos dando los primeros pasos en miniatura.

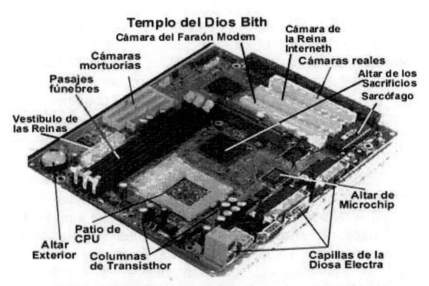

Parece ridículo ¿Verdad?. Pues lo es mucho menos que el sentido fúnebre de donde jamás hubo cadáveres y que si en algún momento hubo "altares", fue muy posterior a su uso original..

Un circuito electrónico no es otra cosa que un conducto para regular, transformar y utilizar de muy diversas formas la energía eléctrica, magnética y/o electromagnética. Bien sabemos que nuestro planeta tiene un campo magnético increíblemente poderoso, aunque no lo apreciamos, como un pez no distingue el agua en que vive. Hoy lo podemos medir de muchas maneras, pero la geobiología está dando sus primeros pasitos en el conocimiento de las propiedades de esta sutil pero potente energía telúrica. Los Maestros Arquitectos de siglos pasados, conservaban antiguos conocimientos, que enriquecieron con su propia creatividad para hacer catedrales, pero las limitaciones del sistema mercantil no les permitieron llegar a más.

En cambio los pre-egipcios, como los pre-mayas pudieron aprender a usar el enorme electroimán terrestre sobre el que vivimos, con su medio Gauss en la atmósfera y entre 0,8 y 1,3 Gauss en el suelo, para extraer energía eléctrica, conducirla, transformarla, convertirla en otras manifestaciones que hoy empezamos a conocer gracias a la arqueometría y la física cuántica. Creo que los famosos templos de Déndera, Luxor, Saqqara, Abydos y todos esos inexplicables complejos sin ninguna utilidad conocida realmente hasta ahora, eran grandes circuitos electrónicos para el manejo de energía telúrica, para su conversión en energía eléctrica y/o para finalidades terapéuticas y otras aplicaciones relacionadas al ser humano y la biología en general.

Con la pirámide, eso no es una teoría a estas alturas, en que además de conocer y usar a diario los efectos terapéuticos de la pirámide magnética simple, se están haciendo avances en otros usos más amplios, como en la agricultura. Hasta se están diseñando generadores eléctricos piramidales, para producirla a partir del magnetismo terrestre, a pesar de la inconveniencia que representa para el mercado financiero un desarrollo de energía que resulta ecológica y gratuita. En mi teoría de los Templos Electrónicos la pirámide es la pieza fundamental y sería una gran noticia que aparecieran arqueólogos libres de fosilización académica que vean estas cosas con sentido común. Son necesarios para la ciencia, porque saben trabajar con cuidado, aman y respetan el pasado y lo que éste nos deja, pero no tendrá futuro como ciencia si no cambian ya mismo sus libros, para atenerse estrictamente a los datos que se recaban y - es imperiosamente necesario- que dejen su soberbia de titulillos para compartir la arqueología con toda clase de personal técnico y científico, olvidando las falsas designaciones de "cámaras mortuorias", "altares" y terminología completamente falta de fundamento. En mi niñez ya comprendía los absurdos y sospechaba cosas diferentes, pero hoy los chicos tienen información que les hace ver la historia oficial como un atentado contra la inteligencia. Es hora de dejar de llamar "tumba" a lo que no lo es. Si se descubren en el futuro los túneles del metro con algunos cadáveres dentro... ¿Dirán los arqueólogos que eran Templos a la Tierra?, ¿Dirán que enterrábamos allí a las víctimas sacrificiales en honor al Dios Tren?.

Sería mucho más honesto, a falta de mejores explicaciones y si no se quiere comparar a los "templos" con circuitos magnetotelúricos, que llamen "tanques", en vez de sarcófagos, "cámaras", sin necesidad de inventarse ritos; pirámides sin suponerlas tumbas; "piedras" numeradas, en vez que "altares". A esas posibles naves industriales y/o centrales energéticas podemos llamarlas "complejos arquitectónicos", sin necesidad de inventarnos "templos", ni sacrificios, ni megalomanías reales, por más que los egipcios las llenaran de estatuas, grabados y dibujos. Es evidente que son excepcionales los complejos que alguna vez han sido usados como tumbas, por gente cuyo modo de pensar y tecnología nada tienen que ver con las obras originales y las tecnologías empleadas.

TEOTIHUACÁN: USINA CLIMATOELÉCTRICA O GEOMAGNETOELÉCTRICA

Visitar México con pasaje de retorno con fecha fija, es una verdadera desgracia. Hay demasiadas cosas maravillosas que ver. Pero el colmo es intentar conocer Teotihuacán en un sólo día. Para el turista que sólo es capaz de ver piedras caídas, da igual, aunque saldrá maravillado. Pero para quienes indagamos en el misterio, deducimos utilidades, sistemas constructivos y buscamos respuestas, ese es un sitio en el que precisamos mucho tiempo para empezar aún a formularnos preguntas básicas. El impacto emocional de la grandiosidad del complejo es bastante como para que la mente tarde en empezar a razonar. No obstante, en catorce horas de caminar entre las ruinas, hay cosas que no se escapan al visitante atento.

La que me resultó más notable y me pareció muy importante es que algunos de los habitáculos o cámaras, periféricos y aparentemente poco interesantes, nunca tuvieron puertas. Para entrar en esas "habitaciones" de las que quedan aún sus muros hasta más de un metro de altura, hay que saltar, pues si hubo acceso cuando aquello funcionaba, sería alguna ventana. Esto se escapa a la mayoría (incluso a los propios arqueólogos) porque las pirámides atraen toda la atención y lo demás parece "simples ruinas". Pregunté a un guía turístico sobre aquella curiosidad y me dijo que como quien enseña a un burro, que eran cámaras funerarias, así que era lógico que no le hicieran puertas. Sólo contesté a tan burda respuesta que no conocía ningún panteón, cámara funeraria ni mausoleo que no tuviera entrada para meter al muerto y para cambiarle las flores.

Otra curiosidad fue que en algunos puntos encontré carbón de hulla, que según pude averiguar, no hay en la región. Sólo hallé unos pequeños trozos dispersos, pero escarbando un poco encontré una capa de polvo negro de unos diez centímetros. Otros diez centímetros más abajo pasando la capa de arena y tierra, una capa igual a la anterior de polvo negro... Y no quise seguir porque había guardias y no podía afrontar problemas. Tenía pasaje de vuelta fijado para el día siguiente. Me llevé un puñado del polvo y resultó ser hulla, pero molida a grano de talco. Sin duda, se trata de un colchón orgónico, idéntico a los diseñados por Wilhen Reich y usados por nosotros actualmente. A pesar del flujo constante de turistas y toda clase de excavadores, quedan restos. Nadie me había aclarado con algún sentido lógico estos misterios, pero la mayor parte de las respuestas las obtuve del hijo de un ingeniero que vivió en México treinta años.

El Ingeniero en Electricidad y Electromecánica, Alberto Müller -y llevando la delantera por varias décadas a sus colegas modernos- hizo un completísimo estudio del complejo de Teotihuacán, al que dedujo como una gran "usina climatoeléctrica", es decir, que aprovecha las condiciones meteorológicas y el magnetismo del planeta para producir y acumular electricidad. Una vez que consiguió reunir -tras veinte años de recorrer el complejo casi a diario- toda la información de medidas y distribución de los edificios, munido de infinidad de anotaciones, fotos y planos, construyó en 1947 una maqueta de quince metros de largo utilizando una argamasa de caliza y arena del mismo lugar. Le hizo una fina cubierta de cobre a las pirámides y otros edificios de su maqueta, en los sitios equivalentes donde encontraba a menudo en sus recorridos, vestigios de ese metal en estado bastante puro o mezclado con estaño.

Completó la maqueta siguiendo un diseño teórico de una central de aprovechamiento del electromagnetismo natural, cuyas bases dejó Nicolas Tesla y el perfeccionó, utilizando unos finos hilos de cobre para el contacto entre las partes, así como condensadores en algunas de las supuestas "cámaras funerarias" y "altares". El resultado fue en principio un fracaso; no pasó nada. Algo faltaba, aunque en teoría debía funcionar. Como no quería hacer demasiadas modificaciones y lograr que funcionase finalmente bajo un modelo que no tendría relación con lo existente en el terreno, comenzó a buscar más datos en diversas bibliotecas del país.

En algunas semanas encontró varios dibujos en libros antiguos, donde las disposiciones de algunas partes de la pirámide del Sol eran diferentes. En realidad, nada muy importante para su obra física comparativa de Complejo Electrogenerador, pero lamentable desde el punto de vista arqueológico, pues resulta que entre 1905 y 1910 se hicieron restauraciones arbitrarias, con escaleras donde no existían, con "pozos peligrosos" que se taparon y otras barbaridades comparadas con las Howard Vyse en

Egipto. Si Vyse se destacó por perforar y dinamitar, estos lo hicieron por taponar y construir mal.

Pero Alberto Müller solicitó a la Biblioteca Nacional que se le facilitara una relación completa de toda la información arqueológica de Teotihuacán y consiguió mediante ese pedido el documento que resolvería, tras meses de estudio de unos 5.000 folios, la respuesta que buscaba. Resulta que el primer obispo de México, el franciscano Fray Juan de Zumárraga (1476-1548), siendo hombre muy humanitario era menos piadoso con las reliquias históricas. Mandó a despedazar y quitar lo que había encima del remate de la Pirámide del Sol, que era un monolito *"de tres brazas grandes en largo, otra en ancho y otra en grosor"*. O sea de 5,5 metros de alto, por 1,83 de ancho y otro tanto de espesor, con un volumen de 22 metros cúbicos y un peso de cerca de cien toneladas. Como se trata de una medida "a ojo", pudo ser algo mayor, según otras versiones, entre las que destaca la de la carta de Sebastián Garro y Soria, escrita a su hermano Luis, alrededor del 1520:

"..aquestos indígenas temen acercarse a las pirámides y mucho pior al ídolo pagano que hai encima de la mayor. Esta esculpido en cuadrado largo, en pedra de fierro, de altura de cuatro hombres altos y de achura por todos lados igual qe de dos hombres deitados* pies con cabeça, pero le adoran cinco dias seguidos quando las tempestas baten rayos encima y aparescen luses por toda la cercania. Dicen que son los espíritus de todos sus antiguos muertos entonces se lavan en el rio de San Juan y dicen que se purifican de sus males " ("Religiones Paganas de América" - Nelson P. Elascar, 1917).

* *deitados* = acostados

Müller comprendió que el fenómeno descrito es exactamente lo que en teoría debía conseguir y que la pieza faltante sería de gran importancia para continuar su trabajo, pero antes de colocar un "pararrayos" en la Pirámide del Sol de su maqueta, siguió investigando hasta encontrar en otros escritos que también la Pirámide de la

Luna estaba incompleta y consiguió más referencias en una biblioteca privada. Se trata de una descripción de los propios aborígenes sobre la anterior existencia de un remate piramidal de metal rojo, que podría ser cobre u oro rebajado. En el atrio superior de la Pirámide de la Luna, había otra pequeña pirámide puntiaguda a la que se podía entrar, pero los primeros conquistadores la demolieron y convirtieron en lingotes una enorme cantidad de oro que la cubría por dentro y por fuera. Ante la imposibilidad de hallar más detalles sólo completó su obra con un trocito de basalto ferroso de proporciones adecuadas para la Pirámide del Sol, un piramidión formado con varias pirámides hechas con lámina de cobre para la de la Luna y una pirámide maciza de cobre para su atrio.

Al colocar como última pieza el "ídolo pagano" de la Pirámide del Sol y hacer las primeras mediciones, el resultado -a pesar de ser previsible- le sorprendió hasta el grado del susto. El sistema empezó a funcionar acumulando energía que iba en aumento y no sabía hasta dónde podía llegar. Finalmente y para su tranquilidad, en poco menos de una hora alcanzó la carga máxima y se estabilizó. Pero esa carga era capaz de producir un golpe de 280 voltios a quien tocara la maqueta, volviéndose a cargar en poco tiempo hasta la misma potencia, y con una capacidad en Amperios más grande que cualquier batería química de igual tamaño.

En la imagen vemos la Pirámide de la Luna y la Plaza de la Luna. En el centro de ésta se hallaba el condensador principal. Acercarse a él bien justificaría el nombre de la Avenida "de los Muertos" que atraviesa todo el complejo.

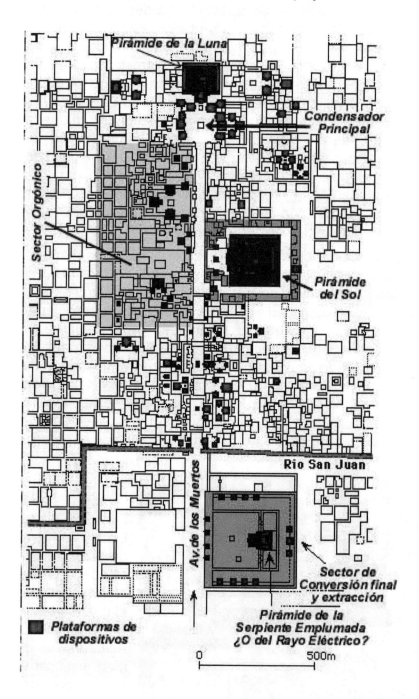

Plataformas de dispositivos

Sector Orgánico

Pirámide de la Luna

Condensador Principal

Pirámide del Sol

Río San Juan

Av. de los Muertos

Sector de Conversión final y extracción

Pirámide de la Serpiente Emplumada ¿O del Rayo Eléctrico?

0   500m

La electricidad era producida espontáneamente, es decir sin necesidad de ninguna parte activa ni consumo alguno. El propio complejo era todo un aparato conversor y acumulador de la electroestática de la atmósfera. Al comprobar el fenómeno intuido, ensayó con algunos de los aparatos de chispa ideados también por Nicolas Tesla, a fin de reproducir a escala los efectos de una tormenta. Con ello demostró que cualquier chispa eléctrica producida hasta una distancia de unos diez metros (laterales) de la maqueta, y desde quince metros de altura, es atraída hacia ella aumentando considerablemente el caudal de energía disponible en los condensadores, capaces de acumular cantidades enormes de electricidad, mientras que las pirámides evitan la pérdida por dispersión magnética.

Las pirámides del Sol y de la Luna cumplen en este sistema una doble función: En principio como "motor de arranque" del sistema, por la simple propiedad de acelerar su propio campo magnético, dotando al sistema de una actividad en la que las otras partes producen la conversión mediante modificaciones del flujo magnético hasta convertirlo en electromagnético y luego, en el condensador principal -ubicado frente a la pirámide de la Luna- se tiene una acumulación soberbia de electricidad disponible, que se derivaba por el costado de la sección de enfrente de la Pirámide del Sol, hasta el río San Juan, y éste actuaba espontáneamente como conductor hasta el llamado "Templo de Quetzalcóatl". Müller reemplazó el río con una canaleta de plástico llena de agua. La segunda función de las pirámides es que los campos magnéticos de ambas reciclan las radiaciones electromagnéticas del condensador principal, con lo que la fuga energética por dispersión es evitada por reencauce de la misma dentro del circuito.

Extrapolando el efecto al propio complejo de Teotihuacan, cuando éste funcionaba lo hacía con cualquier clima, pero además atraía las tormentas eléctricas en un radio de varios kilómetros a partir de la zona periférica del complejo. Los rayos debieron alimentarlo mientras que las pirámides se encargaban de los procesos de conversión en un campo magnético, que luego se modificaba merced al consumo que se hiciera. Según A. Müller, la energía producida por el Complejo Geomagnetoeléctrico de Teotihuacan con tiempo normal, debía superar los 42 millones de Kw/h. anuales, o sea algo más que una moderna central hidroeléctrica entre mediana y grande. Con "*buen tiempo*" como para acumular más, o sea tiempo tormentoso, podía llegar superar más de cien veces esa cantidad. Suficiente para los requerimientos normales básicos de toda la actual ciudad de México, o para más de la mitad de su consumo industrial.

La Pirámide del Sol debió haber creado un campo magnético suficiente como para envolver todo el complejo, incluyendo al Templo de Quetzalcóatl (importante parte del sistema eléctrico, desde donde se haría la extracción) y con más razón envolvería a la Pirámide de la Luna, con cuyo campo magnético establecía una interacción tal, que en la Plaza de la Luna debió existir un punto de tensiones extraordinario. Allí, en algún tiempo hubo un enorme supercondensador (que Müller llevó a la maqueta con un tamaño equivalente a la mitad de la altura de la Pirámide de la Luna), sobre la plataforma de basalto que aún se conserva. Müller agregó condensadores hechos con finísimas láminas metálicas y de mica y el hilo de cobre más fino que consiguió, para equiparar las proporciones. La descarga al tocar el de la plaza, aún en la maqueta, sería mortal. Calculó que si alguien hubiese entrado en la Plaza de la Luna cuando todo estaba funcionando, habría recibido sin necesidad de tocar nada, -salto voltaico- una descarga superior a los 250.000 voltios, con un amperaje tal que no quedarían del cuerpo, más que trazas de carbón en el piso.

Tuvo que sostener una lucha -idealista él, que no comprendió a los intereses que afectaba- intentando ser escuchado por la arqueología oficial, pero ésta no sólo no le escuchó, sino que se le ridiculizó por todos los medios posibles, como si las ideas del Ingeniero fuesen aberraciones mentales, a pesar de demostrar físicamente la realidad de su deducción. Un accidente de coche dejó a Müller muy maltrecho en 1959 y por necesidad económica accedió a vender los planos, datos del desarrollo y la maqueta, a un lobby de inversores. Tuvo la esperanza de que estos hicieran con su descubrimiento una "nueva" forma de extracción energética, ecológicamente limpia e innocua, con mínimos costos de control e intendencia, sin necesidades logísticas de insumos, ni limitaciones geográficas. Pero él, que pudo comprender el modo de pensar de los que vivieron antes que los olmecas, murió en 1967 sin comprender en qué clase de civilización había vivido él mismo...

Enrique Müller vive, ingeniero también, anónimo y desilusionado de nuestra civilización, pero con la ayuda de su colega Edward Edelffer, continúa los experimentos de su padre. Uno de sus trabajos aún inconclusos es la demostración de que también el soberbio Complejo de Tenochtitlán fue una central de generación eléctrica, pero con características más increíbles y variadas que las de Teotihuacan. En unas maquetas de Tenochtitlán (como no tengo fotos incluyo la imagen de la existente en el museo de antropología) ha reproducido algunos efectos interesantes contando con los pocos datos que se tiene del subsuelo, bastante más complejo que el de Teotihuacán.

Tenochtitlán está situado a modo de isla en el lago Texcoco, a unos 25 Km. en línea recta de Teotihuacan. Hacer allí un soberano conjunto con templos, tumbas, palacios y toda esa parafernalia de clasificaciones fúnebres y místicas -el mismo rollo incomprendido que en Egipto y el resto del mundo- no tiene explicación lógica, siendo que las aguas se encontraban en su época a mayor altura (ahora el Lago Texcoco está casi seco) pero sí la tiene si consideramos que se encuentra a sólo 50 Km. el volcán Popocatépetl y una vena volcánica considerable pasa justo debajo del complejo, a menos de trescientos metros de profundidad. Así que funcionaría como central eléctrica geotérmica, mediante conductos con el subsuelo.

Según Enrique Müller, como central geoeléctrica a partir del aprovechamiento térmico. El edificio central (con una parte semicircular) sería en su modelo un enorme condensador. En cambio su compañero Edelffer supone que el aprovechamiento era más sofisticado aún, mediante un proceso de conversión de las ondas electromagnéticas derivadas de la actividad sísmica, para lo cual los campos magnéticos de las pirámides harían una función similar a las de los demás centros en México y Egipto. Ambos modelos teóricos parecen viables y las pirámides cumplen idénticas funciones, pero desconozco si al momento de escribir esto han podido demostrar el funcionamiento definitivo como lo hiciera Alberto Müller con el sistema de Teotihuacan.

Maqueta del Gran Generador de Tenochtitlan

Tenochtilán y dibujo de su vista aérea, sobre el Lago Texcoco

Tenochtitlán cuando funcionaba

Complejo Geoelectrotermal de Tenochtitlán

Condensador según Müller
o Bobina, según Edelffer

Elementos
faltantes

¿Quiénes construyeron estas extraordinarias centrales energéticas?, ¿Cuándo las hicieron?, ¿Qué hacían con tanta energía?... Lamentablemente no lo sé. No tengo ni idea de cómo denominar a esa comunidad que debió ser varios milenios anterior a los olmecas. Pero estoy absolutamente seguro que no fueron ni los mayas ni los aztecas recolectores y cazadores que apenas aprendieron a cultivar la tierra unos pocos siglos antes que llegaran los conquistadores, a quienes recibieron y adoraron porque confundieron -fatal error para los nativos- con sus "dioses", que eran blancos y barbados. Ya les había ocurrido algo parecido con los Vikingos, pero la decepción no fue tan grande ni trágica, porque estos incluso reconstruyeron algunas de las pirámides y otros edificios. La "Segunda Venida" de los *dioses blancos*, más tecnificados destructivamente hablando, fue la fatal. No sólo destruyeron y quemaron buena parte de lo que había, sino que convirtie-ron en lingotes todo lo metálico y hasta lo más caro: sus Libros Sagrados, de los cuales más de la mitad eran láminas de oro y el resto tablillas de madera.

¿DE KHEOPS O "TEMPLO DE ISIS"?

Según los investigadores Fernando Malkun y otros, -con los que concuerdo en la mayoría de sus exposiciones y criterios- hay datos suficientes como para dar por válida la teoría de que Kheops fue un "ocupa" de la G.P., y su análisis de los documentos existentes, descritos claramente en sus libros, no sólo convencen al lector novicio en el tema, sino que concuerdan con la lógica más estricta de quienes estudiamos las pirámides desde el punto de vista tecnológico y funcional, sin desmedro de lo histórico.

Cierto es que en algunas épocas la G.P. fue utilizada como Templo, por lo cual el mismo Herodoto, en una contradicción con sus propios escritos sobre la construcción, comenta que Kheops fue odiado por su pueblo al usar -o al menos intentar acondicionar- la Gran

Pirámide como tumba para él mismo. Ello explicaría el posible saqueo ocurrido durante la VI Dinastía, en la que se habría destruido todo lo hecho por Kheops, para que la pirámide volviera a servir del mismo modo que antes. Durante dos milenios la G.P. quedó vacía y sellada, hasta que Ramsés II la abrió y de su época data la única inscripción exterior visible en jeroglíficos, que expresa que Mai, -superintendente de los trabajos de reparación- y Seanj-Pa, intendente de trabajos del Templo de Amón, trabajaron allí en Gizéh para reparar las pirámides.

Es lamentable que la arqueología de más valor a los escritos contradictorios de un hombre como Herodoto (con el histórico respeto que se le pueda tener por su simple fama), que a los miles de ingenieros, matemáticos, físicos y constructores modernos, que no hacen cálculos "estimativos", sino lo más exacto posible de número de trabajadores, de "horas/hombre", de pesos, medidas y plazos de obra, así como a la comprensión de las utilidades de una obra en sí misma. Reducir todo pasillo o túnel a "*por ahí bajaban al muerto*", y adjudicar a toda cámara o habitáculo el título de "*cámara funeraria*", no es hoy un "error científico", sino lisa y llanamente estupidez, ceguera, desprecio olímpico a la ciencia y ofensa para quienes pensamos, experimentamos y analizamos basándonos en todas las disciplinas.

Disculpen los Lectores mi insistencia en remarcar el contraste entre los pensantes "heterodoxos" y los no tan *sapiens* "ortodoxos", pero no fuimos los heterodoxos quienes iniciamos la guerra de posiciones al modo de burla que usa la dictadura académica. Desde los más recalcitrantes ortodoxos de la arqueología y egiptología oficial, hasta la mayor parte de sus simpatizantes, he recibido -como todos mis colegas piramidólogos- los ingeniosos motes de "piramidiota", "piraminoico" y otros menos transcribibles. Sin embargo somos los llamados "piramidiotas" quienes beneficiamos hoy en día nuestro organismo y salud mental con las pirámides, aún en sus usos y construcciones más simples.

De épocas muy anteriores a la IV Dinastía, existen referencias por otras vías de información que los arqueólogos siempre rehuyen estudiar y combinar para constatar. Por ejemplo, el hecho de que existen documentos cuneiformes datados como del 5.700 a. de C., donde las grandes pirámides se mencionan como templos donde diversos grupos nómades llegaban en peregrinación desde las tierras heladas y desde las más calientes. Incluso se menciona en dichas tablas a los Esenios, que lejos de ser una tribu hebrea, son mucho más antiguos y tienen una historia ligada a las Pirámides de Gizéh y otros monumentos en Europa, África y Asia.

Además de no poder considerar como tumbas por ninguna razón de lógica a las tres grandes pirámides de Gizéh y las dos de Dashur, sino como producto de una tecnología evidentemente superior a toda las conocidas incluyendo la nuestra, debemos ser objetivos con respecto a la finalidad de las otras ciento nueve pirámides existentes en Egipto. ¿Cuántas momias completas se han encontrado en esas otras pirámides?. La respuesta demoledora es que ¡sólo una!... La de Merenra, aunque no hay ningún indicio válido de que el sujeto sea el supuesto Merenra o que él haya ordenado la construcción de la pirámide. Seis trozos de momias han sido encontrados en pirámides menores y en la de Mentuhotep II se hallaron dos momias de mujeres. Ni siquiera ajuar funerario en ninguna y sólo en tres ocasiones más se han encontrado algunos restos humanos (vísceras) en vasijas que pudieron haber sido colocadas allí en cualquier época, así como algunos huesos sueltos que no pudieron pertenecer a faraón ni noble alguno y bien pudieron llevar allí los perros y otros cánidos de la zona, que usaron las construcciones como madrigueras durante siglos.

Las aberraciones deductivas de la mayor parte de los hallazgos de estatuillas, equivale a adjudicar la construcción del Castillo de Santa Bárbara a los chavales que pintan graffitis en sus paredes o tiran cajetillas vacías de cigarros entre los arbustos, o al Papa, por encontrarse allí una imagen suya. Cuando menos, equivale a adjudicar los castillos de Europa a los Alcaldes actuales, que hacen colocar libros de registros, ajuar, mobiliario y pasamanería.

LA SAGRADA CIENCIA PIRAMIDAL

Si los antiguos las usaron como productoras de energías de diverso tipo, como partes fundamentales de la extracción y procesado de la electricidad, ello ha sido porque sabían lo que ocurre en la pirámide en todos los aspectos de la energía. Sabían que es capaz de activar un circuito electrónico a partir del campo magnético que produce, si se la integra adecuadamente en él; sabían que sirve para evitar pérdidas energéticas mediante el reciclado de la misma energía en los condensadores; así que no podían haber llegado a esos diseños sin conocer en profundamente la física integral de la pirámide.

Para comprender todo ello tuvieron que hacer -como nosotros- miles de experimentos. Por lo tanto sabían de los efectos "más sagrados" que la simple extracción de electricidad y por ello las diseñaron -especialmente en Egipto- de modo polivalente, incluyendo lo materialmente utilitario, lo terapéutico, simbolismo, matemáticas y hasta la profusión de expresiones artísticas. Cuando no se ocupaban como generador eléctrico, servían como centros terapéuticos o como criptas -y ahí sí podríamos hablar de "templos" aunque jamás de "tumbas"-, para realizar o completar los individuos, sus procesos ascensionales. Y allí reside la máxima función y Sacramento de las pirámides; pero no como lugar de adoración, sino de Sagrada Transformación, en base a la utilidad de acelerar el orden vibracional del cuerpo físico, con sus partes magnéticas como el cuerpo mental (áurea Kirlian), el cuerpo emocional (astral) y todo el conjunto vital (Chackras) hasta el estado Crístico.

No se trata de que la pirámide *produzca* la Ascensión, sino que actúa estabilizando y coadyuvando en un proceso natural que deberíamos hacer en vez de morir... Ya puede intuir el Lector el nivel de Sacralidad de las pirámides en su más elevado uso. Pero el hecho de que sean tan Sagradas no resta valor a sus otras utilidades más "físicas", necesarias para el desarrollo de toda una comunidad. Veamos con algo más de detalle la parte esotérica y Trascendente:

La investigación física que realizamos, implícitamente demostró que lo que ocurre en el centro de la pirámide y se extiende a medida que se amplía ese campo, es "fuego" en los dos sentidos alquímicos de la palabra:

1) El elemento alquímico "fuego" (clásicamente causal) equivale a "mente", Ley Hermética de Mentalismo, que es una de las Siete Leyes del Principio Propiamente dicho.

2) El elemento alquímico "fuego" (clásicamente efectual) dentro del Principio Vida, equivale a la interacción de las Leyes Herméticas de Organización y Evolución, que en su aspecto mundano se traduce en armonía y perfeccionamiento. Biológicamente hablando, la pirámide produce vitalización, armonización y evolución de los organismos, evitando su envejecimiento. Para mayor comprensión de las Leyes Operantes, recomiendo especialmente conseguir y estudiar la Tábula Máxima Hiperbórea, que contiene los Ocho Principios Universales (los 8 Arcanos Mayores) y las Siete Leyes Herméticas que componen a cada uno (56 Arcanos Menores). El Kybalion explica el Principio Voluntad del Universo, pero es sólo la octava parte del conjunto de Leyes Universales. Los egipcios heredaron también esos grandes conocimientos, aunque no dispusiera de la completitud tecnológica para usar todos los templos y pirámides. El famoso y ya deformado "Taroth Egipcio", no era otra cosa que una computadora gráfica, adecuada para estudiar una situación personal, política, etc., utilizando las Leyes, sin cuyo conocimiento el Taroth sólo sirve para estimular la intuición y la imaginación.

No es posible -como comprenderá el Lector - presentarle en este solo libro todas las implicaciones de las pirámides y la ciencia que las ha tenido por fruto. Pero intentaré aclarar los puntos principales, para aquellos Lectores no se encuentre familiarizados con las ciencias esotéricas.

En cuanto a la primera interpretación alquímica, está relacionada y sometida a la segunda: La pirámide tiene efectos armonizantes en el plano mental, porque su peculiar campo magnético es algo así como el PARÁMETRO MAGNÉTICO GENERAL DE LA NATURALEZA. Hasta las protomoléculas del agua, el líquido más vital del Universo, se agrupan de a cinco, formando pirámides en una proporción, en base a la cual - recordemos lo expuesto en los primeros capítulos- fue construida la de Kheops. Para que los constructores pudieran hacer dicha pirámide, en tal exacta representación, debieron contar como mínimo, con un microscopio electrónico de barrido. Indudablemente, debían saber que dicha molécula correctamente estructurada acumula neutrinos y que el mismo efecto ocurre en la macroescala. Aún con un microscopio de barrido es muy difícil descubrir estas cuestiones -como lo hicimos nosotros poco antes que Linus Pawling- si no se poseen otros conocimientos y tecnología para hacer mediciones cuánticas. Sin estos requisitos, sólo sería viable la teoría de que los constructores eran clarividentes. Ello no es descartable, porque la clarividencia es una cualidad excepcional en nuestra humanidad tan derruida genéticamente, pero está harto probada su realidad en diversos niveles, desde lo cotidiano hasta lo más estrictamente científico. Sin embargo, aunque hubieran usado los constructores una capacidad de clarividencia para conocer la estructura atómica y molecular del agua, ello no habría permitido *per se* la realización de la obra material, que ha requerido el desarrollo efectivo y material de la tecnología.

Volvamos a los efectos piramidales: La forma de un campo magnético define un tipo de ritmo, tanto en el plano subatómico, como en el atómico propiamente dicho, así como en el molecular, y así sucesivamente, desde el micro al macro-universo. Cuando hacemos una pirámide perfecta (es decir con las proporciones "naturales") y la orientamos de modo que su campo sea interactivo con el campo magnético de un planeta (La Tierra o cualquiera) obligamos al campo magnético del objeto u organismo que expongamos en ella, a someterse a los ritmos armónicos que imponen las 56 Leyes Herméticas (Arcanos Menores) y Los Ocho Principios (o Arcanos Mayores) en base a los cuales está estructurada la Creación. No sólo la Ley de Ritmo, sino a todo un Cuadro Natural de Leyes, donde la ARMONÍA no es una Ley en sí misma, sino el EFECTO PERFECTO del funcionamiento equilibrado de Todas las Leyes Naturales.

Si analizamos en profundidad el tema, contando con los conocimientos que nosotros alcanzamos hoy a vislumbrar, veremos que los constructores de las Pirámides de Gizéh no eran precisamente unos burdos esclavistas ni unos "megalómanos", sino profundos conocedores de las más Altas Ciencias, que en vez de destruir átomos y hacer desastres ecológicos, usaban parte de la fabulosa energía del propio planeta. Los egipcios, los mayas y otras culturas herederas, en razón de la diferencia, les adoraron como a "dioses". Y seguramente algunos pueblos antiguos hayan comprendido el valor de las pirámides mejor que los actuales egiptólogos y arqueólogos en general. Por eso las usaron y quizá construyeron algunas de las pequeñas pirámides parecidas, de esas que tienen con la G.P., diferencias mayores que la que hay entre una carreta y un coche de fórmula uno. Sin embargo, en ellas y sus instalaciones descubrimos también implicaciones geodésicas, matemáticas y físicas, así como los extraños almacenes que en nada se pueden comparar a una tumba.

CAPÍTULO IVº
PIRAMIDES Y GEOBIOLOGÍA

Varios geobiólogos han intentado hacer estudios detallados de la energía alrededor de la Gran Pirámide, pero muy pocos han conseguido hacer algunas mediciones completas, ante la burocracia de los responsables en Egipto, que casi siempre termina en negativas. Sin embargo, los pocos que han podido disimular sus aparatos y hacer mediciones meticulosas, así como zahoríes que usan péndulos y varas, han constatado que la Red de Hartmann difiere de cualquier otro punto antes estudiado. Hace unos cuantos años cualquiera podía hacer estudios en las pirámides, sobre las que no pesaba tanta vigilancia. Pero en la medida que la ciencia y la técnica se fue perfeccionando, las teorías arqueológicas comenzaron a ser refutadas con sobrado fundamento. Ahora que poseemos tecnología para hacer mediciones certificadas en cuántica, petrografía, estudios geobiológicos, etc., no es posible realizarlos. Ya es de público conocimiento que el ingeniero Rudolf Gantembrik, tras hacer una exploración con su pequeño robot "UPUAUT" y revelar algunas cosas de los conductos de la G.P., fue declarado persona no grata en Egipto por hacer "arqueología ilegal".

Antes de seguir con las pirámides, se hace necesario aclarar al Lector algo más sobre esta importante ciencia llamada geobiología, pero recomiendo especialmente el libro "*La Casa Enferma*", de Carlos M. Requejo, editado por Didaco, 1998. Es de todos, el mejor que existe actualmente en el mercado. Mientras, una noción muy básica:

La Red Hartmann (Red H.) fue descubierta por varios científicos anteriores al Dr. Ernst Hartmann pero él profundizó su estudio desde 1935. Determinó que forma un entramado magnético en todo el planeta, con "muros" de 21 centímetros de espesor y dos mil metros de alto, separados por 2,5 metros en la orientación N-S, así como

2 metros en la orientación E-O. Estas medidas son aproximadas y generales, no constantes ni exactas. Varían según los minerales cercanos a la superficie, las corrientes de agua, los vientos magnéticos del planeta, la actividad volcánica, las quiescentes solares, los eclipses y toda otra actividad magnética importante, sea telúrica o cósmica. Es como la malla de una tela que la mayor parte del tiempo es estable, pero cíclicamente se mueve con la brisa.

La Red H. se presenta en el mar y en la tierra, sea planicie o montaña. Los cruces de estos muros son puntos llamados "patógenos", causantes de incomodidad, alteraciones nerviosas, problemas del sueño y muchas enfermedades. Es fundamental su estudio en esta "ciencia nueva" llamada Geobiología, que ya conocían los constructores de menhires y pirámides desde la antigüedad. Hace poco comencé una investigación estadística sobre *las camas fatales* de los hospitales, encontrando datos sorprendentes, suministrados por médicos y enfermeros, que llevando o no estadística puntual, saben que hay camas en las que todo paciente que cae, muere o todo se le complica. En realidad ocurre también en los hogares, sólo que el instinto natural humano nos hace sentir incómodos en un determinado lugar. Cuando dicho instinto falla (muy a menudo, por la saturación de estímulos), el cuerpo se enferma si dormimos sobre un punto patógeno.

En Suiza y Austria, existen ya algunas leyes que obligan a hacer, antes de comenzar cualquier construcción - ¡Con cuánta más razón la de un hospital! -, un estudio geobiológico del sitio. Los realizados en la Gran Pirámide en 1993 por los brasileños Eusebio Galindo y Antonio Pereyra de Milho, resultaron en que la Red H. forma un circuito casi circular alrededor de la G. P., sin afectar la superficie que ocupa su base y lo mismo ocurre con las otras pirámides de Gizéh, a pesar de pasar justamente por allí uno de los quince anillos más poderosos de la Red H., al mismo tiempo que una de las dos □sógonas más estables. Es decir que la línea de la Red H. es desviada por las moles, rompiéndolas hacia su entorno, como una roca en medio de una corriente de agua, pero sin desgaste. Este fenómeno no ocurre ni siquiera en montañas con alto contenido de minerales, existiendo sólo alteraciones menores, como ondulaciones o interrupciones puntuales, normales en cualquier sitio. Esto se confirmó con nuestras mediciones en experimentos menores, pero es un asunto que tiene aún mucha exploración por delante, como el diseño de un sistema de pequeñas pirámides en serie, para colocar bajo el piso, que impidan los efectos de la R. de H.. Por ahora, resulta más económico y prácticamente igual de funcional, el colchón orgónico, compuesto de capas sucesivas de material orgánico (carbón, plástico, lana, etc.) entre capas de mineral no orgánico (vidrio, arena lavada, etc.). Con estos colchones, lo que se hace en realidad es una especie de condensador eléctrico que genera un campo magnético de alta frecuencia, capaz de neutralizar la R. de H. pero sin producir daño a los organismos. Combinados con las pirámides, se logran extraordinarios efectos, por eso los hemos incluido en el diseño de las casas piramidales.

Algunos de los fenómenos que habíamos apreciado en nuestras pirámides de aluminio se debían a que la Red de Hartmann es anulada o las líneas se desvían. Pero también hay puntos y líneas más poderosas que el promedio, que hacen que una pirámide pequeña no funcione. Entre las de más de dos metros de base, me ocurrió sólo con una pirámide experimental en 1984 y con una pirámide que instalé hace poco. Considerando que he construido e instalado más de cien pirámides mayores de dos metros de base, el promedio no está mal. De todos modos, la precaución de hacer un pequeño estudio antes de la instalación es lo que ha asegurado los resultados, evitando en una decena de casos que la Líneas Hartmann arruinaran las funciones. En todos los casos sólo tuve que cambiar un metro o poco más la ubicación.

En pirámides de menos de ochenta centímetros de lado de base, con baja densidad, la Red H. me ha resultado más problemática, pero también se trata de objetos más fáciles de cambiar de sitio. De ello se desprende que no hay nada más práctico y sencillo para detectar un punto geopatógeno (y evitar ponernos allí) que usar una pequeña pirámide. Si no funciona a pesar de la correcta orientación, podemos marcar ese punto para no permanecer sentados o dormir sobre él.

Las pirámides mayores de seis metros de base y una densidad adecuada, difícilmente se vean interferidas por líneas menores de la Red H., y evidentemente, la Gran Pirámide, ubicada a los 29° 58' 51" latitud N y 31° 08' 57" longitud E, (prácticamente en su epicentro) se ríe de ella como del tiempo y de las teorías arqueológicas. En las camas piramidales he podido observar, contrastando mis estudios con los de un geobiólogo, que los puntos patógenos, que normalmente se encuentra uno sólo y excepcionalmente dos, en esa superficie de 2,10 x 2,10 m., desaparecen sin ejercer su influencia sobre el plano de la base cuando se encuentran muy cerca del centro, mientras que los que se hallan cerca de los bordes se corren hasta medio metro, quedando fuera del campo piramidal. No ocurre lo mismo en algunos puntos geopáticos muy poderosos, y si se tiene la mala suerte de encontrar uno en el sitio donde se pensaba instalar la pirámide, hay que resignarse a cambiarla de lugar. Igual es una ventaja detectar dicho punto, donde no sólo no funcionaría la pirámide, sino que enfermaría cualquier animal o persona (a excepción de algunos gatos) que se quedara allí mucho tiempo, con o sin pirámide.

Entonces tenemos una cuestión de oposición de fuerzas que debe ser muy tenida en cuenta por los experimentadores, piramidurmientes (piramizetas) y geobiólogos: La pirámide sirve para neutralizar en la mayoría de los casos los puntos patógenos, para detectar esos puntos y hasta para medir su intensidad si se tiene un poco de paciencia. Los sensibles que pueden determinar intuitivamente la intensidad de los puntos telúricos, lo hacen con la llamada "Tabla de Bovis" y tienen una línea de trabajo que se basa en la intuición y los propios instintos. Los más materialistas niegan la certeza que pueden tener estos paranormales, pero olvidan que la moderna "Radiestesia", es conocida y practicada desde hace milenios por los tradicionales "Rabdomantes" que usaban –y usan- varas y péndulos o simplemente sus manos. Ellos consiguen resultados que en nada deben envidiar a los más modernamente tecnificados que usan sensores electromagnéticos, vibrómetros, gravímetros, osciladores, sismógrafos y todo un complejo conjunto de herramientas.

Los "Magos Modernos" mejor preparados en esta materia no desprecian ninguna de estas líneas de trabajo. Con los instrumentos de medición material (que a veces dan datos erróneos por interferencia con emisiones y radiaciones de superficie), se pueden ir comprobando las propias percepciones y hasta hacer método de bio-feed-back para estimular las percepciones extrasensoriales, que cuando se afinan lo suficiente, con el respaldo de la práctica verificada tecnológicamente, resulta que encontramos en nuestros propios "aparatos incorporados", capacidades paranormales que sólo precisan de un poco de estímulo y método para desarrollarse.

Las pirámides pueden servir a sensibles y tecnólogos, especialmente usando las pequeñas, de aluminio o cristal, para comprobar si funcionan o no, con lo que se determina la potencia de un punto patógeno. Aunque estas comprobaciones llevan entre dos y cuatro días si se las quiere hacer con todo método y seguridad, bien vale la pena cuando vamos a usar un lugar para dormir, y más aún si vamos a instalar allí una Piramicama. Pero a los sensibles les sirve por sus propiedades para armonizar el organismo.

En lo personal, como consecuencia de la práctica, suelo demorar como máximo unas horas en determinar la existencia e intensidad de los puntos patógenos, pero es de esperar que los expertos que se dedican exclusivamente a la geobiología, perfeccionen más aún los métodos. Ya que estamos en tema, aclaremos algunos términos: "rabdomancia" (*rhabdos* = vara, *manteia* =

adivinación); significa literalmente "Adivinación con la vara". El término *"radiónica"* es muy moderno, significa "medición de radiaciones", que tiene, lógicamente, los mismos objetivos, con el criterio del conocimiento causal agregado, respecto a la radiación formada por iones o por subpartículas. Antes de forjarse la palabra "radiónica", se utilizó por casi dos siglo la palabra "radiestesia", del latín *radius* = emanación, radiación y *aisthesis* = sensibilidad, percepción, sentido, con lo que viene a tener el mismo significado general que rabdomancia, aunque en ella también se encuadre el uso de péndulos y otros elementos.

Las pirámides sirven a la línea de radiónica como instrumento de comprobación física de los fenómenos, detección de los lugares de alto poder geopático, etc., pero también sirven a la línea de radiestesia o rabdomancia, tanto en la misma forma que a la radiónica como en otra más interesante aún: La sensibilización del radiestesista o rabdomante. No todas las personas van a desarrollar sus facultades paranormales con las pirámides, pero ciertamente que los más propensos encontrarán que permaneciendo el tiempo suficiente y haciendo algunas prácticas con cierta disciplina, el funcionamiento psíquico se incrementará integralmente de modo extraordinario. Como veremos más adelante, en el capítulo que corresponde, la cuestión fundamental de la paranormalidad piramidal no está en un poder mágico desconocido, sino en cuestiones físicas y biológicas muy claramente establecidas.

ACCESORIOS IMPORTANTES

Las modernas construcciones piramidales tienen que poseer los elementos de seguridad como pararrayos y otros accesorios legalmente obligatorios y muy recomendables en cualquier país y para cualquier construcción, aunque no sea obligatorios, pero también, a fin de tener un uso más adecuado, deben tener una "parrilla de descarga" que atenúe la velocidad de los efectos, a fin de evitar sensaciones molestas a algunas personas muy sensibles a los cambios en la atmósfera magnética.

En realidad no se trata propiamente de un elemento para descargar nada de la pirámide, sino todo lo contrario; un ralentizador de la descarga de iones pesados hace que la pirámide, sin ralentizar su campo magnético, elimine más lentamente los elementos nocivos. Un pararrayos o una descarga de estática, sirven para bajar a tierra cargas eléctricas. Pero aquí no nos referimos a descarga eléctrica, sino a descarga de iones pesados (iones positivos). Cuando ésta se produce muy rápido, el organismo siente una gran incomodidad, o sea que a la purga de radicales libres y otros oxidantes, se suma la pérdida de todo ión positivo (de cualquier elemento) que ande suelto por nuestro cuerpo. Esto en realidad es muy beneficioso, pero las sensaciones son algo desagradables para algunas personas, especialmente si no están habituadas a la atmósfera piramidal ni siquiera para dormir. Acostumbrarse cuesta entre uno y cinco días.

En la gran mayoría de las personas, las sensaciones son agradables, pero hemos de tener en cuenta a todo el mundo, si queremos hacer edificios. ¿Se imagina el Lector que le vengan visitas y se descompongan o quieran salir corriendo?, ¿O que se vaya de vacaciones unas semanas y tenga que volver a aclimatarse?. Pues para evitar esos inconvenientes, la parrilla de descarga ralentiza ese aspecto del funcionamiento piramidal, pero sin evitarlo, manteniendo un mínimo de iones positivos en la atmósfera. Con dicha parrilla, mejorada en 1995 y la aplicación de un colchón orgónico, prácticamente no hay punto patógeno de Líneas Hartmann de 3ª magnitud en una pirámide mayor de seis metros.

Sobre las Líneas H. de 2ª importancia, pocas pirámides pueden siquiera funcionar, y por ello, antes de establecer una construcción piramidal hay que contar con asesoramiento de un geobiólogo. En realidad, habría que contar con ellos antes de construir cualquier edificio, como se hace ya obligatorio legalmente en Suiza y Austria y pronto se hará en Alemania, para poco después aplicar leyes similares en toda la Comunidad Europea. Hay pocos expertos aún, pero ya están generando escuela en esta importante ciencia, que los antiguos conocían muy bien pero la civilización del mercado olvidó casi por completo.

Sobre las líneas Hartmann de primera magnitud, sólo moles como la G. P. de Gizéh pueden funcionar y hasta -como es probable- utilizar de algún modo la energía que deja de ser patógena en el interior de la pirámide. Hace unos años, al conversar con el investigador Manuel Delgado sobre la cámara del Caos de la G.P., su pozo y el túnel inacabado, me di cuenta de que en realidad hubo allí una enorme parrilla de descarga, sin la cual, cuando la G.P. estaba completa, debía ser insoportable permanecer en ella para quien no tuviese una preparación previa. Por eso quienes la usaron después, (porque rompieron los egipcios los dispositivos subterráneos o se los llevaron los reales constructores) los egipcios (o los mismos constructores) tuvieron que quitarle el piramidión a fin de disminuir su potencia. Aunque le falta la cubierta, si tuviera el piramidión ausente, sus efectos serían increíbles. Bastaría agregar los escasos 306 metros cúbicos que faltan para que la G.P. nos diera sorpresas muy grandes. Hoy mismo los aviones no pueden sobrevolar las pirámides bajo ciertas condiciones atmosféricas, debido a los disturbios electromagnéticos que producen sobre sí. En realidad, porque el 15 % de los iones positivos que entran en la pirámide, son expulsados hacia arriba y porque el vórtice del campo magnético piramidal mismo es una especie de remolino centrífugo.

OTROS MISTERIOS PIRAMITÉCNICOS

Es muy posible que la parrilla de descarga de la G.P. no tuviera componentes electrónicos como las nuestras, y usaran un mecanismo más natural, pero eso aún está en estudio. Igual debía llevar unas placas de metal en el fondo del pozo y otras en el fondo del túnel. Es muy probable que hubiese un revestimiento metálico completo, a cierta distancia de las paredes, piso y techo. Ello explicaría por qué no fueron pulidos como el resto de la construcción.

El diseño de la Gran Pirámide no es un simple misterio de esos que dan para hacer miles de especulaciones. Es algo demasiado grande, material, constatable y objetivamente visible como para pensar que las especulaciones que se hagan sobre su tecnología sean sólo elucubraciones mentales de ignorantes, siendo que es la obra más analizada de todos los tiempos. Cierto es que hay delirantes de todo tipo que divulgan teorías absurdas (lamentablemente contamos entre ellos a los propios arqueólogos "funebristas"), pero han intervenido en estos estudios, a lo largo de la historia, científicos de todas las disciplinas. Tomando las ciencias más confiables para hacer valer sus teorías, -y esto según mi criterio personal- que serían las matemáticas, la física, la química, la ingeniería en todas sus ramas, la psicoantropología y la lógica. Entonces nos encontramos con que la Gran Pirámide (con poca diferencia sobre las otras dos de Gizéh y las de Dashur) es la construcción más HOLÍSTICA que existe.

Cabe aclarar el término, del griego "*holos*": Se utiliza para designar aquella materia de estudio o trabajo en que intervienen todas las cosas posibles, todas las técnicas y alternativas teóricas y prácticas. Aunque se ha hecho famosa la palabra en cuestión de terapias, también se puede aplicar a las artes y ciencias en general, así como la tecnología. En el caso de las pirámides, es evidente que se ha considerado para su construcción, todos los conocimientos existentes en su época, a fin de brindar las más variadas utilidades, desde todo punto de vista, siendo las más importantes las que han servido de fundamento a la hora de diseñar, y adaptando luego lo necesario para cosas de diferente -pero no menor- importancia práctica.

Si la vemos como elemento terapéutico de alto nivel, es también Holística en cuanto a la amplitud de dolencias tratables con ella. De hecho, hoy en día es el uso que se le da a sus formas más simples, con resultados asombrosos. Si la vemos como aparato para tratamiento de reacciones nucleares por procesos físico-químicos, también funciona y no hay objeción posible a dicha teoría, que es tan "teórica" como ver un plano de un reactor nuclear y decir que sirve para extraer energía de los átomos. Ya dijimos que Tenochtitlán y Teotihuacán son probadamente antiguas usinas geomagnetoelectrógenas, pero por algo los aborígenes usan el sitio para realizar curaciones...

Si vemos a la G.P. como una representación esotérica del cuerpo humano, tal como la Lic. Julia Calzadilla la ha interpretado (o mejor dicho "deducido"), no hallamos errores en dicha interpretación, ni desde el punto de vista esotérico ni desde el psicológico ni desde la lógica del arte. En la medida que aprendemos los secretos de la geobiología, nos asombramos con sus efectos de resistencia y/o neutralización de las líneas Hartmann y con la interacción respecto al campo magnético telúrico en todos sus aspectos. Hay un punto muy importante que ha escapado a la mayoría de los investigadores físicos, y es la cualidad de resonador vibracional que posee la G.P.. Las "Cámaras de Descarga" que H. Vyse dinamitó, parecen haber sido reconstruidas, pero existiendo antes y guardándose el mayor parecido posible. La constitución con ese granito, con el mayor porcentaje de cuarzo que puede tener ese tipo de roca, la convierte en un difusor de radiación vibratoria en 440 Hz, la propia del sílice y óptima para la vida de las células de todos los organismos animales superiores y humanos, incluyendo a buena parte del Reino Vegetal. Hemos de tener en cuenta que nuestro ADN tiene oscilación entre los 40 a 70 GHz (gigahertzios), pero en 440 Hz la resonancia integral es óptima al conjunto material y submúltiplo en octavas menores de la resonancia del ADN. El "Hilo de Collar" de la armonía vibracional llevada a sonido, es el FA sostenido. Pues esa es la nota del interior de la G.P. y las personas de oído sensible la pueden oír.

Las bacterias saprófitas, los hongos microscópicos, los virus y demás microorganismos poseen oscilaciones que van desde los 100 Hz hasta los 430 Hz como máximo. No pueden desarrollarse en un ambiente con un campo magnético cuya oscilación integral sea superior a eso. Las pirámides, aunque sean de madera, alcanzan como mínimo los 433 a 437 Hz. si están bien hidrofugadas. Algunos parásitos intestinales oscilan entre los 350 y los 435 Hz., pero superando esa tasa mueren o no pueden reproducirse.

Nuestras actuales pirámides, hechas con aluminio en aleación con sílice, alcanzan los 439 Hz. Colocando en ellas una masa de cuarzo de unos 300 gramos (preferiblemente en cinco pedazos repartidos en los vértices), obtenemos una resonancia óptima, es decir los 440 Hz. Markus Salas me regaló una campanilla tibetana, cuyo sonido está en 441 Hz y corresponde a un FA con fracción de Bemol más alta. Al hacerla sonar en la Piramicama, las personas sensibles notamos una diferencia interesante. Hemos hecho el experimento objetivamente -sin comentar nada previamente- con algunas personas. El resultado ha sido una sorprendente percepción indefinible en principio, que al intentar expresarla en palabras sólo dicen cosas como: "*Dale de nuevo, me gusta*"... La sensación de bienestar es similar a la de "elevación espiritual" en la interpretación de los místicos. Cierto es que hay relación con lo espiritual, pero la causa básica es orgánica.

O sea que a los efectos físicos medibles de la pirámide, se suma el efecto mántrico de un sonido que aumenta en sólo un Hertzio la vibración de modo temporal, pero con resultados que pueden medirse estadísticamente en un grupo de voluntarios. Entonces los mantrams en tonos altos de los coros místicos que van a la G.P. y a las de México, no es algo tan sólo "místico", sino que tiene un fundamento físico, por consecuencia fisiológico, y a partir de ahí -como estímulo- la necesidad de Trascendencia espiritual que despierta.

Según los físicos Balmaceda y Valdés, cualquier pirámide correctamente construida, aún las más simples, tienen un campo magnético con resonancias que llegan hasta los 35.200.000 Ghz, es decir más allá de la banda vibracional del *cuerpo astral* o cuerpo emocional. Hasta ahí es posible calcular las progresiones partiendo de las potencias medibles con instrumentos. No sabemos si dichas resonancias alcanzan octavas más altas siguiendo la escala arqueométrica, porque no hay modo de medir o calcular en un terreno desconocido hasta en la teoría física, es decir el nivel vibratorio del Alma, pero es de suponer que sí.

EL VALOR TERAPÉUTICO DE LAS PIRÁMIDES

Tenemos necesariamente que hablar de dos terrenos terapéuticos diferentes, que aclaramos ahora mismo, a fin de que el Lector comprenda dichas diferencias. Una cosa es lo que ocurre ADENTRO de la pirámide, y otra muy distinta lo que ocurre DEBAJO o encima de ella. A lo que ocurre debajo o -más levemente- por encima, llamamos ANTI-PIRÁMIDE. En las finalidades puramente terapéuticas ambas tienen el mismo valor, pero mientras la pirámide (su interior) puede usarse sin ningún riesgo, la anti-pirámide (el exterior, bajo el plano de la base) debe ser usada sólo por terapeutas. Dicho de otra manera: Mientras que se puede dormir, vivir o permanecer toda la vida dentro de una pirámide y disfrutar de sus beneficios, no ocurre lo mismo con la antipirámide, que tiene efectos similares a los de una campo electromagnético. Aunque con mucho menos riesgo que la magnetoterapia, merece considerarse el hecho de estar trabajando justamente con un reflejo del campo magnético, que contiene -temporalmente- todo lo que la pirámide tiende a eliminar. Las sesiones más largas que se realizan con antipirámide son de dos horas.

Indudablemente la pirámide tiene un efecto a largo plazo que no es posible verificar en lo inmediato; especialmente cuando se las construye bien, para evitar efectos apresurados. Se trata del efecto antivejez, debido a la menor oxidación celular. Sin embargo hay algunos efectos que se perciben mucho antes aunque se esté completamente sano, y mucho más si se padece de reuma en la mayor parte de sus variantes o enfermedades de origen bacteriano.

En los primeros días (y desde la primera noche) que se duerme en una pirámide, se siente el efecto levemente sedante y profundamente relajante, así como la recuperación de los "instintos de mantenimiento" como la sed (cuya pérdida afecta al 83 % de la población y padece de deshidratación crónica) o el cansancio crónico llamado ESTRÉSS, (en más del 95 % de las personas), pero el efecto a largo plazo es la disminución drástica de la incidencia del envejecimiento celular, que finalmente significa el envejecimiento menor -mucho más lento- en todos los órganos. También ocurre que las torceduras, esguinces y heridas suelen doler más en la pirámide y desaparecer en la antipirámide, pero en ambos casos hay un efecto de curación. Mientras la antipirámide produce efecto de sedante fuerte, la pirámide realiza la curación con el efecto llamado "Síndrome de agravamiento terapéutico", que es aumento del síntoma y curación en poco tiempo.

A continuación, transcribo textualmente un fragmento del extenso reportaje realizado para Edenex, el 21 de junio del 2002, por el ingeniero argentino Osvaldo J. Casero al Dr. José Álvarez López, prestigioso científico, autor de algunos libros magníficos y asesor de varios grupos de investigación.

-O. J. Casero: ¿QUÉ RELACIÓN HAY ENTRE LA VELOCIDAD DE PRECIPITACIÓN DE LAS ENZIMAS HUMANAS Y EL CAMPO ENERGÉTICO PRODUCIDO POR LAS PIRÁMIDES?

-Prof. Álvarez: Eso requiere hablar de una teoría sobre la longevidad de los faraones, que alargaban la vida en el interior de las pirámides. Eso, dicho *a priori*, habría que negarlo, pero resulta que existe una relación entre la precipitación coloidal y las pirámides. Eso lo investigué en Florencia con el profesor Piccardi, con quien tuve el honor de trabajar 3 meses sobre precipitación coloidal. El método de Piccardi consistía en medir la velocidad de precipitación coloidal del oxicloruro de bismuto. Se pone 1 cm3 de cloruro de bismuto en el fondo de un tubo de ensayo transparente y 10 cm3 de agua, y se produce un líquido lechoso que comienza a decantar; deja de decantar, y se produce una columna de líquido transparente 2 cm. que va aumentando. La medida de la velocidad de producción de este líquido transparente , o sea, la velocidad de precipitación del coloide era la línea de investigación de Piccardi. Entonces colocamos varios tubos de ensayo. El primer tubo lo pusimos dentro de un blindaje de cobre, formando lo que se llama una "jaula de Faraday"; el segundo lo dejamos a la intemperie; el tercero tenía al lado un transmisor de 1500 megaherzios que daba su situación; el cuarto estaba bajo una pirámide de cartón de 30 cm. de lado. Hicimos simultáneamente la precipitación en los 4 tubos, midiéndola en los aparatos de Piccardi, y vimos que el tubo que estaba en el blindaje de cobre precipitó 1 cm3 más o menos de precipitado en 1 minuto. El segundo tubo que estaba a la intemperie en el laboratorio precipitó 1 cm3 en 3 minutos. El tercer tubo que estaba junto al transmisor de 1500 megaherzios precipitó 1 cm3 en 5 ó 6 minutos. Y el cuarto tubo que estaba bajo la pirámide NO PRECIPITÓ EN MEDIA HORA. Ciertamente era impresionante. Entonces se veía cosa curiosa: la energía de la pirámide permitía la floculación permanente, o sea que el coloide no podía flocular, no precipitaba. Por asociación de ideas se dice que el envejecimiento de los mamíferos ocurre cuando el citoplasma precipita como coloide dentro de la célula. Con lo cual, si finalmente se pudiera evitar la precipitación del coloide citoplasmático se arreglaría la vida humana. Entonces, si los faraones se introducían en las pirámides, por algún procedimiento especial, conseguían atrasar el envejecimiento, ya que no precipitaba el citoplasma de sus células. Bueno, eso es realmente curioso; nosotros seguimos investigándolo en el laboratorio del Instituto de Estudios Avanzados y encontramos otra cosas curiosas: que la pirámide tenía la virtud de modificar el accional de la enzima. El funcionamiento de la enzima dentro de la pirámide quedaba modificado. Por ejemplo, rápidamente, la enzima llamada UREASA (que transforma la úrea en amoníaco) que se utiliza para hacer análisis clínicos, si se coloca en un tubo de ensayo con úrea, forma una cantidad "X" de amoníaco, en 5 minutos, por ejemplo. Si se mide con cualquier método electrónico, la ureasa colocada bajo la pirámide tenía un 150 % más de rendimiento que otra no colocada, demostrando que hay una relación entre la forma piramidal y la enzima. Hicimos un catastro de enzimas. La invertasa, que transforma la sacarosa en glucosa aumentaba el 80 %. En cambio, había un 80 % de disminución de la eficacia en el cuajo, que produce menos queso bajo la pirámide. Es recomendable que los que hacen queso no pongan sus instalaciones bajo las pirámides. Elevamos un informa a la Facultad Bioquímica de la Universidad de Córdoba, y no les interesó investigarlo como diciendo que no estaba previsto dentro de su investigación. Los científicos tienen tabúes, y los tienen que investigar. Yo considero que es necesario investigar el accional de una enzima bajo una pirámide ya que, aunque a primera vista no pareciera que pudiera tener influencia alguna, experimentalmente se ha demostrado lo contrario.

-O. J. Casero: ¿PARA QUE CREE USTED QUE FUERON CONSTRUIDAS LAS PIRÁMIDES?

-Prof. Álvarez: Hay varias teorías; una de ellas es que fueron construidas para rejuvenecer a los faraones. Esta no es una teoría de charlatanes, ni de novelistas ni de periodistas, es una teoría de científicos ya que los arqueólogos han investigado este problema y, efectivamente, dentro de las pirámides se colocaban los faraones cuando habían reinado 30 años, y después de un tiempo (que no se conocía, era secreto) volvían a reasumir el mando y hubo faraones que reinaron 90 años. Evidentemente se rejuvenecían en las pirámides. En la Egiptología hay mucha bibliografía sobre este tema, sobre todo en el Departamento de Egiptología de la Universidad de Chicago, que ha investigado sobre este fenómeno del rejuvenecimiento de los faraones dentro de las pirámides, que era denominado como "el jubileo del faraón". Pero ocurre que la discusión no es si los faraones rejuvenecían dentro de la pirámide tras concluir un período o no, sino si era real o ficticio, o sea, si se trataba de una estafa, que hacían creer a la gente que rejuvenecían o, si realmente el faraón rejuvenecía. Eso no lo hemos podido aclarar; pero que las pirámides eran utilizadas para los faraones, y que después de eso reinaban 30 años más, eso está establecido por la Egiptología, es público y conocida. En todos los templos egipcios y en las pirámides se pueden ver en los frisos alusiones a dicha ceremonia. Se llama la ceremonia de HEBZED. Algunos arqueólogos sostienen que no se pudo basar un imperio, una sociedad en una mentira, no tiene sentido. Lo que es indudable es que usaron las pirámides para dicho fin, fuese cierto o no que rejuvenecieran los faraones."

A lo expuesto por el Dr. José Álvarez López, mucho más detallado y abundante en datos técnicos en su libro "El Desafío de la Gran Pirámide", se agrega lo descubierto por nosotros respecto a la recomposición molecular del agua y la compensación subsecuente de materia subatómica, con lo que tenemos en realidad TRES CAUSAS interactivas para el retardo del envejecimiento, sin necesidad de que durmamos o vivamos en la Gran Pirámide de Gizéh, sino en una modesta pirámide de madera, cristal o aluminio, estructural, sin caras cerradas, o vivamos en una casa de forma piramidal que cumpla los requisitos fundamentales de composición material, orientación, proporciones, etc..

Se han realizado en Cuba, Brasil, Holanda, Bélgica y Alemania (también en Rusia pero no he recibido informes de resultados), experimentos con mucha gente, respecto a sus sensaciones bajo la influencia piramidal. La mayor parte de los experimentadores han utilizado pirámides demasiado finas, carentes de la masa suficiente como para generar los efectos normales. Sin embargo algunos de esos estudios deficientes en lo físico, han dado una interesante muestra de efectos psicológicos, que debidamente diferenciados por incomunicación de los voluntarios, resultaron en más de un 50 % iguales en todos los casos, o con diferencias prácticamente insignificantes. Parece ser que una pirámide con masa insuficiente para producir efectos físicos y por consecuencia biológicos, igual puede afectar en alguna medida el áurea magnética de los seres vivos. Los experimentos hechos por holandeses, belgas y alemanes han sido más detallados y con pirámides mejor construidas, obteniendo casi los mismos resultados que nosotros en cuanto a salud y efectos objetivos y medibles. En cualquier caso, mi postura al respecto es que no me interesa una pirámide que sólo produzca efectos magnéticos en el áurea y algunas sensaciones psicológicas. Una pirámide bien hecha, con la densidad adecuada, brinda efectos terapéuticos, preventivos y antivejez que no consiguen las pirámides de masa insuficiente.

Los efectos más notables para una persona sana en una pirámide de densidad adecuada, son:

1) mayor necesidad de sueño durante las primeras tres o cuatro semanas (debido a la sedación y relajación muscular).

2) El cuerpo se siente muy bien, pero como "cansado", sin la fuerza habitual. La diferencia entre "cansancio" y "relajación" suele ser imperceptible para las personas estresadas. Para quien está habituado a sufrir realmente el cansancio -por deporte o trabajo- (agotamiento energético y lactificación), éste implica una especie de dolor leve -y hasta calambre-, además de la impotencia. En cambio el relax obtenido en la pirámide, no conlleva dolor, es similar a lo que se siente tras una larga sesión de masaje suave.

3) Los que más sienten los efectos, son los enfermos de reuma, los que sufren infecciones de cualquier etiología y los que tienen problemas glandulares. Las correcciones en pirámides del modelo "Hércules" (con caras cubiertas y unos 43 Kg./m3), se producen en muy poco tiempo pero con algunas molestias en personas sensibles a los cambios magnéticos. En Piramicamas normales demoran un poco más, pero son graduales y hay menos molestias sintomáticas. Determinar la densidad adecuada no ha sido nada fácil, porque hemos tenido que calcular muchas variantes, y quedarnos en un margen de promedios, que sin perder las propiedades y efectos a corto plazo, no llegue a causar molestias. Luego la práctica fue confirmando los cálculos. La intensidad del campo magnético piramidal es muy difícil de determinar sin el aparaterío que tenía mi equipo durante la década de los 80', pero aparte de conservar los datos, hay una experiencia personal, que es la que más vale. Desde 1984 a 1990 mis muchas noches en pirámides de entre 3,5 y 6 metros de base, con diferentes densidades, me fueron mostrando todos los pro y contras. No sólo hacíamos

investigación cuántica, sino que también verificábamos los efectos en nuestros propios cuerpos.

Cabe destacar que la que llamábamos "HP" ("Horno Purificador"); de 3,5 m de base, era la más potente, con sus 8 mm de espesor. Unas cinco veces más potente que una pirámide normal de las que construyo ahora para dormir.

Más que dormir, eso era una terapia contra toda peste, pero las sensaciones solían ser muy desagradables al principio; la relajación era tal que tras ocho horas de sueño profundísimo, uno tardaba cuatro o cinco horas en volver a funcionar normalmente, con cierta "sensación de zombi", pero mentalmente lúcido. Llegué a temer que me estuviera produciendo miastenia gravis, dada la flojedad del cuerpo, pero un par de análisis demostraron que todo estaba mejor que bien. Sin embargo, luego de dos o tres meses, bastaban tres o cuatro horas de sueño para andar como un tren. Pero ocurre que la mente necesita sus horas, así que determinamos, a lo largo de casi seis años, que la proporción más adecuada es la que hemos empleado en los nuevos ángulos extruidos, que además, tienen la ventaja de permitirnos elegir la fórmula de aleación. La que usamos posee menos del dos por mil de hierro y una mayor cantidad de sílice, que es tanto o más beneficioso que el propio aluminio. Las medidas óptimas son de 2,10 de lado, con ángulos de 100 mm de ala y 3 mm de espesor. Si el vidrio no fuera tan frágil, caro y difícil de manipular, las haría de cristal.

PSICOLOGÍA Y PARAPSICOLOGÍA PIRAMIDAL

El C.I. (coeficiente intelectual) varía según muchos factores. Los principales son psicológicos, genéticos, culturales o circunstanciales, pero los psicológicos son los más determinantes de los orgánicos. La pirámide puede influir de varias maneras en la elevación del C.I., pero los "milagros" son limitados. No obstante, la acción sobre lo orgánico es tal, que permiten al usuario (que vive o al menos duerme en una pirámide) empezar desde lo orgánico una revolución interna, curativa, catártica.

Ejemplo de factores:

1) PSICOLÓGICOS: Una persona que mire dos o tres horas de televisión diariamente, corre el riesgo de volverse idiota aunque la mire metido en una pirámide. Las taras psicológicas que absorberá serán algo muy difícil de catartizar. El C.I. se disminuye porque en vez de ser la persona un ente creativo, se vuelve puramente receptivo y de la peor calidad de información que puede existir en la historia de esta humanidad. Los "*yoes psicológicos*" no eliminados por autoobservación y los adquiridos en ambientes familiares o sociales patológicos, producen también una importante caída del C.I. porque los parásitos emocionales se nutren de los tres atributos del Ser (y su foco, que es la Conciencia): INTELIGENCIA, AMOR y VOLUNTAD. No se puede pedir a la pirámide que nos purifique mental y emocionalmente si vivimos consumiendo basura desinformativa y venenos psíquicos. Alguien con "conciencia piramidal" debe buscar su Trascendencia eliminando los hábitos más dañinos.

2) GENÉTICOS: Los factores genéticos son bastante determinantes, pero la mente y el cerebro pueden mejorar hasta niveles sorprendentes, con la ejercitación adecuada (y lógicamente acompañada de alimentación y modo de vida adecuados en general). En este aspecto la pirámide contribuye indirectamente, reforzando algunos procesos bioquímicos cerebrales. En lo que realmente tenemos un beneficio genético, es en la disminución de la incidencia de factores que alteran el ADN y en la reconstitución del mismo a nivel cuántico. Átomos mejor formados, por lo tanto moléculas más estables, igual a células más sanas.

3) CULTURALES Y/O CIRCUNSTANCIALES: Si a uno le dicen desde pequeño que es un inútil, que es un burro, y lindezas de esas con las que los ignorantes padres y maestros suelen llenar la mente de los niños, el C.I. se verá drásticamente disminuido por mucho tiempo. Recuperar el C.I. que la genética tenga como potencial,

será cuestión de romper con esas creencias erradas sobre uno mismo. La pirámide en este aspecto sólo tiene influencia como coadyuvante, desde lo orgánico, cuando uno se propone esa liberación y desbloqueo del C.I. Estos factores se enlazan con los psicológicos, porque hay un "yo inútil", que dice "yo no puedo", "yo no sé ni sabré...". Hay que romper con eso y poner a trabajar la mente y las neuronas en cosas creativas.

4) ORGÁNICOS: Aquí es donde realmente la pirámide tiene sus efectos directos. La tasa vibratoria más armónica y el aumento de neutrinos incidentes en el cuerpo, entre otras causas, hacen que las células (todas, no sólo las neuronas), trabajen mejor, más libres de substancias tóxicas del medio ambiente y el consumo, más relajado el sistema nervioso y los músculos, con mejor irrigación sanguínea merced a la mayor tensioactividad del agua en nuestro cuerpo, etc..

El C.I., como ya dije, se verá beneficiado en la medida que atendamos a los factores anteriores. La pirámide contribuirá no sólo desde el efecto orgánico, mejorando las funciones físicas de las neuronas, pero ese es el factor principal. Cierto que no es poco, puesto que en lo orgánico radica la mitad de nuestro Ser como persona. Las actividades mentales dentro de la pirámide se notan reforzadas, logrando mayor concentración o cualquier forma de disciplina mental, pero nadie se mete en una pirámide y a los diez minutos sale "iluminado". La gente que busca en la pirámide cosas que no son reales, como puertas al "más allá", experiencias místicas, etc., salen decepcionadas. Quienes simplemente buscan mejorar la salud, a la corta o la larga resultan gratamente impresionados porque hay experiencias extraordinarias, pero por lo general, una mayor inteligencia y conciencia no tienen nada que ver con las expectativas de los ansiosos de "misterios", sino con el deseo de Trascendencia y el mejor funcionamiento orgánico.

Muchas veces me han enviado burlas groseras respecto a la pirámide, (lógicamente no las respondo, pero dan pena) y la más recurrente es la de "¿Si me pongo en la pirámide me crecerá la...?. Bueno, pues que no pierdan el buen humor cuando no lo hacen maliciosamente. Siempre hay en el uso de las pirámides como elemento de desarrollo psíquico, un factor de Voluntad. Es una pena que la mayor parte de la gente sólo probaría la pirámide si le ofrecieran lo que no es real, que suene a misterioso. Se olvidan que la salud es el tesoro más grande que podemos tener. Con ella, todo se arregla, sin ella, no disfrutamos de nada y hasta la más enorme fortuna queda en la ruina absoluta... O en manos de los herederos.

En los organismos que permanecen mucho tiempo en una pirámide perfecta, las células viven más y mejor. Es lógico deducir que las neuronas también se favorecen. Pero no hay que olvidar que el uso que se haga de ellas también es fundamental. Tanto los músculos como las neuronas, por más que se viva o duerma en una pirámide, son de un mecanismo creado para "hacer", no para "estar".

ALGUNOS USOS COTIDIANOS

AFILADO: No podemos dejar de lado el harto conocido uso de recuperar el filo de las hojas de afeitar, pero tenemos que aclarar que si bien no hay oxidación y existe una recuperación de la forma cristalina del acero, no podemos pretender afilar con una pirámide, un grueso cuchillo. No hay en la pirámide un efecto abrasivo ni corrosivo, por lo tanto sólo ocurre que el filo muy delgado se recupera al reestructurarse molecularmente la última capa de cristales del acero. La corriente electrónica suele hacer desaparecer la capa de óxido, pero no por abrasión, sino por eliminación paulatina de los átomos sueltos. Los óxidos en general son muy fáciles de descomponer en sus elementos, y el campo magnético los barre lentamente.

El rendimiento de las cuchillas depende de varios factores, como:

a) La calidad del acero de la cuchilla.

b) La humedad ambiente y otros factores climáticos que influyen sobre la erosión molecular del acero.

c) Las cualidades de la pirámide en que se tratan.

d) La dureza de la barba en que se aplica la cuchilla...

Lo ideal es tener en una pirámide de 40 a 60 cms. de lado de base, cuatro cuchillas, usando una cada día y colocándola en ella inmediatamente después de usarla. De ese modo, cada una ha tenido tres días de tratamiento. En ese tiempo un acero bueno se libera del agua en los intersticios intermoleculares y se reacomodan los microcristales en la zona del filo. Esas hojas, si son buenas, han de dar unas doscientas afeitadas cada una, es decir que cuatro hojas durarán más de dos años, suponiendo una afeitada diaria para quien tenga barba dura.

Los metales no se oxidan y hasta suele desaparecer la capa de óxido que tienen al momento de ser colocados dentro de la pirámide, pero tampoco conviene colocar una cantidad de metal muy grande, porque el campo magnético del objeto afectará al de la pirámide y no a la inversa, cuando el peso de éste alcanza entre el 10 y el 15 % del peso de la pirámide, especialmente si es de cartón o madera. Cuando es de vidrio o de aluminio, la tolerancia al metal aumenta, pero el efecto piramidal, igual disminuye en proporción.

MOMIFICACIÓN: Mientras que la materia viva se vitaliza como ya expliqué antes, la materia orgánica muerta (flores cortadas, carne, etc.) se momifica por deshidratación e imposibilidad de putrefacción. Pero no podemos pretender que una pirámide de la misma densidad que usamos para dormir, nos permita momificar un kilogramo de carne en un sólo trozo.

La potencia necesaria para hacer que un bistec grueso se momifique antes de pudrirse se logra con una pirámide de más de 150 Kg. por metro cúbico. En una pequeña pirámide de cartón, forrada con papel de aluminio, de unos 50 cm. de lado, podremos momificar como mucho, un cubito de carne de cuatro centímetros de lado, pero más seguro es si lo hacemos con trozos finos.

Hay personas que temen quedar "momificadas" si duermen en pirámides. Es un miedo análogo al de los aborígenes salvajes, que temen que les roben el alma si les sacan una fotografía. Sólo podría sufrir algún efecto en ese sentido, alguien que permaneciera mucho tiempo encerrado en una gran pirámide, muy densa, sin poder beber agua. Normalmente, las personas que nunca beben suficiente agua, recuperan la sed natural y comienzan a beberla en buena cantidad cuando empiezan a dormir en pirámides. Pero suele suceder lo contrario por un tiempo, con aquellas personas que sufren la acumulación de líquidos. Sólo recuperan el hábito de beber agua normalmente después de haberse regularizado el sistema endocrino y las funciones renales.

PIRAMIDES Y ALCOHOL: No es un remedio efectivo para el alcoholismo como enfermedad, pero puede ser un coadyuvante psicológico. Sucede que el alcohol se potencia dentro de la pirámide, estando en una botella o en nuestro propio cuerpo. Pero cuando está en nuestro cuerpo, la potenciación no produce precisamente un aumento de la borrachera, sino una descompostura bastante desagradable. No ocurre así cuando se ha bebido normalmente, pero cuando se bebe de más, teniendo alrededor de un gramo de alcohol por litro de sangre, la transformación de las moléculas de alcohol (en realidad una reestructuración perfecta), las hace más difíciles de metabolizar. Si se ha bebido en demasía, es necesario esperar dos horas antes de acostarse en la pirámide para evitar un fuerte dolor de cabeza y sensaciones muy desagradables. Quienes tienen problemas para controlar el alcohol encuentran en la pirámide unas descomposturas que aunque son innocuas clínicamente, desalientan el consumo.

DOLORES DE CABEZA: Millones de mujeres en el mundo sufren de dolor de cabeza constante. Más del 90 % de ellas deben su particular tortura a los secadores de cabello. Aunque se resisten a dejar de usarlo, deberían saber que el aire pasa a través de una resistencia eléctrica, cuyo campo electromagnético les llena el áurea del cuerpo con iones pesados. Hay dos cosas que debe hacer la persona que sufre dolores de cabeza por esta razón: La primera, es no volver a usar secador de cabello. Si en dos semanas sin usarlo no nota la diferencia, entonces será un médico quien deba estudiar más el problema. Lo segundo, es disponer de una pirámide de unos cincuenta centímetros de lado, para colocar en ella la toalla que usará para secarse en reemplazo de ese aparato. El aire electropositivamente cargado del secador tiene una composición irregular, donde los protones, los radicales libres y otros elementos oxidantes abundan. Estos actúan sobre el cuero cabelludo haciendo envejecer más rápido las células superficiales. Pero también, por la dilatación de los poros, alcanzan a entrar en el bulbo pilífero. Las mujeres que usan siempre secador de pelo tendrán -aparte de que sufran o no los otros problemas- un cabello más envejecido y débil.

Quienes dormimos en pirámides notamos en la salud capilar -muestra de la salud integral- que todo mejora. Se corrigen los problemas de cabello extraseco, así como desaparece el problema de las puntas abiertas. Ello se debe a la mejor hidratación general y al fortalecimiento del bulbo pilífero. Disminuye el riesgo de alopecia y se corrige cuando ésta ha comenzado. Tengo registrados cuatro casos de personas que estaban perdiendo inexorablemente el cabello y dejaron de perderlo al comenzar a dormir en pirámides, para recuperar lentamente su pelo en algunos meses. No hay indicios de que las personas con calvicie genética ya establecida recuperen el cabello, pero igual faltan datos estadísticos.

En cuando a dolores de cabeza no habituales, -y siempre que se pueda descartar el origen hepático por disfunción- en vez de consumir una aspirina con su excipiente de talco, conviene diluirla en un vaso de agua tratada en la pirámide, de la que conviene tener siempre algunas botellas disponibles; esperar a que precipite el talco de la pastilla y beber el agua.

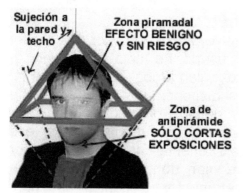

En la imagen tenemos la foto de un Amigo que nos apasiona con sus pesquisas y análisis, el periodista y excelente investigador de los misterios J. Manuel Frías. Le hemos agregado el dibujo de una pirámide tal como mucha gente la usa. Cabe advertir que estas sesiones deben hacerse de un máximo de cinco minutos, porque la parte de antipirámide no carece de riesgos. Este uso, siempre con la pirámide hecha de material adecuado (vidrio, plástico, madera o aluminio) suele darse para tratar problemas en las cuerdas vocales, disfunciones de tiroides, etc., así como odontalgias leves, para dolores de cabeza causados por exposición prolongada a campos electromagnéticos, al sol, etc. En todo caso, es un instrumento que deberían usar sólo los terapeutas.

ESGUINCES, GOLPES Y TORCEDURAS:

Una pirámide de un metro de base, con un peso de unos veinte kilos si es de madera y unos 5 a 7 Kgs. si es de aluminio, permitirá tratar estas accidentales disfunciones con su antipirámide, colocando la pirámide sobre una mesita y poniendo el pie dentro. También puede usarse la antipirámide, colocando el pie de modo que quede cerca del plano de la base, bajo la mesa de madera o construyendo un mueblecillo especial para tal fin.

Si se usa la antipirámide, conviene repartir el tiempo en cuatro sesiones diarias de 15 a 20 minutos cada una, pero es recomendable consultar con los médicos de Cuba y terapeutas que usan pirámides. Las sesiones de terapia dentro de una pirámide no tienen plazo. Mientras más tiempo, mejor. La persona sentirá mayores o menores molestias, incomodidades y hasta dolor durante las primeras horas -o días- pero eso indica que está habiendo una reacción favorable. De todos modos, las pirámides de alta densidad son recomendables para el uso por parte de médicos y terapeutas, que pueden controlar y comprobar las reacciones en los pacientes, en especial si tienen marcapasos u otros dispositivos similares.

Conozco sólo una persona que lo tiene, pero duerme en una pirámide normal. Su permanencia en una más densa, de uso exclusivamente terapéutico, conviene que sea bajo control médico. No hay razones teóricas para suponer problemas, pero conviene asegurarse.

Modelo Hércules para laboratorio y conservación de semillas

www.piramicasa.com

En la siguiente imagen, tenemos a nuestro colega el terapeuta y piramidólogo argentino Julio Ceres, quien ha reforzado una de sus pirámides, hecha con caños, rellenándolos con arena de vidrio. Con ello, ha podido suplir la falta de masa de aluminio y con la cobertura parcial de las caras, ha conseguido cerrar el campo haciéndolo integral. También el argentino Dr. Marcelo Bengoechea trabaja con las pirámides consiguiendo con ellas muchos resultados que la medicina ortodoxa no alcanza. En "Revolución Terapéutica de las Pirámides" ampliamos mucho este tema.

EL AGUA: Tratada en la pirámide durante dos o tres días adquiere las propiedades descritas en los párrafos sobre Agua Diamantina. No reemplaza al agua oxigenada en el tratamiento de heridas externas, pero es óptima para beber siempre y en especial si se padece de úlcera estomacal o problemas intestinales.

LOS LICORES: En general, si son de buena calidad, mejoran su gusto y el alcohol se hace un poco más potente en sus efectos. Los vinos buenos -naturales- mejoran notablemente, llegando a parecer añejos en unas semanas, mientras que los artificiales (esos que son pura química) se descomponen en pocos días quedando muy desagradables.

El diseño de la "Piramibodega" está sus comienzos. Es bastante complicado combinar una pirámide que debe cargarse integralmente, aprovechando el espacio pero permitiendo acceder a cualquier parte de la enoteca sin dificultad. O sea que estoy diseñando un mueble que me está exigiendo muchas cualidades para ser viable. Tengo cuatro borradores y cada uno me presenta dificultades diferentes. Ya saldrá algo; espero que antes de que mi vino sea añejo :-)

LAS HIERBAS Y ESPECIAS: El té, el café, yerba mate y todas las hierbas que usan en infusiones, así como las especias de cocina, resultan más potentes en sabor y en cualidades terapéuticas tras un tratamiento que varía entre dos semanas y dos meses. Mientras más seca es la materia, más demora en obtener las cualidades piramidales, pero más tiempo las conserva.

LA MIEL: Es curioso cómo la miel se cristaliza, para volver a su estado normal, en ciclos que varías según las características de la pirámide y las condiciones ambientales. La cristalización final ocurre muchísimo tiempo después que lo normal. Una miel que cristaliza fuera de la pirámide en dos meses, en la pirámide demora dos años o más si se mantiene herméticamente tapada. Aún así, suele volver al estado semilíquido cuando se la saca de la pirámide. Los cristales de la miel de la pirámide, comparados en microscopio con los otros, son tan perfectos que no parecen ser el mismo producto.

LOS LÁCTEOS: Los usos con los productos lácteos son tan variados que darían para todo un capítulo. Es mejor que cada uno haga sus propias experiencias. Las bacterias que se usan habitualmente para el tratamiento de lácteos, tienen una tasa oscilatoria cercana a los 437 Hz., así que una pirámide potente no les permite hacer su proceso de conversión de leche a yogurt, sin embargo el yogurt piramidal que se logra con pirámides bastante densas tiene el mismo sabor que el producido con bacterias. La diferencia está en que el normal no vuelve a convertirse en leche, mientras que el piramidal vuelve a ser leche en un tiempo variable.

EL TABACO: Aunque soy fumador muy moderado y no gasto ni tiempo ni espacio en tratar el tabaco en la pirámide (es una basura igual), lo cierto es que hice algunos experimentos y al principio me llevé un chasco. Era un tabaco Amarelinho, muy rico, del que tiene aroma chocolatado natural. El tabaco se estropeó, secándose demasiado. Pero lo había puesto sobre un paño, fuera de su paquete. Luego lo humedecí calculando su estado previo y lo dejé en su envoltorio. A los pocos minutos el aroma envolvió la casa y quedó estupendo. Luego probé con otros, sin sacarlos de la cajetilla, resultando bastante mejores y más aromáticos. De todos, modos, creo que el de mejorar tabacos es el uso más malo que se puede dar a la pirámide. He leído por ahí que hay gente que ha dejado de fumar gracias a las pirámides. Soy testigo de que eso es una tontería, pero no total. El nivel de conciencia aumenta a medida que pasa el tiempo y creo que aunque fumo muy poco, abandonaré definitivamente ese detestable vicio.

LOS MEDICAMENTOS: Cuidado con eso. Sólo pueden tratarse en la pirámide aquellos medicamentos que no tengan efectos psíquicos o sobre el sistema nervioso, el corazón o el sistema endocrino de modo directo. El mejor medicamento general es dormir en una pirámide, pero el tratamiento de medicamentos puede aumentar su potencia (de hecho así ocurre con la mayoría de las drogas), así que eso debieran estudiarlo los médicos. No hay inconveniente alguno en tratar las plantas, si van a usarse como medicamento, porque los principios activos están acompañados de otros compuestos en forma equilibrada. Los fitoterapeutas no tienen ningún problema para tratar todo en las pirámides. Con los remedios homeopáticos ocurre igual que con las drogas, pero su potenciación no produce inconvenientes cuando no tienen base alcohólica.

CINTAS MAGNÉTICAS: Sólo he hecho circunstancialmente algunos experimentos de arreglo de cintas magnéticas que estaban muy gastadas y he tenido buenos resultados. El sonido es más claro aunque no se elimina totalmente el ruido. Lo que sí fue sorprendente es que una vez se nos atrofió un disco duro de ordenador, cuando no existían estos en el mercado público. Como sólo los tenían algunas grandes agencias publicitarias y organismos estatales, debíamos enviarlo a Japón o USA para el posible rescate de la información y en todo caso su reposición. Permaneció en espera de poder enviarlo, dentro de una pirámide, durante varios días, pero un intento sin esperanza, para ver si conseguíamos recuperar aunque fuese una parte de la información, resultó en la sorpresa de que el disco funcionó perfectamente y nunca precisó reparación. Cuando salieron los discos de 5,1/4" y podíamos tener mejores seguridades, también se estropeaban por el uso. Varios de ellos, pero no todos, pudieron ser recuperados en las pirámides, mediante permanencia de algunos días. Nunca tuve ocasión de probar con los de 3,5" ni con los discos duros actuales. Tampoco he hecho experimentos con CDs atrofiados ni sanos, pero he recibido en cuatro años, siete comentarios sobre estos discos que tienen saltos y tras algunos días en una pirámide se arreglan, excepto cuando hay un daño muy marcado, como un rayón o una quemadura..

SEMILLAS: Las semillas permanecen en latencia vital indefinidamente. La mayor prueba la tuve con semillas de zanahoria, que luego de más de cinco años estaban sanas y dieron un 98 % de producción. Las semillas de las cucurbitáceas (calabazas, alcayota, melón y sandía) suelen encoger y hasta quedar arrugadas, pero después de tres años germinaron todas. Otras semillas en general, permaneciendo en las pirámides dieron plantas notablemente más fuertes que las testigos de la misma tanda y envase que no permanecieron en pirámides. Algunos de los análisis que efectuamos en 1987 sobre almácigos de árbol de cajú, mango, begonias, evónimos y otras plantitas, demostraron para sorpresa de los biólogos y botánicos que la meristema de crecimiento de las plantas tratadas en pirámides es mucho más vigorosa que las no tratadas. Los brotes de maíz, trigo, soja y cucurbitáceas fueron analizados con métodos normales y con cámara Kirlian, comparados también con germinaciones fuera de la pirámide. La diferencia energética es muy superior a la que se aprecia a simple vista. Mientras que el tamaño de las plantas aumenta entre el 15 y 20 % en promedio (salvo algunas como las begonias y helechos, que han llegado a triplicar su tamaño normal), la parte energética aumenta a algo más del doble en plantas ya germinadas y casi el triple en las germinaciones dentro de la pirámide.

PIRÁMIDES Y APICULTURA

En Cuba se realizan desde hace algo más de una década, experimentos agrícolas muy metódicos. El problema económico de ese país bloqueado impide muchos avances, pero la mentalidad abierta y disciplinada de los cubanos le convierte en el lugar más avanzado en esta materia, tanto en los usos terapéuticos como en los agrícolas.

LAS ABEJAS: También en Cuba es donde más avances se han logrado en cuanto a aplicaciones piramidales para la apicultura, seguida de Brasil, donde hay buenos experimentadores. Existen en todo el mundo unas treinta enfermedades realmente serias para estos preciosos insectos. El clima cubano, cálido y húmedo, es propicio para todas ellas, pero por su aislamiento tiene sólo la mitad de pestes que se conocen para las abejas. Todas ellas han sido tratadas con pirámides o con antipirámides -según los casos- y el éxito ha sido rotundo. Aunque resulta un poco complicada la construcción y colocación de pirámides para tratar las abejas, se trata de un material recuperable, que puede usarse todos los años o cada vez que se presente la necesidad, evitando los riesgos de los productos químicos, que siempre tienen efectos secundarios o algún impacto sobre el medio ambiente.

Las colmenas se tratan con pirámides propiamente dichas, haciéndolas del tamaño adecuado para armarlas de tal modo que las cajas queden en el centro de la pirámide, a la tercera parte de la altura; es decir en el centro del volumen. Estas colmenas jamás sufrirán ataques de bacterias y las abejas serán más longevas. Como casi todas las pestes apícolas son producidas por bacterias, en pocos días desaparece toda enfermedad. Pero un modo más económico es el tratamiento con antipirámide, es decir pirámides pequeñas, de tubos de vidrio o aluminio, que se colocan bien orientadas encima de las colmenas. El resultado es el mismo, pero las pirámides no deben estar más de una hora encima de las colmenas.

Se ha observado que cuando se usa la pirámide (la colmena queda dentro), las abejas tienden a permanecer más tiempo en ella. Cuando se usa la antipirámide, es menor el tiempo que gustan de permanecer dentro, pero la salud integral de la colmena se recupera con igual eficacia. Los tratamientos aconsejados son de dos veces diarias, durante 25 minutos, o cuatro veces diarias no más de veinte minutos cada vez. Conviene marcar el techo de la colmena para colocar orientada la pirámide sin tener que usar brújula cada vez.

La diferencia más importante en cuanto al uso de pirámides grandes, que pueden dejarse por tiempo indefinido, -según los informes de los apicultores José y Carlos Serrano (Cuba) y Rosaura Castelar (Brasil)- es que las abejas viven más tiempo y las larvas crecen más y mejor, libre de enfermedades. No se ha reportado mejoras en cuanto a la calidad de la miel, pero sí en cuanto a la cantidad (entre el 5 y el 15 %), así como un aumento superior al diez por ciento en la capacidad reproductiva de las reinas. Comentan los apicultores que aunque no parece muy redituable el uso de pirámides en un principio, ni aún por el aumento cuantitativo de la colmena y su producto, sí merece la inversión el hecho de asegurar la salud de los animalitos. Algunas plagas de bacterias pueden producir la pérdida de muchas colmenas y prevenir esa incidencia equivale muchas veces a evitar la quiebra del establecimiento apícola.

La temible acarosis, producida por una araña microscópica: *Acarapis woodi*, es tratable con pirámides pero el efecto es lento. Para ello no sirve la pirámide, pero sí la antipirámide.

Mis amigos brasileños llevan apenas un año de aplicaciones, pero es de esperar que pronto podrán informar de logros más espectaculares que hasta ahora, aunque lo obtenido ya supera las expectativas iniciales.

[NOTA: Al momento de escribir la primera edición, no teníamos los datos completos sobre usos apícolas en Cuba. Ahora sabemos que unas dos mil colmenas han sido salvadas de la quema por ascosferosis en todo el país, donde prácticamente se ha erradicado con el uso exclusivo de pirámides desde 2005 y se siguen aplicando para otras afecciones de las abejas]

USOS PARANORMALES CONCRETOS

Es una pena que haya muchas personas usando las pirámides como elementos de psiónica, aunque no suelen ser muy efectivas para tales fines por falta de mayores conocimientos, o al menos no más que cualquiera de los elementos que se usan en esas actividades. Se trata de los usos que dan algunos falsos esoteristas, de pseudomagia, brujería barata, en lo que daría igual que usen una caja de zapatos, una tinaja o cualquier cosa, pues lo único que funciona allí es el mentalismo que genera el cerebro de la persona. Cabe reconocer que dichos mentalismos suelen ser muy efectivos, pero en ello no tiene influencia real la pirámide, sino como factor de psiquismo, que podría resultar con cualquier elemento que motive emocionalmente al emisor. Muy diferente es lo realizado por el equipo que compuse en el ámbito militar, como he explicado en el Primer Capítulo.

Hablan de "descargar la pirámide" luego de haberla usado con una foto, un muñequito o lo que sea, representando a una persona, ya para enfermarla, ya para curarla. Si se poseen verdaderos conocimientos de psicotrónica y la tecnología acorde, pueden ser efectivas, pero en tal caso, la pirámide sólo puede usarse como parte de la antena emisora y también para producir un mejor funcionamiento cerebral (y elaborar establemente ondas alfa). Sin embargo esto corresponde a una tecnología que si bien no es demasiado compleja, requiere de un experto en electrónica con buen conocimiento de radio, un físico y una persona con una mente muy bien entrenada en concentración y visualización. En fin, un capital material, de unos treinta mil €uros entre aparatos de bio-feed-back, electroencefalogramas, conversores y modificadores de onda variados, etc..

Aparte de esto, un equipo de radio con unos cinco mil a ocho mil vatios de potencia. Entonces podemos hablar de uso de pirámides en psicotrónica. Aún así, no es en absoluto necesario "descargar" la pirámide entre cada uso, y ésta no tiene más utilidad que la de mantener ciertas características de la onda cerebral emitida con elevada potencia, así como la otra, para mantener al "emisor" en una mejor función cerebral.

Muy diferente es el uso de pirámides como protector psicotrónico, que por encontrarse aún en fase experimental (aunque con buenos resultados hasta ahora), no puedo detallar y seguramente lo haré en otro libro. Pero cabe tener en cuenta algunos efectos de dormir o vivir en una pirámide: Si tenemos un organismo en buenas condiciones, cada vez más elevado vibracionalmente, es lógico esperar algunas experiencias psíquicas interesantes, como viajes astrales y desarrollo de alguna otra capacidad. Sin embargo no es tan así de espontáneo. No habrá tal desarrollo si la persona no pone de su parte una disciplina mental y una preparación para lo que se desee lograr.

El viaje astral es algo que muchos intentan realizar cuando se acuestan, luego de una larga y cansadora jornada. Eso es un error, pues se hace muy difícil no quedarse dormido cuando el cuerpo tiene tal necesidad. Por otra parte, los primeros horarios nocturnos no son los más adecuados para salir en astral y para colmo, los "Piramizetas" (los que dormimos en pirámides) tenemos una relajación mental y física más profunda en la pirámide, en mucho menos tiempo que fuera de la pirámide. Entonces es prácticamente imposible una salida en astral, aún para los que estamos más o menos entrenados.

Pero la cuestión cambia mucho cuando dichos ejercicios se hacen al despertar espontáneamente en la pirámide, cuando el cuerpo se halla aún completamente relajado muscularmente, el sistema nervioso tonificado y la mente despierta. Ahí es cuando una salida con el cuerpo astral puede tener éxito. Para quienes desconocen o descreen estas cuestiones, será cosa de instruirse más al respecto, pero estamos hablando de asuntos que también se pueden comprobar con toda las exigencias del método científico. Lo importante es que las personas que tienen pirámides y las usan con estos fines, sepan que no podrán salir en astral conscientemente durante las primeras horas de sueño, porque la relajación muscular es tal que la mente se duerme inevitablemente, mientras que la experiencia para ser tal, requiere de estar completamente consciente.

Los Piramizetas podrán hacer sus prácticas con mucho más éxito en las primeras horas de la mañana, cuando el relax continúa, el cuerpo está descansado, pero la mente está clara.

El uso de drogas que algunas personas hacen para estas prácticas, es sencillamente una aberración. Muy pocos consiguen algún efecto similar al viaje astral, pero puedo asegurar que no tiene nada que ver con eso. Sólo los chamanes de algunas culturas conocen el uso adecuado (obtenido en milenios de cuidados), de algunas drogas no sintéticas ni procesadas industrialmente, que usan sólo para la "iniciación", dejando de depender de ella en lo sucesivo. Nosotros, con un poco más de conocimiento sobre esos temas y con un elemento como la pirámide, no necesitamos ninguna droga.

Otras meditaciones, de tipo intelectual, psicológica, filosófica o gnóstica se ven beneficiadas por las causas ya explicadas, pero recomiendo a todo el mundo no hacer esos supuestos "viajes astrales" que se realizan con la imaginación, porque no son realmente viajes astrales, sino onirias; es decir, meras ensoñaciones que más pueden llamarse *"masturbaciones mentales"* que prácticas psíquicas propiamente dichas, por más que se piense en cosas bonitas y supuestamente elevadas. No hay nada más realmente elevado que la realidad objetiva, porque el espíritu y la materia no son cosas separadas. La pirámide ayudará a todo lo que esté bien hecho en cuanto a meditación, pero no será realmente benéfica si en vez de una práctica inteligente se deja a la mente divagar por hedonismo o evasión.

Algunos efectos de sensibilización que consiguen los rabdomantes, los clarividentes y/o personas proclives a desarrollos paranormales, se deben a que tienen esas facultades latentes y sólo necesitaban de un poco de estabilidad en producción de ondas alfa. Sobre algunos sonidos que muchos oyen en las pirámides y lo describen como "sonido blanco", veremos luego las causas.

TEORÍA DE LOS CAMBIOS TEMPORALES

La taquillera película "Stargate", en la que un grupo de hombres usa la pirámide como puerta para viajar a otra dimensión u otro punto muy lejano en el Cosmos, es sólo un producto de la imaginación, aunque está basada en un curioso fenómeno considerado aún paranormal, el cual se produce por una conexión entre la conciencia y el campo magnético del planeta, merced a la actividad en un medio relativamente nuevo para el cerebro, como es una atmósfera con abundantes neutrinos y un campo magnético con altísima vibración y armonía. También se ha especulado -en el nuestro y en otros laboratorios de investigación física- sobre la posibilidad de que las pirámides produzcan una alteración espacio-temporal, porque existe un raro efecto en los neutrinos, pero que también fue detectado en laboratorios no piramidales, sólo de investigación de neutrinos. Pareciera que se cumple la paradoja del efecto que precede a la causa.

Pero en realidad, ni en la mecánica cuántica ni en factor alguno de la física o la metafísica, el efecto puede preceder a la causa. Lo que sucede es que existen fenómenos magnéticos de tales velocidades en el universo cuántico, que en el macrocosmos suele apreciarse un segundo efecto antes que el primero. A éste primer efecto, que llega al plano atómico y/o molecular más tarde, se lo confunde a veces con la causa. Sin embargo se trata de efectos independientes, con diferente tiempo de manifestación.

Pongamos por ejemplo los neutrinos (porque el tema que mejor conozco en cuanto a subpartículas), al poseer una masa -aproximadamente- 13,7 millones de veces menor que el electrón, pero con una velocidad que puede ir desde la suspensión relativa cuando se incluyen en un campo magnético, a unos pocos kilómetros por hora, y hasta casi la velocidad de la luz en el espacio libre, los fenómenos que tienen lugar en su interacción (imperceptible pero existente) dan más de un efecto.

Cuando teníamos armado el laboratorio de medición cualitativa (antes de 1987) no lográbamos distinguir en algunos casos, la causa y el efecto. Sobre todo cuando hacíamos ensayos de afección mental sobre el campo de neutrinos. Jugábamos con ellos como quien hace pura magia del abracadabra. En un principio físico estábamos demostrando de que la mente puede ejercer influencia en la materia (en este caso en subpartículas) y que el "*Milagro de los Panes y los Peces*" de Jesús, como los de Sai Baba actualmente, no son sino manifestaciones de un poder accesible a cualquier cerebro debidamente entrenado, con conocimientos adecuados y una consciencia acorde. Es decir que estábamos demostrando físicamente que *somos dioses*, y las pirámides -aunque indirectamente en este caso- nos estaban dando ese mensaje. Mientras más grande era la saturación de neutrinos, más fácilmente podíamos manejarlos tras algunas horas de permanencia en su atmósfera. Fue una experiencia alucinante, que nos permitió comprender que nos hallábamos en un terreno verdaderamente Divino, trabajando con unos aparatos realmente Sagrados.

Un sistema de "bio-feed-back" nos demostraba que los procesos de nuestra mente afectaban el campo magnético que observábamos en el monitor. Pero no siempre resultaba. A veces parecía que los neutrinos jugaban con nosotros, o que tuvieran la insolente intención de hacer lo contrario a lo que queríamos. Cuando empezamos a hacer medición cuantitativa y perfeccionamos el aparaterío, la cosa fue más interesante, porque podíamos diferenciar la causa del efecto, ya que podían medirse fracciones de milmillonésimas de segundo o bien quedar las grabaciones como secuencias destemporalizadas, que luego podíamos deducir paso a paso por medio de un ordenador. Entonces comprendimos que la cuestión está en una enorme diferencia de velocidades de reacción.

Cuando se genera un pensamiento, con la intención de crear una orden para darles a las subpartículas (como un "*desplázate hacia la derecha*"), ésta orden es captada por las partículas en unas millonésimas de segundo. Nuestro consciente cerebral demora un par de segundos en clarificar esa orden gestada en el subconsciente, y a veces la mente se arrepiente y da la orden contraria. Pero ese proceso de decisión ha tardado un millón de veces más que la emisión telepática de la orden subconsciente, que las partículas ya captaron. (Aclaro que no es necesario ser telépata ni tener entrenamiento alguno - salvo un poco de concentración- para hacer estos juegos con subpartículas; basta disponer del instrumental adecuado).

Curiosamente, existe en cuanto a los neutrinos, una enorme diferencia de tiempo (unos segundos) en acatar la segunda orden. La primera es la que vale y es casi instantánea (millonésimas de segundo). La segunda orden (más aún si es contradictoria de la primera) demora uno o dos millones de veces más. O sea dos segundos. Por esas diferencias entre nuestras reacciones, el proceso de conscienciación y la lentitud de nuestra percepción, es que también a veces el efecto parece preceder a la causa, pero es un espejismo producido por esa lentitud en los procesos de emisión y percepción de nuestro cerebro.

Diferente es el caso de los contactos con la memoria askásica, como veremos oportunamente.

CAPÍTULO V

PSICOANTROPOLOGÍA PIRAMIDAL

Mucho se ha especulado con las formas «mitológicas» del pensar de los antiguos egipcios, pero las interpretaciones dadas por los arqueólogos a los simbolismos, alegorías y expresiones, no son más que teorías escasamente fundamentadas sobre lo poco que se conoce de las religiones que practicaron los faraones, de cuáles eran sus ideas e ideales, y sus conceptos ante la vida. En la realidad, la riqueza espiritual y psicológica de los constructores de pirámides, como la de sus herederos, ha sido mucho mayor de lo que se supone oficialmente.

El ritualismo conocido a través de los jeroglíficos y pinturas tampoco refleja con exactitud el modo de pensar en si, puesto que el ritual es una manifestación alegórica, una apariencia dinámica que muchas veces dista a un abismo de por medio con el significado real del mismo. Vamos a suponer, usando la analogía, que dentro de unos miles de años alguien intenta comprender nuestro pensamiento a través de los rituales religiosos que raramente se describen de modo directo y explicativo, pero que se representa hasta el hartazgo con pinturas, esculturas y construcciones.

Imaginemos a un arqueólogo del año 5.000 tratando de comprender nuestros pensamientos y forma de sentir, a partir de un Cristo crucificado, sangriento, obsesivamente repetido en toda iglesia y en toda casa católica. ¿Qué podría pensar ese hombre del quinto milenio, de unos bárbaros que representan constantemente la tortura, la brutal paliza de latigazos, la crucifixión y la lenta agonía de un desgraciado?. Lo más probable es que considerarían como una práctica habitual de ensañamiento sobre delincuentes condenados.

Lamentablemente, a los más acertados -y no sólo en perjuicio del «qué dirán» de las futuras generaciones, sino también en perjuicio de nuestra actual psicología-, esa historia tan dudosa como brutal, les haría pensar que tenemos por costumbre crucificar a nuestros mejores dirigentes, o que adoramos por un lado la brutalidad y el sadismo y por otro -como sería lógico- tenemos la costumbre masoquista de hacernos crucificar para morir como lo hiciera un supuesto dios. Si bien en cierta forma estarían en lo cierto sobre algunos aspectos psicológicos, confirmados en las actitudes bélicas de esta civilización, no podría decirse acertadamente que ese es el pensar colectivo, ni el sentido real del ritual, ni la esencia de la doctrina religiosa. Tampoco son ateos los musulmanes, aunque no hagan representación alguna pintada ni esculpida de ningún dios, ni son ateos los judíos, aunque crean ellos en un dios con un carácter tan humano como el más cruel de los hombres. ¿Pero cómo podrían los futuros arqueólogos darse cuenta de esto, si no hallasen La Biblia, El Corán, El Pentateuco o no los pudieran traducir completamente?. Y ya tendrían que hilar muy fino para comprender que en el fondo, esos libros definen nuestra actual circunstancia político-económica, cuando ni siquiera la masa de esta civilización sabe que tras los planes económicos internacionales están los mandamientos religiosos de las sectas mayoritarias, en mucho contradictorios con los mandamientos de los dioses representados... ¿Cómo podrían llegar a descubrir esas "realidades históricas" que nos toca vivir a nosotros, a partir de unos pocos escritos, estatuas y construcciones?.

Los egipcios, con una situación religiosa más clara y menos malévola, son hoy muy mal interpretados. Ellos nunca creyeron en "muchos dioses" en el sentido deontológico y metafísico, pero evidentemente representaban a diferentes "deidades" en un sentido alegórico, sin menoscabo de una doctrina o conocimiento respecto a un Dios Único y Universal, tal como podemos verle en la mitología más tardía, representado en Ra.

De todas las interpretaciones dadas a las deidades, la más lógica y con verdadero sentido, vigente aún para nosotros cuando la comprendemos, es el mito de Osiris. Pues de mito tiene bien poco, puesto que además de que evidentemente existió alguien así llamado que dio a aquel pueblo una serie de conocimientos científicos y sus métodos de aplicación, también ha quedado en Osiris una alegoría muy importante. La alegoría no es un «mito», sino una expresión filosófica figurada con elementos sustantivos, o un conocimiento representado en una imagen. En este caso, OSIRIS representa justamente el CONOCIMIENTO, que SET (alegoría de la perfidia, la maldad y la destrucción), al destruirle -o destruir la civilización portadora del conocimiento- le desparrama por todo el mundo.

ISIS, alegoría perfecta de la CIENCIA, que es «hermana y esposa» del CONOCIMIENTO, debe reunir todas las partes dispersas y resucitarlo. Los egipcios representaron esos términos subjetivos con figuras humanas, pero de ningún modo significa esto que hayan "adorado a ISIS y OSIRIS" más que lo que puede "adorarse a Einstein", aunque sea hoy un "paradigma de la ciencia" (y no precisamente muy justificado, según Iwoshima y Nagashaki). Creo que las otras interpretaciones son más producto de la puerilidad de los intérpretes que de la mentalidad egipcia antigua, cuyos conocimientos astronómicos, filosóficos, metafísicos, matemáticos, etc., aunque insuficientes para construir grandes pirámides, eran suficientes como para no concordar con las interpretaciones modernas de su pensar, que los rebajan a un nivel apenas sobre los trogloditas.

A partir de esta importante clave alegórica, puede el investigador continuar una vía de interpretación más lógica, analizando los caracteres y funciones de las demás «deidades», las cuales -al menos en su origen- no son dioses antropomórficos aunque así se los represente, en honor a aquellos que contribuyeron al desarrollo de la civilización.

Es posible que -como creen algunos antropólogos-, los egipcios hayan adoptado algunas de estas alegorías en las cualidades de la monarquía, en algún momento de su historia, pero más probable es que las causas de esas pautas estuvieran definidas por otros factores, ya que el considerar lo anterior como posible a lo largo de toda la civilización egipcia, implicaría asignar a estos pueblos un carácter pueril, degenerado e involutivo, mientras que sabemos que sus conocimientos, si bien desarrollados en lo tecnológico de un modo diferente, eran realmente profundos en lo filosófico, espiritual y psicológico.

Muchos ven en la pareja faraónica, una constante incestuosa como representación obligada del aparente incesto de OSIRIS e ISIS, pero si acaso realmente hubo parejas gobernantes incestuosas (un tanto dudoso aunque Akenatón parece ser el más evidente), también es probable que hubiera parejas de hermanos gobernantes, sin que estos fueran esposos ni durmieran juntos. En realidad había otros motivos a tener en cuenta para cualquiera de estas posibilidades. El más importante y casi nunca comentado en las modernas enseñanzas, es que el pueblo egipcio actual es el más «homogéneo» de la historia, pues desde cinco milenios atrás vienen acortándose las diferencias étnicas de al menos cuatro grandes tipologías, que definieron las castas, dadas sus grandes diferencias intelectuales, arrastre cultural y carácter psicológico.

Los rasgos de la casta gobernante, tanto los pintados como los de las momias en mejor estado de conservación, así como las máscaras y esculturas, denotan -incluso para el observador menos instruido en antropología- diferencias fenotípicas claras respecto al pueblo llano y entre éste mismo, representado también en innumerables dibujos y momias de segunda o tercera importancia. Este pueblo, también presenta tres etnias bien diferenciadas, aunque en muchos dibujos figuren en un mismo plano de actividad. Tenemos dibujos de arábigos blancos de cráneos dolicocéfalos y otros de tez más oscura y ojos algo más oblicuos, que sin embargo, no son amarillos, pues tienen cráneo casi dolicocéfalo, pero estaturas iguales a los demás grupos, nariz prominente y piernas más largas que los demás, lo que también puede verificarse en las momias de menores jerarquías.

Es curioso que nunca se hayan hecho estudios de ADN, aunque se los anuncia permanentemente, como próximos a realizarse. Habiendo material de sobra para ello, no se ha difundido nada con participación de grupos de genetistas internacionales. La tercera casta (en igualdad de derechos con las otras dos, pero no de ciertas funciones) son los negros. Hubo una clara relación de armonía entre los reinos del sur, de raza negra y los del norte, egipcios. Mientras que los negros etíopes, al parecer de gran capacidad intelectual, tenían una sola raza, los egipcios aglutinaban dos -negra y blanca-, y la blanca dividida en tres grupos claramente diferenciados, no tanto en caracteres físicos, pero si en caracteres psicológicos e intelectuales. Los etíopes pudieron conformar una nación o reino no hereditario, sino comunitario, asambleario, en que los gobernantes debían pasar duras pruebas antes de acceder al poder. También, una vez en el gobierno, el contacto con el pueblo era obligatorio, cosa que no ocurre tan así en las actuales democracias. Debía el rey escuchar y tratar a todos por igual, siendo en África, un ejemplo histórico digno de mención.

Pero esto no era posible en Egipto, ya que no había la coherencia o la casi igualdad que puede determinarse en una sociedad monoétnica. El caso es que si una casta gobernante visible, -a diferencia de las actuales, que son mayormente charlatanes ignorantes dirigidos por sabios ocultos- tenía un coeficiente intelectual superior a las demás, lo más lógico es que la monarquía -como en casi todos los tiempos- fuera de carácter hereditario.

Además, las democracias como forma de gobierno, científicamente aberrantes y políticamente engañosas (puesto que el verdadero control político se hace desde los centros de decisión económica) son algo muy nuevo.

No es de esperar que en un sistema político de castas muy diferentes, pueda darse una verdadera democracia representativa de todos los sectores. En primer lugar porque las castas de menores capacidades intelectuales raramente producirían un individuo con capacidad intelectual y pensamiento subjetivo suficiente como para dirigir correctamente a un pueblo, ni siquiera para "conquistarlo" y llegar al poder, asegurando a los más inteligentes el bienestar. No confundir en este caso "castas" con "razas". Tanto los constructores de pirámides como sus herederos de Egipto y Mesoamérica dejaron muestras de una mejor calificación de los políticos, que supieron mantener por milenios sus culturas.

Cabe destacar que al margen de las susceptibilidades personales o prejuicios étnicos, hay Leyes Naturales inmutables y una de ellas es la de Selección. En las relaciones humanas y en la política, esta Ley puede observarse con toda su fuerza, especialmente entre los pueblos antiguos, cuyos poderosos eran visibles, y no como ahora que son ocultos. Una de las más importantes observaciones es que los pueblos de cualquier etnia, si no tienen un buen número de individuos de intelecto superior a 120 ó 130 C.I., no pueden generar Estados, crear una civilización y evolucionar, sino que apenas pueden formar tribus, establecer unas pautas de convivencia y permanecer así mientras que no hayan influencias externas que les aglutinen y gobiernen -como hizo la casta gobernante indoaria en Egipto o los Inkas (de origen Vikingo) en América- o que les destruyan, masacren, exploten y absorban genéticamente a un mínimo porcentaje, como hicieron los europeos en América desde el s.XVI. El coeficiente intelectual calculado para los egipcios de la IV Dinastía, mediante las expresiones artísticas, la arquitectura y la organización administrativa (sin contar con la cuestión de las pirámides), sería cercano al 120 C.I., pero no sólo para los gobernantes, sino más o menos homogéneo en la población. Aún así, insuficiente para desarrollar altas tecnologías.

Los constructores de pirámides debieron superar los 160 C.I., es decir en el escalafón de "genios" en nuestra cultura, sólo para poder construirlas, mientras que su diseño ha requerido dos condiciones. a) Un Coeficiente Intelectual superior a 180 en algunos individuos b) La experiencia y apoyo de una sociedad con 160 C.I. y varios milenios de acumulación de conocimientos.

Dejando al margen a USA, con menos de 110 promedio y excepciones de más 150 C.I., actualmente el promedio innato de los países desarrollados de Occidente supera el 115 C.I. con un cinco por ciento que llega a 120-125 C.I. y menos del uno por mil que supera el 130/140 C.I., pero la masa, sin este pequeño porcentaje de individuos diferenciados, y sin la herencia cultural recibida, entraría en franca involución al estado tribal.

Si la casta gobernante en Egipto necesitaba permanecer en el poder para mantener la cohesión de una nación heterogénea, teniendo escasa población (de casta gobernante), pudo haber sido lógico el incesto en casos de extremo despoblamiento de la casta inteligente. Así y todo, es dudoso que eso llegara a ocurrir, pero lo obligadísimo estaba en mantener una forma política de monarquía hereditaria, cuya sucesión asegurase el mantenimiento de la civilización, a falta de mejores posibilidades de mezcla étnica (que no racial, porque las etnias son las divisiones naturales de una misma raza).

Si consideramos como cierto lo sostenido por la egiptología ortodoxa, que los faraones pudieron hacer obras tales como las pirámides de Gizéh, ya queda como absolutamente indiscutible el hecho de las diferencias intelectuales entre las castas. No obstante, teniendo en cuenta la posibilidad de que los egipcios apenas hayan sido buenos herederos y depositarios del conocimiento piramidal (incluso que las hayan refaccionado y aprovechado), igual este uso indica una comprensión científica propia de intelectos muy diferentes a las tribus nómades provenientes de la Mesopotamia, o de las llegadas -aparentemente- del oeste africano, a causa de la desertización.

Cuando dicen que sus dioses les hablan en sueños, como el dios Jenum a Ptolomeo V Epifanes en el 187 a. de C., como costa en la Estela del Hambre (dicho sea paso en ella se describen más de seiscientos mirales aptos para fabricar piedra artificial) o cuando el dios Sobek (el cabeza de cocodrilo) entrega el Ank o "Llave de la Vida" a Amenofis III... ¿Por qué hemos de creer que son sólo delirios místicos o alegorías?. ¿Acaso no resultaron efectivas las enseñanzas de estos dioses?. Cuando Toth enseña a los egipcios predinásticos las artes, la escritura, la agricultura y métodos de construcción, hay que considerar que un pueblo nómade, recolector y muy primitivo, sólo se puede volver sedentario, constructor, sabio, agricultor, literato, instruido en matemáticas y geometría, con un gran desarrollo de ingeniería, etc., merced a que ese tal "dios" fue real, no un mito.

Otro factor a tener en cuenta, es que en realidad los faraones jamás tuvieron esclavos, aunque los ortodoxos, al igual que Hollywood, se empeñen en hacernos creer esta aberración. Si por un lado nos dicen algunos ortodoxos que los egipcios usaban alguna forma de dinero, y que hasta se han encontrado "facturas" de las ropas compradas por Cleopatra, de ser cierta semejante patraña -jamás documentada- estos "esclavos" no lo serían más que los actuales "empleados", bajo una dictadura económica oculta. O sea que habría banqueros que manejaban dinero, y manipularían a la población mediante los "gobernantes", como hoy en día... No es creíble tal disparate de un Egipto "financiero", aunque hubiese ciertas letras de cambio entre el Estado y los ciudadanos, a modo de contrato y hasta compromisos privados, en ningún caso con "dinero" de por medio.

Puede decirse que la monarquía egipcia, si bien hereditaria, distaba muchísimo de la idea de sociedad esclavista y despótica, que ni siquiera llegó a permitir la imposición de esta mentalidad, tan ardorosamente practicada por nuestra civilización.

En resumidas cuentas, la psicoantropología, atenida a factores interdisciplinarios, y con una mentalidad epicureísta (en el sentido de atender todas las posibilidades, sin descartar "*a priori*"), no dogmática, aplica en el análisis de cualquier pueblo la lógica y el conocimiento integral de la psicología humana, sin tachar a los pueblos con adjetivos infundados, sino deduciendo sus características de acuerdo a sus obras.

Si los arquetipos faraónicos han sido y son tan apreciados hasta hoy, aunque sea místicamente, es porque su religión ha sido coherente consigo misma, benévola, justa, inteligentemente discriminante, filantrópica, inclusiva; y tan ahíta de conocimiento inmanente que ha debido representarse en alegorías para su tiempo como para la posteridad. Es una pena que la mayoría de los egiptólogos modernos no salgan de su infancia espiritual para intentar comprenderla.

LA CONSTRUCCIÓN ESPIRITUAL

Ocurre que mucha gente mezcla en la pirámide los tantos físicos y los psíquicos, de un modo que no corresponde. En algunas sectas, a las que cualquier cosa poco conocida sirve para fabricar rollos místicos, hablan de "*mentalizar la pirámide*", a lo que dicen ser más importante que la orientación, materiales, proporciones, nivelación y demás requisitos. Entonces es como decir que mentalicemos la batería del coche, sin echarle agua ni ácido, haciéndola con una caja de zapatos... Por causa de todos esos ridículos falsos esoteristas es que recién ahora, después de tres décadas de estudios -y gracias a los Amigos del S.E.I.P.- me animo a escribir este Libro exponiendo incluso los aspectos esotéricos de los que rara vez he hablado a pesar de haber profundizado bastante, tanto en lo teórico como en lo experimental.

Existen funciones magnéticas en las pirámides, que ayudan al oído y /o vista psíquica, a la memoria askásica (recuerdo de encarnaciones anteriores), a la consciencia onírica y otros desarrollos, así como a mantener la salud en el plano astral. Sin embargo es necesario pasar a la práctica en otras actividades relacionadas, para aprovechar de este modo la pirámide. De lo contrario sólo ayudará a mantener la salud por mucho tiempo, alargando la vida física; lo cual no es poco, pero no es todo lo mágico que la pirámide puede dar de sí.

Cuando digo que las Pirámides son a la vez que aparatos de Tecnología Sagrada, ello no significa que su utilidad sea una sola y determinada hacia lo exclusivamente espiritual. Si digo que son "plurifacéticas", polivalentes u holísticas, es porque en su diseño se tuvieron en cuenta utilidades terapéuticas, físicas, astronómicas y didácticas y no podían semejantes creativos y sabios olvidarse de darles una faceta espiritual, iniciática, para la que finalmente coadyuvan todas las demás ciencias en una verdadera Civilización (la nuestra es en realidad, una "barbarie organizada y tecnificada").

En las construcciones esotéricas como los complejos piramidales, los templos, etc., los arquitectos no sólo aplican criterios antropométricos y utilitarios, sino también, por fuerza de las exigencias del simbolismo, alegorías estructurales y alegorías en plano. El pensamiento creativo supera siempre al perceptivo. Mientras éste suele quedarse (no siempre) en la tercera dimensión (largo, alto y ancho), el creativo tiende desarrollar la cuarta, que es una combinación de perspectivas entre el plano y la tridimensión. La Cuarta Dimensión no es algo que esté fuera de nuestra vida cotidiana, sino un nivel de conciencia que se aplica necesariamente en las construcciones piramidales y que muchas personas alcanzan mediante el uso de pirámides. No necesariamente por lograr en las pirámides un contacto con entidades de mundos espirituales ni con el plano astral, sino porque sus propios órganos despiertan parcial o totalmente su potencial, al ser estimulados desde lo físico, los órganos suprafísicos atrofiados o dormidos. En especial, la glándula pineal.

Si observamos las significaciones arquitectónicas de todos los templos, veremos que ya sea consciente o inconscientemente, todos ellos han sido construidos fuera de las normas antropométricas de utilidad cotidiana. Sus medidas, sus formas, sus pasos (formas de recorrer sus pasillos y cámaras), están íntimamente relacionadas con el propósito del templo. Las corrientes energéticas telúricas con aprovechadas de diferente manera, pero todo tiende a estimular los sentidos suprafísicos de los sacerdotes, iniciados o feligreses. Eso fue, es y será así, porque un templo no es la casa del hombre mundano, sino del Hombre Espiritual. Cuando se trata de un templo de funciones religiosas, tienden los simbolismos representados en su arquitectura, hacia la excelsitud de un dios determinado. Pero mientras más esotérico y menos religiosos, mientras más científico y menos político, mientras más sabio y menos dominante, es la intencionalidad de quienes construyen el Templo, éste tiende a representar de un modo u otro, aspectos del cuerpo humano, aspectos de TODAS las personas, no sólo de la casta gobernante o del dios, que deja de ser adorado para pasar a ser "ejemplar", como modelo a seguir, especialmente en lo psicológico.

Sería largo hacer un detalle de este asunto, que he podido observar en tres décadas de investigación esotérica, pero lo que Julia Calzadilla plantea en su teoría de la Gran Pirámide no sólo está claro como teoría del simbolismo, sino que además, me parecería absurdo que en una construcción de ese nivel, no se respetara la regla antropomórfica, representativa del más profundo conocimiento, que es el que lleva al Hombre a desarrollarse, a TRASCENDER. Las Pirámides, -en especial la Gran Pirámide- habrían quedado incompletas si a los significados, simbolismos, características geodésicas y astronómicas, cualidades energéticas, terapéuticas, etc., no se hubiese sumado la parte antropomórfica, el "sello del constructor".

Es en lo estrictamente causal-material donde podemos tener algunas dudas sobre la relación entre la pirámide y el Universo, pero la parte Causal-Creacional es más clara. Saben perfectamente los esoteristas y metafísicos de todos los tiempos, que la pirámide (aparte de toda la "verdad incompleta" que puede decirse científicamente) es una fórmula matemática perfecta materializada geométricamente e incorporada en el cuadro Creacional para relacionar diferentes planos vibracionales. No sé si será la máxima regla de interconexión, pero sí más completa que el cono o la bóveda desde el punto de vista de la Geometría Sagrada.

Desde el plano subatómico hasta el plano galáctico, hay formaciones piramidales. Hace varios años leí un artículo del astrónomo Carl Sagan, que decía que en un cuadro cien mil años luz, (el diámetro de nuestra galaxia) no puede comprenderse el Universo, pero que en mil millones de años luz, considerando lo conocido y continuando las progresiones matemáticas de la distribución de las galaxias en un cuadro teórico, se observa una forma de pirámide. El artículo terminaba con: "*Es posible que el Universo tenga forma de pirámide, y no de esfera*".

Pero al margen de cómo interpretemos la forma de Universo (yo creo que en tal caso estaríamos hablando de una mega-molécula en el plano Universal nuestro, equivalente por ejemplo, a una pirámide molecular de agua, en el plano atómico) el Universo Infinito no tendría forma alguna. Sin embargo la comprensión y uso de la forma, nos puede llevar a comprender también la Causa Divina, que no teniendo forma alguna es origen de todo lo perceptible, o sea del mundo fenomenal.

La forma piramidal también está dada en las organizaciones perfectas, como la de las abejas. Pero también en cosas más subjetivas y ocultamente determinantes, como el pensamiento humano. Los esquemas planos de asociaciones de ideas resultaron un fracaso teórico rotundo en la psicología asociativa. Aparte de carecer de mayores amplitudes de óptica, que llevaron a la desaparición de esa escuela, dejó sin embargo un intento de esquematización posterior, que resultó funcionar como piramidal. Los psicólogos asociativos hicieron un triángulo, pero siendo parte de la verdad, no se dieron cuenta que en un mismo plano funcionan cuatro puntos, SENTIR - PENSAR - DECIR - HACER. Esos serían los cuatro vértices de un plano de acción. La INTENCIÓN es lo que desde arriba, desde el vértice superior de una pirámide, activaría los cuatro vértices "mundanos". Usando la Ley de Analogía, comprobamos que la "pirámide mental" no sólo es observable como una comparación, sino que basándonos en ella podemos darle usos terapéuticos en psicopatías diversas, corrigiendo la simetría (coherencia entre los cinco puntos: Intención, sentir, pensar, decir y hacer).

Nuestros recuerdos conscientes hasta cierto nivel de claridad, están agrupados en un sistema virtual de organización, de forma piramidal. La cúspide está formada por la idealización (proyectos, deseos, etc.) que no se perciben conscientemente, no se han desarrollado en el hombre común, y es el instinto natural de Trascendencia. Ese es el piramidión, símbolo de la realización máxima. Las "hiladas de bloques" siguientes hacia abajo son:

a) Arquetipos: que contienen las ideologías conductuales de Dignidad y Lealtad como componentes conductores básicos y de los que se desprende la idea de Libertad.

b) Luego viene el plano de las ideaciones, que es sostén, del anterior, formado por conceptos sobre objetos, pueblos y personas, formando ideas políticas, etc.. las distorsiones de estas ideaciones por falta de contacto con la hilada anterior se llaman "arquetipos psicológicos" y son impuestos por las religiones, creencias y presiones sociales varias.

c) Más abajo, formando las hiladas más amplias de esta pirámide, se encuentran los conocimientos o sea desde ideas abstractas como la matemática, hasta su número de teléfono, la marca de su coche o los nombres de las personas. Estos conocimientos, según su grado de objetividad, son mayores en cantidad mientras más concretos. En la esfera mental subconsciente ocurre exactamente lo mismo pero invertido. Hay una antipirámide análoga a la antipirámide magnética. En el subconsciente es más fácil rescatar un recuerdo concreto que una idea muy abstracta, o un deseo olvidado, que ha quedado mucho más "abajo". Es más fácil recordar el nombre del perro de la primera novia que un concepto ético aprendido pero no cultivado.

O sea que no sólo la materia, desde lo cósmico hasta lo atómico tiende a formar pirámides, sino nuestra propia estructura mental, aunque materialmente tenga la misma forma que nuestro cuerpo físico. En el cuerpo astral o emocional ocurre exactamente lo mismo pero "hacia arriba". Aunque materialmente acompaña al físico y al mental, la pirámide asociativa equivale a la antipirámide superior. El vértice de ésta (más denso, emociones inmediatas e instintos) está más cerca de la idealización, mientras que los "conocimientos" o conceptos sobre la psicología emocional están más elevados, pero lejos y difusos.

En síntesis... SOMOS UNA PIRÁMIDE. Y si somos "*a imagen y semejanza del Creador*"...

¿ POR QUÉ SE OLVIDÓ LA CIENCIA PIRAMIDAL ?

Voy a tocar un tema que aunque causa rechazo en medios humanísticos oficiales, es necesario comprender para dilucidar la causa de que algunas personas no puedan entrar en las pirámides "impunemente", lo que explicaría en buena medida el hecho de que una maravilla tan grande como la ciencia piramidal haya sido olvidada por milenios.

En las tipologías antropológicas desde el punto de vista esotérico, existen las mismas variantes que en las bacterias. La mayoría de los seres humanos son simbióticos, pero hay una gran cantidad de saprófitos, que aunque no coman desechos biológicos comen comidas de tal mala calidad que podemos, sin temor a exagerar, decir que es "basura condimentada". Lamentablemente, millones de personas viven comiendo mal por imposición de la injusticia política y económica, pero en los países ricos puede verse también que por razones genéticas o culturales, muchas personas comen muy mal. Esas personas tienen algunas sensaciones desagradables en las pirámides, porque el organismo tiende a recuperar su funcionalidad. En realidad esas sensaciones son "síndromes de agravamiento terapéutico". Este síndrome es el propio de todo organismo que está trabajando para recuperarse, como ocurre en los tratamientos homeopáticos, que cuando se está produciendo la curación los síntomas parecen agravarse. La ignorancia al respecto, hace que algunas personas desistan del uso de pirámides y prefieran seguir comiendo lo que les llevará al cementerio antes de lo que imaginan.

Lo peor para nuestra civilización es que existe gran cantidad de humanos "parásitos", es decir mucho peores que los mal alimentados. Estos parásitos lo son psicológica, moral y energéticamente hablando y existen en mayor cantidad de lo que el ecosistema antropológico puede soportar. Estos son los verdaderos "vampiros", que cuando tienen actividades corrientes consumen la bioenergía de sus familiares, amigos y compañeros de trabajo, pero cuando tienen algún poder económico y/o político consumen la energía de la sociedad y más aún de sus allegados y subordinados. Como auténticos esclavistas que suelen ser, es normal que sus taras psicológicas extremas (aunque disimuladas) produzcan una reacción dentro de la pirámide. Bien sabemos que el cuerpo emocional es de naturaleza magnética, por lo tanto es afectado dentro del campo piramidal como cualquier organismo.

Los "yoes psicológicos" son los parásitos de la mente y del cuerpo emocional. Cuando la persona está demasiado infectada, en vez de sentirse a gusto en una atmósfera magnéticamente armónica, sentirá lo contrario. En realidad, lo que sucede es que la pirámide coadyuva a la eliminación de esos parásitos psíquicos del mismo modo que mata a los parásitos orgánicos, pero la inteligencia inmanente en los falsos egos hace que la persona deteste a la pirámide, en vez de seguir usándola para modificar y purificar su personalidad.

Todo el mundo tiene falsos egos que la energía piramidal puede ayudar a combatir, pero cuando una persona no soporta el campo magnético piramidal, es porque la infección psíquica que tiene es tan grande que le ha convertido, como dijera Jesús de Nazaret, en "*una legión de demonios*", que hacen del individuo un parásito social.

Entonces en las personas parásitas ocurre lo mismo que en las bacterias de igual tendencia. La Ley de Analogía funciona inexorablemente en todos órdenes del Universo, con más razón en las pirámide, que abarca con su función magnética el más amplio espectro magnético conocido. Un investigador holandés ha trabajado mucho en este asunto y han pasado varios miles de personas por su laboratorio. Dice que las malas personas no soportan las pirámides, y está haciendo testeos a los voluntarios. Entran en una de las suyas y la mala gente sale espantada. Según su estadística ocurre en una de cada cuatrocientas personas, y se tomó el trabajo de hacer averiguaciones, constatando que se trata de personas realmente detestables y de mentalidad extremadamente egoísta y los dos primeros que fueron investigados eran avaros compulsivos.

En mi laboratorio, en seis años entraron más de doscientas personas. Sólo una no soportó la energía piramidal. Entró burlándose de su amigo que le había llevado (indirectamente se burlaba de la cuestión piramidal) y ante la insistencia de él, accedió a entrar. No estuvo más de tres minutos y se empezó a poner histérico, pero salió espantado, no enojado. Salió y se tocaba el cuerpo, como si le faltara algo. Luego se fue sin siquiera saludar, pero su amigo nos comentó tiempo después que había roto relaciones por diversas causas.

También tuve un cliente al que monté una pirámide y poco tiempo después la desmontó. Me había confesado que había hecho cosas aberrantes en extremo muchas veces, y francamente pensé que no podría usar la pirámide mucho tiempo. Así fue. Estos hechos nos demuestran que hay una selección lógica. En la medida que las civilizaciones fueron pervirtiéndose, ya sea por guerras -que llenan de odios a los países-, la "dineralización" con sus funestas consecuencias morales hasta en las propias familias, las aberraciones éticas de toda clase en la que han caído por diversas razones los pueblos en todas las épocas, las pirámides y sus mejores efectos se fueron olvidando. Hoy resultan inconvenientes para los grandes capitales invertidos en la industria farmacéutica. Cada persona que empieza a dormir en una pirámide es un paciente menos para muchas consultas, es un consumidor menos de paliativos para el reuma y muchas otras enfermedades que jamás podrá tener y si las tiene se curará sin comprar medicamentos.

Hace unos veinte años un lobby de capitalistas farmacéuticos hizo una investigación sobre pirámides utilizando a varias universidades de USA, Brasil e Inglaterra, con objetivos específicos diferentes, a fin de no dejar demasiados datos juntos a algunas personas. Los resultados fueron tales que estuvieron a punto de orientar sus inversiones a esta "novedad", pero tras cuidadosos análisis financieros, llegaron a la conclusión que aunque se vendieran cien millones de pirámides significaría para ellos una pérdida a largo plazo. No hay recambio ni "mercado cautivo". En cambio un paciente crónico es una minita de oro que será exprimido hasta el día en que muera. Esto me lo confesaba justamente un participante de ese lobby, del que finalmente decidió retirarse ante la inhumanidad imperante en las altas esferas financieras. Me advirtió de que habrían sin duda, campañas de desinformación, utilizando incluso a famosos científicos para meter miedo sobre el uso de pirámides, así como se pondrían en el mercado libros destinados a distorsionar la cuestión, creando falsas expectativas, exagerando los beneficios, presentándolas como panaceas absolutas o como elementos peligrosos.

En cierta medida, he podido comprobar que lo que este amigo me dijo hace quince años, se ha dado aunque no hayan hecho campañas realmente grandes. Sin embargo, el impacto distorsivo de la bibliografía de los teóricos ha dado sus resultados. Hay "creyentes" en las pirámides, como si de objeto de adoración se tratase, y hay miedosos de sus efectos. Afortunadamente, mucha gente está usándolas ya y promueven su uso evidenciando buena salud y ningún efecto negativo, aunque sus efectos mejores sean lentos en manifestarse, salvo que se padezca de reuma o infecciones, donde el efecto es notable a corto plazo.

Cabe advertir que hay algunos procesos un tanto dolorosos en los tratamientos con la pirámide propiamente dicha, por causa del proceso de reversión o curación de las dolencias, tal como he explicado ya.

CAPÍTULO VIº
PRESENTE Y FUTURO DE LA PIRÁMIDE

(Nos informa especialmente la Ing. Silvia Yraola Herrero, Directora del Proyecto Camujiro con funciones en la UNAICC, Cuba y Miembro del Club Osiris de Investigación Piramidal)

Creo que no hay ser humano que al conocer de la existencia de las Pirámides, no sienta la curiosidad y la necesidad de preguntarse: ¿cuándo, cómo, quiénes, por qué y para qué se construyeron?. Desde muy niña siempre me sentí fascinada por ellas; aún hoy veo sus imágenes y las pienso como si fueran seres vivos, que en su lenguaje nos quieren indicar "el Camino". Nada de lo que se sucedía en estos lugares escapa a su condición original y final: la Trascendencia del ser humano. Estas obras han sido ante todo lugares útiles, donde la energía funciona siempre a favor de la vida; los antiguos conocían y dominaban la geometría dinámica, con grandes conocimientos del universo, con estudios desde lo matemático hasta los asuntos espirituales de la energía, tenían técnicas constructivas que nuestra ciencia no posee, todo es admirable y fascinante, pero nos toca a nosotros instrumentar los conocimientos adquiridos a favor de la humanidad.

Hoy por hoy, los más importantes estudios realizados en Cuba corresponden a la aplicación de la energía piramidal en los servicios médicos: La práctica de tratamientos alternativos se inició en el Policlínico Centro de la Ciudad de Camagüey, posteriormente pasan a la Clínica de Medicina Natural y Tradicional del Instituto Superior de Ciencias Médicas "Carlos J. Finlay", en la propia ciudad, donde se han obtenido excelentes resultados en el proceso de dolores e inflamación del sistema osteomioarticular (SOMA), incluyendo, afecciones propiamente quirúrgicas como el dedo resorte, el Síndrome de Túnel Carpiano y la Enfermedad de Querrain. Esta terapia se basa en el restablecimiento del balance energético de la persona enferma mediante suministro de la energía vital según su necesidad, a partir de la energía magnética concentrada dentro de la forma piramidal, los materiales utilizados han sido aluminio, acrílico, madera y cobre; se ha trabajado principalmente controlando las dimensiones y fundamentalmente la orientación meridional de una de sus caras. Otras afecciones en las que se ha incursionado son: el asma, la hipertensión, y en afecciones dolorosas e inflamatorias de partes blandas no relacionadas directamente con el SOMA, con acción analgésica, anti-inflamatoria, bacteriostática, miorrelajante y sedante. La ansiedad, depresión, escabiosis, herpes simples, úlceras duodenales, pépticas y varicosas, agotamiento extremo, ciatalgia, migraña, dolores articulares, cervicitis, cefaleas, síndrome del túnel carpiano, psoriasis, bursitis, conjuntivitis, hernia hiatal, hipertensión, dermatitis, artrosis, artritis de variada etiología, gastritis, sacrolumbalgia y otras han sido tratadas con importante éxito.

El resultado de las investigaciones enriquecen los cursos de Postgrado, Diplomado y Maestría de Medicina Natural e Integral, así como forman parte de asignaturas opcionales en los años de Pregrado. Las 14 provincias y el municipio especial Isla de la Juventud tienen estos servicios de salud. El agua piramidal demostró eficazmente sus poderes antisépticos, antinflamatorios y cicatrizantes. Investigaciones realizadas en Cárdenas, provincia de Matanzas, le dieron su voto contra patologías como gengivitis, exposición pulpar, hiperestesia.

También en Matanzas se preparó un producto denominado crema piramidal, que se logró atrapando la energía piramidal en un excipiente graso, para aplicarlo en casos de alopecia ariata; se obtuvieron resultados positivos. Y estomatólogos matanceros comprobaron además, la efectividad de la energía piramidal en la conservación del filo de las fresas del areotor.

En Sancti Spíritu se experimenta en pacientes con desórdenes de la psiquis y la disminución e incluso erradicación de las crisis epilépticas en niños. En otros Ministerios se investiga en tratamientos para la germinación y conservación de Semillas, empleo de agua piramidal en el regadío, tratamiento de Metales, tratamiento de Hidrocarburos, en la construcción se han preparado las ideas conceptuales de Diseño para un Centro de Medicina Holística o Integrativa, para prestar asistencia primaria a la comunidad, que podría servir de referencia para investigaciones futuras y el diseño del Complejo Ecotermal Camujiro para el Turismo Nacional e Internacional, ambos están en la fase de búsqueda de financiación.

La Unión Nacional de Arquitectos e Ingenieros de la Construcción tiene dos eventos donde se trabaja el Tema: ARINSEMA (Arquitectura e Ingeniería al Servicio del Medio Ambiente, de carácter internacional y bianual) y el de Energías Renovables (nacional con participación extranjera, frecuencia anual), en Ciudad de La Habana, se obtuvo buenos resultados en el campo de la exploración con la cooperación del Instituto de Investigaciones de Materiales.

Existe un pequeño inventario de las construcciones piramidales que tenemos en estos momentos en Cuba; son 15 las que me han reportado, de provincia, la de mayor relevancia es el Monumento de la Plaza de la Revolución a Ernesto Ché Guevara en la Provincia de Villa Clara, donde descansan los restos del Guerrillero Heroico y sus compañeros caídos en la Guerrilla Bolivariana. Lo constituye una Pirámide Truncada de Hormigón enchapado con Serpentina Marmolizada de color verde oscuro y madera, el arquitecto no conocía nada de la energía piramidal cuando concibió el proyecto. Lo hace a escala para simbolizar trascendencia con orientación meridional pero quizás no sea perfectamente N-S magnético, aún así, en su interior se siente la energía, es un lugar solemne y sencillo, impresionante en su propia sencillez. Hasta el momento no tengo conocimiento de que se haya medido la energía en él, pero la hay porque se siente.

Sobre el futuro de las Pirámides en general, creo que en el mundo hay una tendencia marcada a regresar a lo natural, el uso de la medicina alternativa para mejorar, curar y prevenir, entonces es de suponer que con la velocidad que hoy día se duplica el conocimiento, en poco tiempo muchas personas con cierto poder adquisitivo tratan ya de vivir en locales piramidales. Por ejemplo: en los años '50 del pasado siglo el conocimiento se duplicaba cada 30 años, en el 2000, con las facilidades actuales de la comunicación se duplica a los 20 meses para el 2015 debe ser cada 2 meses, o sea que en los próximos años, los nuevos conocimientos en materia de salud preventiva van a desbordar los medios de información y eso es muy bueno para nuestro trabajo, tú Gabriel, mejor que nadie conoces los diferentes proyectos de construcciones Piramidales que han fructificado en los finales del siglo XX y los que se acometen en la actualidad, su beneficio a la salud y las perspectivas de futuro.

Con alta tecnología constructiva, hay que estudiar y seguir de cerca el famoso Proyecto de la MEGAPIRAMIDE en la ciudad de Tokio, Japón; lo poco que he visto en TV Discover, me pareció impresionante, además en su mayoría los asiáticos tienen intrínseco en su cultura conocimientos esotéricos que lo trasmiten de los maestros a sus discípulos. Pero no sé si en este trabajo se esté teniendo en cuenta esa tradición, pues el énfasis se hizo fue sobre la estabilidad estructural, para enfrentar eventos de catastrofismo. ¡Adelante con tus proyectos que también son los nuestros!.

Silvia Yraola Herrero - Cuba, setiembre del 2004

Proyecto Camujiro
Area de Terapias

Proyecto Camujiro - Diseño de Ing. Silvia Yraola
Vista de la Entrada Principal

CONSTRUYO SU CASA EN FORMA PIRAMIDAL EN 1979

Ing. Tony Licata
Florida - USA

ACTUALMENTE VIVE ALLI CON SU ESPOSA Y 4 HIJOS

Cabe aclarar que esta imagen es del año 1992

PROYECTOS PARA ESPAÑA

El valenciano Enrique Giménez Lloris ha elaborado un proyecto llamado "Unionversal", en el que la pirámide es el centro físico, simbólico, didáctico y cultural principal. El EDIFICIO PIRAMIDAL CENTRO MULTICULTURAL DE LA NUEVA CONCIENCIA, de planta baja y cinco alturas, estaría emplazado en una gran plaza, en un entorno especialmente cuidado:

ALTURA : 52,395 m.

BASE : 82,301 m.

ARISTA : 78,307 m.

APOTEMA : 66,623 m.

SUPERFICIE : 6.773,611 m2

GRADOS INCLINACIÓN ARISTA : 5lº 51' 14"

El proyecto puede ser encarado comercialmente o subvencionado por organismos interesados en promoción política y turística y Enrique, mientras perfecciona poco a poco el proyecto, busca inversores con previsión de futuro para esta magnífica obra, que podría ser ampliada e interactiva con el Proyecto Piramidal y Geotermal Camujiro, que tenemos para Cuba. El proyecto "Unionversal" puede ser visto en la dirección de web www.piramicasa.com o en www.piramicasa.es

Proyecto Unionversal

PROYECTOS DEL AUTOR

Actualmente la difusión del uso de pirámides para dormir resulta una tarea bastante dura pero alentadora. Poco a poco va aumentando el número de personas que duermen en pirámides y la comprobación de los efectos acaba con todas las dudas, así como estimula a mayores realizaciones.

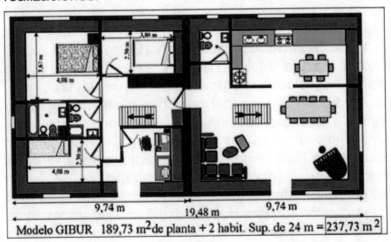

Modelo GIBUR   189,73 m² de planta + 2 habit. Sup. de 24 m = 237,73 m²

Aunque por razones políticas y técnicas ajenas a nuestra voluntad (la posible construcción de una represa) debimos suspender la construcción comenzada de una casa piloto, causándonos considerable pérdida económica, no dudo que habrán muy pronto interesados en iniciar una revolución arquitectónica de beneficio habitacional inmediato.

Este es uno de los diseños míos, con la colaboración de los Arquitectos Raúl Palou y Carlos Taube.

Proyecto GIBUR

Como puede apreciarse, se trata en el Modelo "Gibur" de dos pirámides, pero puede hacerse una sola, o sea el Modelo "Thelma", el cual posee 9,74 metros de lado, o sea 94,8 m2 de planta, más 24 m2 en la planta superior. La altura total es de 6,2 metros. La casa puede ampliarse por bloques piramidales sin ningún problema, aumentando la potencia del conjunto piramidal, pero las parrillas de ralentización iónica impiden que los efectos causen molestias a las personas que no puedan acostumbrarse fácilmente a la atmósfera piramidal. Hay un excelente aprovechamiento del espacio y la casa piramidal, aparte de los efectos, sirve como una casa muy tradicional y con todas sus comodidades. Hay varias otras ventajas, larga de enumerar, pero entre las que destacan en cualquier pirámide, se encuentra la resistencia estructural enorme ante situaciones sísmicas y fuertes vientos que no soportarían construcciones similares pero de formas cuadradas.

Existe una serie de pequeñas diferencias en el uso, que el habitante piramidal aprende en dos días, como respetar la orientación de las camas según los efectos que se deseen lograr. Va una pequeña base, útil para quienes duermen en pirámides como para quienes duermen en cualquier sitio:

a) Cabeza al Norte: Es lo más habitual, especialmente armonizante de las funciones endocrinas. Mantenerse orientado con el campo magnético telúrico implica facilitar el fluido de nuestro propio campo, cuyas partículas lo recorren de la cabeza a los pies por fuera y desde los pies a la cabeza por dentro.

b) Cabeza al Sur: Sólo cuando se desea una relajación suave y una tonificación muscular mayor. Mi costumbre es dormir así sólo una noche cada quince o veinte; el instinto lo pide. Pero eso varía de acuerdo a cada organismo.

c) Cabeza al Este: No es lo mejor, pero es posible cuando por las disposiciones de un dormitorio en una casa y cama no piramidal, no queda mejor alternativa. Como las camas piramidales son cuadradas, no se presenta este inconveniente.

d) Cabeza al Oeste: No debe dormirse NUNCA en esta orientación. Ni en pirámide ni fuera de ellas. Existe un flujo magnético muy sutil, transversal al flujo magnético del planeta, pero corre de Este a Oeste. Al dormir con la cabeza al Oeste, nuestro cuerpo magnético queda enfrentado en su parte exterior a esta corriente, que aunque es sutil y de difícil medición, produce efectos estresantes y hasta patógenos. He comprobado en buen número de casos cómo la gente que duerme con la cabeza al Oeste tiene problemas orgánicos que desaparecen con sólo cambiar la orientación de la cama.

Otras cuestiones en las casa piramidales, es que no conviene usar masas metálicas demasiado grandes (salvo aluminio) como las estufas de hierro, que con sus cien kilos o más disminuyen el precioso efecto del campo piramidal. Las casas piramidales de A. Barboza y la de su amigo R.G.T., que construyeron los ingenieros con mi asesoramiento en el tema fundamental, funcionan perfectamente gracias a que el hierro de las estructuras (tienen tres plantas) se cambió por gruesas vigas de plástico y fibras de vidrio laminadas, evitando al máximo posible otros metales que no fuesen aluminio.

Aunque la tolerancia ronda -según el varios factores- entre el 2 y el 5% de masa, pudiendo en una Piramicasa de las que hemos proyectado, contener unos 300 Kgs. de hierro, lo hemos evitado al máximo, quedando apenas los 4 kilos de cobre de los cables y unos cinco kilos de otros accesorios. No hay inconveniente con el uso de todos los aparatos electrodomésticos, ordenadores, etc.. En cuanto a las oficinas, la pirámide sería ideal para quienes poseen varios ordenadores enlazados, porque la acumulación electropositiva es casi nula y todos los aparatos con funciones magnéticas se ven en alguna medida beneficiados.

CAPÍTULO VIIº
EL LEGADO DE LA TRASCENDENCIA

Sobre la idea de TRASCENDENCIA de los constructores, no me cabe duda alguna que la tenían, pero no como producto del "miedo a la muerte". Quizá tuvieron los egipcios ese problema de miedo, pero estos herederos y "okupas" de las pirámides tampoco se pusieron a meter cadáveres en ellas -salvo, Kheops, según parece- ni a rellenar los pasillos, como hubieran hecho si no fuese que usaron con profundo respeto las pirámides. Creo que muchos pueblos las usaron incluso para algo más Trascendente que alargar la vida de los gobernantes.

Como he explicado antes, con esa finalidad hubieran bastado las casas piramidales y hasta réplicas pequeñas como las que usamos ahora, pero en las grandes pirámides había un uso múltiple, que no puede ofrecer una casa piramidal: Producción de energía de toda clase.

Sin embargo, el objetivo de una colosal pirámide con una resonancia perfecta en 440 Hz dentro de la Cámara del Rey, pudo ser incluir el acelerar o asegurar el proceso de Ascensión, del cual es necesario hacer algunas aclaraciones, aunque todo el mundo tiene el ejemplo de Iesus el Esenio (Jesús de Nazaret), que hasta dejó un documento material sobre su proceso ascensional pero se convirtió en "objeto de adoración" en vez de servir como elemento de comprensión.

Una de las teorías parapsicológicas mejor fundamentada sobre lo que debería ser el destino del Ser Humano, es la de la Trascendencia, o ASCENSIÓN, que cuenta con enorme cantidad de documentación referencial esotérica antigua (la de Jesús es la más conocida, pero no única), más de mil quinientos casos de hechos modernos y una interesante perspectiva desde la experiencia de quienes conocemos en carne propia los efectos piramidales.

Veamos: La muerte no es otra cosa que el truncamiento de un proceso vital, la drástica o lenta degeneración física, producto de la enfermedad, en especial de una que aunque generalizada en todo lo que conocemos, no es más que una cuestión patológica, llamada vejez, o en la terminología médica, "gerontotemia". Generalizada en la naturaleza de la superficie externa de este planeta, si, pero tengamos en cuenta que no conocemos ni el interior del mismo (a pesar de las teorías de tierra maciza, que también los físicos descartan y los geólogos sostienen sin fundamento), ni conocemos otros planetas. Todas las especies vegetales y animales que habitan esta "parte de afuera" del planeta tienen un problema en común: Sus células no pueden reproducirse indefinida y equilibradamente. ¿Pero qué pasaría con un individuo al que los oxidantes (radicales libres, principalmente) no le afectaran?. Sencillamente se haría inmortal si la oxidación del ADN mitocondrial fuera cercana al nivel cero y no tuviera carencias cuánticas en sus átomos.

Su proceso natural se desarrollaría NO hacia la INvolución, sino hacia la Evolución. En el juego de Leyes Naturales no es posible el estancamiento. Si no se INvoluciona, se Evoluciona (y viceversa).

Un organismo que integralmente no INvolucionase, estaría forzado a Evolucionar. El cáncer, por ejemplo, no es otra cosa que una Evolución parcializada de una célula, que se multiplica sin morir. Pero estas células que se hacen inmortales y se reproducen excesiva y desorganizadamente respecto del resto del organismo, no serían problema bajo otras circunstancias.... ¿Qué pasaría si TODAS las células de un hombre tuvieran la misma facultad de no morir ?. Pues no habría cáncer. No podrían multiplicarse fuera de los márgenes establecidos por el funcionamiento integral. Ese hombre se haría Inmortal. Su capacidad de restauración ante casi toda clase de heridas, sería rapidísima, no habría microbio capaz de dañarle...

Pero ocurriría que la fuerza EVOLUTIVA del Universo le impelería a otro tipo de desarrollo. Su estructura atómica toda entraría en una situación cada vez más armónica, y más tarde o más temprano, tendería a la elevación vibratoria... Y con ello a una perfección espiritual, toda vez que no tendría el problema psicológico fundamental, que es el miedo a la muerte, así como tendría solucionadas todas sus necesidades materiales, porque cualquier cosa que comiera -si es que no le bastara el aire- le alimentaría sin riesgo.

Volviendo a las referencias históricas, está el caso de la Ascensión de Jesús, que todo el mundo conoce, pocos discuten y menos aún aciertan a explicarlo. Pero que nadie se atreve a negarlo. Históricamente -no bíblicamente- fue hecha en Cachemira, India, cuando el Maestro (Iesus el Esenio, según varios apócrifos), tenía 73 años, conservando excelente salud. Hemos de comentar que está bien documentado su paso por las pirámides de Egipto, donde estuvo en tres ocasiones.

Curiosamente aparecieron durante las Cruzadas, al menos 17 Santos Sudarios, es decir, túnicas y/o mortajas de hombres santos que habían hecho su Ascensión. La iglesia sólo reconoce como auténtica la de Turín, pero las otras no son menos auténticas porque la Iglesia no las "reconozca". Tampoco las invalida... y además deja que los fieles rindan pleitesía a otros sudarios en diversos pueblos de Italia.

El caso es que la Ascensión, más que teoría, es una realidad bastante difundida (aunque distorsionada), no sólo por el lado religioso. En los anales de la parapsicología existen más de 1.500 casos de autocombustión espontánea, entre mediados del s.XIX y el s.XX. Esto quiere decir que muchísima gente desapareció tras "incendiarse", pero no de modo a lo "Bonzo" rociándose con gasolina, sino por alguna razón natural que provocó la rápida incineración del cuerpo sin dejar apenas cenizas. Raramente ha ocurrido en personas jóvenes (hay sólo un par de casos). Todos los casos estudiados en Occidente por la Real Society of Parapsychology, por el Panamerican Parapsychology Institute y -obligatoriamente- por organismos policiales, tenían como denominadores comunes: Personas ancianas, de buena salud, de hábitos muy reservados, muy queridos por todos quienes les conocían, intachables en toda regla.

También llama la atención que las civilizaciones piramidales han desaparecido sin dejar más rastros que las pirámides. Los egipcios, al parecer, las usaron también, pero no masivamente (al menos durante las dinastías más o menos conocidas). Y desgraciadamente, sobre los usos que les daban los egipcios, hay evidentes ocultaciones desde hace unas cuantas décadas.

Sí que las pirámides tienen mucho que ver con la Trascendencia, empezando por su poder de conservar el cuerpo libre de oxidantes y regenerar rápidamente toda clase de tejidos. Pero hemos de recordar que en Teotihuacán, según apunta Fernando Gonçalvez Luma en sus cartas, ocurrió que Fray Bartolomé de las Casas, mientras que era hombre piadoso y humanitario, el muy fanático en su santa fe, se empeñó en quemar los libros "herejes", que estaban grabados en madera, oro y cueros, continuando la obra destructiva que inició el obispo Zumarraga, con lo que hemos perdido la mayor parte de la historia escrita maya y azteca. Sin embargo, según Fernando Luma los aborígenes decían que en algunas épocas la gente entraba en las pirámides y no salía nunca más porque iban a Chitzchahuatateotl, o sea "*Donde viven los dioses que no pueden morir*".

A la luz de nuestros actuales conocimientos, la única explicación de esto es que se hacían Ascensiones masivas, salvo que hubiese allí una entrada al "mundo subterráneo". Uno de los más interesantes misterios históricos es que en muchos sitios desaparecían los nativos poco antes de llegar los conquistadores en sus valientes pero brutales exploraciones. Hallaban las casas recientemente abandonadas, sin señal de violencia ni fenómenos naturales que obligaran a un éxodo. Se calcula que una cien mil personas desaparecieron de esta forma, sin que se haya podido dar con su rastro ni se hayan encontrado sus cadáveres, de modo que tampoco puede valer la explicación de epidemias.

En Belice, cuenta una leyenda local que cuando llegaron los conquistadores la gente se metía en las pirámides de Caracol, en especial la llamada "Canaa", que significa *Lugar del Cielo* y allí desaparecían sin dejar cadáveres. Los que tuvieron miedo son los que quedaron a recibir y padecer la conquista. Los conquistadores extrajeron de la pirámide toda clase de instrumentos, algunos de ellos metálicos, que pasaron rápidamente a la fundición.

Siento una pena terrible al comprender que lo que convirtieron en lingotes con su brutal y ciega codicia debieron ser los componentes de un aparato legado por vaya a saber qué sabios, que seguramente tuvo sus partes análogas en las pirámides de Gizéh y Teotihuacán.

Me resisto a aceptar la hipótesis de ciencia ficción planteada en "Stargate", pero admito que me parece válida la teoría de la Ascensión. En el mundo cristiano, a pesar de tener como dogma de fe un hecho histórico que además está documentado, no hay tanta comprensión de esta posibilidad como en el mundo musulmán, que aún no teniendo una constante referencial sobre el asunto en su religión, aprueban la posibilidad no sólo por lo científico, sino también por carecer de contradicción con lo religioso. La pirámide normal, calculada para conservar la salud sin mayores efectos, produce una elevación de la tasa vibratoria general sólo por tener un campo magnético diferenciado y armónico, pero... ¿Qué pasaría si pudiésemos aumentar la tasa vibratoria de modo ordenado y equilibrado, acelerando el proceso ascensional?. Habría que tener suficientemente depurado el cuerpo físico, dentro de un funcionamiento estable, pero más aún el cuerpo emocional, para no sufrir una destrucción en esa parte del cuerpo energético. Como no pretendo seguir en este libro con complejos asuntos de física, dejo a los Lectores el principio de esta teoría, que tiene suficientes bases documentales, referenciales e históricas, aparte de las puramente físicas, como para ser considerada y analizada como teoría viable.

CLAVE PIRAMIDAL EN FA SOSTENIDO

El ALFA y el OMEGA de los religiosos ha sido representado musicalmente en infinidad de obras sacras, las cuales para ser "perfectas" han de tener como nota promedio a lo largo de todo su desarrollo, un FA Sostenido. El Ave María cantado en ese tono es la que siempre sale perfecta para la mayoría de los cantantes.

Las construcciones esotéricas, las grandes catedrales, y del mismo modo las pirámides (puede que también las centrales energéticas llamadas "templos", cuando estaban en plenitud de funciones) tienen como Norma Sagrada la condición de transformar todos los sonidos -internos y externos- de tal modo que el conjunto de ellos quede en un FA Sostenido.

Cuando una espada está correctamente construida y su templado es perfecto, el golpe con cualquier metal debe dar un claro FA Sostenido. Las campanas de iglesia correctamente construidas, así como las virgias de hechas de cuernos que usan los chinos y prácticamente todos los instrumentos litúrgicos, son "perfectos" cuando están afinados -o cuando son de fabricación monocorde- en FA Sostenido.

Esto no es un capricho de los místicos, sino que proviene de una matemática Sagrada, pero con ésta en relación a la física y la geometría, llevada al espectro vibratorio del sonido. Dentro de la parte física, uno de los factores de fundamental importancia para producir el efecto de Armonía Superior (que abarca desde lo orgánico hasta lo espiritual), es el sonido. Bien sabemos los que conocemos la diferencia, que las músicas clásicas -al margen de las sacras- tienen efectos armónicos tanto en sus variables "relajantes" como las de Hendel, Mendelson o Bach; "vitalizadores" como las de Beethoven, Mozart o Strauss y hasta las "estimulantes" como las de R. Wagner. En cambio sabemos que las músicas de "maquineta" (chimpúm, chimpúm...) producen problemas neurológicos, aparte de los auditivos y tienen efectos de adicción patológica, por lo que muchos psiquiatras la llaman "droga sonora". Esa diferencia estriba en el fondo, en una cuestión matemática y física. Para entender la relación entre sonido, pirámides y elevación espiritual, es preciso explicar de modo sencillo una cuestión de física. No se asuste el Lector, que no es asunto de fórmulas, aunque tenga que dar idea de cifras.

El sonido es una vibración que si bien es perceptible como tal para nosotros, entre los 17 y los 32 mil ciclos por segundos, en realidad es básicamente lo mismo que las ondas de radio, sólo que éstas escapan a la capacidad sensorias de nuestro aparato auditivo. Para poder oír esas frecuencias entre los 30 mil y los 530 millones de ciclos por segundo (c/s), o sea "onda larga" y entre 500 millones y 275 mil millones de c/s, necesitamos aparatos electrónicos que rebajen la oscilación de la onda sin alterar su forma. Pero en todo caso, son vibraciones, tal como el sonido. Aumentando los ciclos por segundo, pasamos a las ondas de calor. Un horno de microondas calienta porque emite estas ondas sobre los átomos de la materia, que se excitan y multiplican la respuesta (reacciona) ante las microondas. Estas ondas de calor pueden verse con aparatos ópticos adecuados, que las filtran y nos permiten ver lo que llamamos el "infrarrojo".

Más allá, llegando aproximadamente a los 250.000.000.000.000 c/s. (250 billones de ciclos por segundo) las vibraciones nos resultan "visibles", y les llamamos "luz visible" hasta los 1.130 billones de c/s. Desde ahí hasta los 7.000 billones de c/s, no las podemos ver, pero aún son perceptibles los efectos en nuestra piel, porque es la luz ultravioleta, que en exceso nos resulta dañina y hasta mortal, como cualquier vibración no balanceada con otras. Si seguimos aumentando la frecuencia pasamos a los rayos X y más allá a los Gamma y así hasta lo infinito. Pero en realidad podríamos "oír" los colores si dispusiéramos de órganos adecuados para interpretar las notas musicales correspondientes a cada vibración. En realidad los tenemos, pero atrofiados. Bajo ciertas drogas estos se desarrollan temporalmente, pero con el caro precio de la descomposición del cuerpo y la mente. Muy distinto es el desarrollo psíquico por ejercicios disciplinados de la consciencia.

Los parapsicólogos saben que las proyecciones psíquicas y muchos otros fenómenos que abarca su estudio, tienen lugar en tres partes de la escala vibracional, que han determinado con cierta exactitud los físicos especialistas en arqueometría (la rama que estudia la relación entre materia, energía y vibraciones). Estas partes de la escala son:

a) Justo el orden vibratorio donde dejamos de ver la luz y pasa a ser la luz ultravioleta, hasta abarcar un pequeño sector de los rayos X. En esa parte del espectro tienen lugar fenómenos como las psicofonías, las apariciones astrales, nuestros desdoblamientos y parte de las percepciones psíquica durante el sueño. Por eso pueden grabarse algunas manifestaciones en cintas magnetofónicas y/o de video, bajo determinadas condiciones. La diferencia física entre un fantasma astral y una radiación ultravioleta de alta frecuencia es la forma que adopta la materia, las subpartículas. En el astral se forman corpúsculos con una dinámica cerrada (especie de átomos), mientras que en la radiación las partículas forman ondas libres o son simplemente afectadas por ellas.

El tema es demasiado extenso, así que seguimos con esta breve noción para comprender algunos efectos paranormales en las pirámides.

b) La parte más alta de la escala de los rayos Gamma (más allá de los cinco trillones de c/s). En ese sector del espectro vibratorio tienen lugar fenómenos como la telepatía, la clarividencia y otros en que el cuerpo astral no tiene intervención directa.

c) Más allá de algunos miles de quintillones (una cifra seguida de más de 26 ceros) es lo que los Maestros llaman "Región del Alma" (en cuanto al individuo) y "Askasis" o "Akasha" en cuanto a la memoria cósmica del planeta. Su campo magnético es como una gigantesca cinta de video, o como un gran "disco duro" que guarda información de todo lo que ocurre en el Mundo desde que existe. Este "Registro Askásico" no puede leerse fácilmente, pero existe tecnología para hacerlo. En 1976 se inició un proyecto cuyas consecuencias serían fatales para los estamentos de poder como el propio Vaticano, que auspició la investigación para intentar "filmar" la verdadera vida de Jesús. Como comprenderá el Lector, no es posible que esas cosas -en las que se basó J.J. Benitez para la fantasía de "Caballo de Troya"- lleguen el conocimiento público en estado puro. Pero explico todo esto para hacer unas relaciones:

En las Grandes Pirámides muchas personas han experimentado cosas extraordinarias, se han encontrado o han visto seres y escenarios como "transportados" a otras dimensiones. Las experiencias que he referido del Dr. John Kinnaman y el famoso egiptólogo Sir Flinders Petrie, así como el príncipe Faruk y hace mucho menos tiempo, el español José Luis Giménez, quien ha escrito un precioso libro sobre sus vivencias en Egipto: "El Manuscrito de Adán".

No es imprescindible que existan en la G.P. o en sus entrañas, máquinas trabajando para generar en ciertas ocasiones un contacto con el Registro Askásico del Planeta. La pirámide misma es el "aparato". Pero sigamos con la comprensión física del asunto.

Pasando determinados niveles vibratorios, entramos en "otra dimensión", incluso más allá del Alma y "más acá" de nuestro propio cuerpo... Entramos en la dimensión vibracional de las subpartículas. Las oscilaciones de ese *Universo Cuántico* son trillones de veces más altas que las de nuestro *Universo Atómico*. Cuando una estructura edilicia -como una pirámide- tiene la propiedad de sostener una vibración, amplificarla y/o transformarla indefinidamente en sus "armónicos" (las octavas sucesivas en un orden matemático sin cambiar su tono), entonces tenemos un contacto entre dos realidades: La nuestra, personal, que está física y psicológicamente condicionada... Y la grabación geomagnética que llamamos Registro Askásico, donde se encuentra la historia de toda la humanidad, desde el comienzo mismo de la formación del planeta, el imperceptible sonido de una hoja al caer en un tiempo cualquiera, hasta lo que acabamos de *sentir, pensar, decir y hacer* hace un instante.

Aprovecho para marcar una nota sobre la "Pirámide de Realización" de los místicos. En realidad se trata de una alegoría (o mejor dicho analogía exacta) respecto a nuestro desarrollo en el tiempo. Estar en la cúspide de la pirámide personal, significa OBSERVAR los cuatro vértices inferiores, o sea nuestra existencia en el mundo (por eso el signo místico del ojo dentro de una pirámide o en su cúspide). Esos vértices son los que repito: *sentir, pensar, decir y hacer.* Se trata de mantener nuestra Consciencia en estado de Observación sobre esas cuatro acciones permanentes, que siguen "generando karma", - es decir funcionando como causas con inexorables efectos- hasta cuando dormimos.

Es evidente que los que manejan desde hace siglos la economía de mundo, tienen conocimientos esotéricos, aunque mal comprendidos y peor utilizados. Desde el punto de vista de la política, este símbolo representa la observación y el control de las masas, pero desde el ángulo realmente esotérico, representa la auto-observación, la Conciencia Divina controlando nuestros sentimientos, pensamientos, palabras y actos.

Volviendo a la pirámide como aparato de conexión askásica, no se trata de contactar nuestra realidad objetiva con una realidad en la que las entidades son seres vivientes. Se trata de una experiencia en que la mente de la persona penetra en la grabación magnética del Planeta, y lógicamente, allí puede verse de todo, pero como si se estuviera "dentro de la película". Sin embargo, tomando en cuenta algunas docenas de relatos que he leído y escuchado, parece ser que tal como me refirieron algunos de los sorprendidos visitantes de la G.P., "*Cada uno encuentra lo que busca*". Deduzco de ello que las condiciones psicológicas del sujeto, con sus necesidades y deseos de Trascendencia, han de determinar el tipo de contacto, la época y/o situaciones que van a ser "leídas" como si se estuviera allí mismo, en un plató de rodaje de película, en un *escenario real*, pero que en verdad no es más que una ilusión, pero la más completa que existe, puesto que contiene las impresiones mentales, emocionales, auditivas, lumínicas y la propia acción de las entidades y objetos allí grabados, que se perciben de acuerdo a registros temporales, tal como una grabación cualquiera, como la más perfecta de todas las películas.

He tenido algunas experiencias de psicometría en sitios interesantes, por lo que puedo comprender la sorpresa de quien las experimenta en una pirámide, con más elementos en favor de la nitidez de la vivencia, con el organismo repentinamente armonizado por el FA Sostenido constante, aunque no se alcance a percibir espontáneamente... En el FA Sostenido se encuentra algo así como el hilo que enlaza todas la perlas de la actividad vibracional, para unirlas desde lo orgánico hasta lo psíquico, desde lo psíquico a lo Álmico (o si se quiere "espiritual"), y de allí, manteniendo la progresión matemática de la descomposición del sonido sin cambiar de tono, al Universo Cuántico, cuyas partículas forman las grabaciones askásicas.

Por esta razón física que apenas he planteado en sus fundamentos, es que las pirámides y otras construcciones son convertidas en "templos" por las culturas carentes de conocimientos científicos. Para mí, sin desmedro de lo verdaderamente Sagrado pero bastante decepcionado -y desengañado- de lo religioso, prefiero comprenderlas como "Aparatos Sagrados", no como templos en el sentido místico. Quienes diseñaron esas construcciones no lo hicieron porque algún "dios" se lo haya ordenado, sino porque desarrollaron la ciencia en grado sumo, tal como nosotros estamos recién alcanzando, a pesar de las limitaciones de un sistema económico espantoso, que nos quita todo el tiempo, debiendo dedicarlo a la supervivencia y lleno de cosas que nos distraen de lo Trascendente. En cambio los constructores de pirámides del pasado desarrollaron su civilización bajo parámetros de solidaridad, unidad, ecología, respeto hacia el Universo, y Trascendencia (individual y colectiva). O sea, de modo inteligente.

EL PIRAMIDIÓN

Ahora que he esbozado la cuestión del "contacto dimensional" en la pirámide, que no es al estilo "Stargate", sino más bien como una "Askasisgate", que permite entrar en la grabación magnética de la historia, puedo pasar al Piramidión de este libro, anunciado en otros capítulos. Pasemos pues, a otros efectos más profundos, o mejor dicho más elevados, que podrían explicar la desaparición de los pueblos constructores de las Grandes Pirámides.

Como ya he comentado acerca de la Ascensión, sólo cabe explicarla desde el punto de vista físico y biológico. Digamos que la muerte es una aberración. Sencillamente no debiéramos morir. No fuimos diseñados por la Creación Natural o por Dios (como se quiera interpretar) bajo la fatal consigna que nos han enseñado siempre, de nacer, desarrollarnos, multiplicarnos y morir. En realidad lo que sucede es que vivimos en la superficie de un planeta donde la Vida, de acuerdo al nivel de perfección del diseño, no es sostenible para los individuos (plantas, animales y humanos), aunque sea colectivamente sustentable. Aún así, con explosiones demográficas, que terminan en hecatombes y extinciones colectivas atroces.

Entrar en el terreno de la Vida Eterna y hablar de cuál es el lugar habitable para el cual la estructura biológica y física de nuestros cuerpos está diseñada, es entrar en temas que exceden en demasía el propósito de este libro, así que resumiendo, podemos decir que la pirámide puede ayudarnos a escapar de este problema que es la vejez y la muerte. No estoy hablando de una cosa subjetiva, sino de factores bien conocidos y medianamente difundidos:

1) El efecto de oxidación del ADN mitocondrial, por falta del gen que debería dotarnos de una enzima capaz de proteger el ADN, al menos en las mitocondrias (órganos de reproducción de la célula).

2) La incompletitud de neutrinos en la conformación atómica, que causa estragos desde lo más pequeño de nuestra naturaleza física, en todos los procesos químicos del organismo.

3) La irregularidad molecular del agua, por vivir en una atmósfera magnética descompensada e impropia para el cuerpo humano según está diseñado.

4) La gravedad, un tercio mayor de lo soportaría sin perjuicio nuestro esqueleto y sistema muscular.

5) Unas radiaciones -lumínicas y rayos cósmicos- excesivas y descompensadas, que causan atrofias en nuestro sistema endocrino y especialmente en la glándula pineal, que es la encargada de las funciones psíquicas. Los desarrollos permanentes o temporales, parciales o totales de esta glándula (ubicada en la nuca) producen la telepatía, clarividencia, videncia astral, psicometría y otras facultades que consideramos paranormales por el sólo hecho de que la masa humana la tiene atrofiada.

6) Atrofias y enfermedades por las causas mencionadas en los puntos anteriores y por los ataques microbianos (en especial bacterias), causantes de más de la mitad de las enfermedades conocidas; deformaciones fisiológicas y funcionales por trauma como etiología y agravamiento por incidencia de bacterias.

7) Nulidad psicológica respecto a la Trascendencia, que debería ocurrir en vez que la muerte, para pasar a vivir en otro Reino Natural superior al Humano.

La respuesta de la pirámide a estos problemas es la siguiente:

Puntos 1, 2 y 3, quedarían permanente solucionados si permaneciéramos la mayor parte del tiempo dentro de una pirámide correctamente construida y orientada. Parcialmente solucionado en la medida del tiempo que la ocupemos.

Punto 4: Aunque algunas personas han reportado sensación de levedad, hemos hecho experimentos de gravimetría durante veinte días y en una sola medición hubo un registro de menor gravedad, con 9,787 m/s contra los 9,806 m/s normales. En las demás, las diferencias fueron insignificantes, pero finalmente descubrimos que no se deben propiamente a una menor gravedad, sino al flujo ascendente de partículas que entran por los vértices inferiores y se incluyen en el vórtice central. Insuficiente en cualquier caso para solucionar este punto, aunque ciertamente da un paliativo para los efectos, ya que por otras razones se fortalece el esqueleto, el sistema muscular, etc..

Punto 5: Aunque no hay disminución de la luz (no hay variación fotónica), sí existe una disminución notable de radiaciones dentro de una pirámide perfecta, aunque sea sólo estructural. No ha de creerse que pueda servir como refugio antinuclear o algo así, (posiblemente la G.P. si estuviera completa) pero sí disminuye de modo importante en cualquier pirámide, la incidencia de rayos ultravioletas (en la parte de más alta frecuencia), así como disminuyen los rayos X, Beta y Gamma en porcentajes que varían según la densidad de la pirámide y la ubicación geobiológica. Si el campo magnético no está debilitado en ningún punto por radiaciones telúricas patógenas, las radiaciones Gamma, que son las más dañinas, pueden reducirse hasta en un 80 %. Se ha observado en las radiaciones Beta que hay transformación y difusión, hasta el punto de hacerse innocuas en más de un 50%.

Punto 6: La propiedad bacteriostática (por deshidratación desde el plano molecular -que impide la putrefacción- y la modificación de las radiaciones, pues sólo deja pasar la parte baja del espectro ultravioleta) eliminan para un habitante piramidal la posibilidad de contraer infecciones bacterianas. Para quienes sólo dormimos en una pirámide normal, hasta ahora hemos notado prácticamente las mismas ventajas en este sentido, pero ante una infección extrema por contaminación severa, como fue la mía hace dos décadas, habría que contar con una pirámide terapéutica especial, con efecto muy potente. Posiblemente no sería suficiente una pirámide mediana para sesiones de antipirámide, porque aunque también es un potente bacteriostático, no es posible permanecer muchas horas expuesto a sus efectos. Respecto a los reumas, la concatenación de causas y efectos ya explicados convierten a las pirámides en el mejor y más definitivo elemento terapéutico contra reumas de cualquier clase, por eso sugiero especialmente a los médicos con consciencia humanitaria y social, investigar estas cuestiones que están académicamente demostradas y reconocidas oficialmente en Cuba.

Punto 7: Respecto a la Trascendencia, lógicamente debe haber una predisposición de cada persona para alcanzarla. En principio, lo que la pirámide brinda con seguridad, es una vida más sana y larga. La cuestión de la Ascensión es físicamente como sigue:

Una vez que el cuerpo se encuentra libre de lacras que perturben las funciones mentales y emocionales, la Felicidad Existencial pasa a ser una posibilidad cercana, pero no será una realidad mientras no se haya depurado la psicología. Mientras se mantengan parásitos emocionales, el individuo no podrá acceder a los estados de pre-Trascendencia que podemos llamarlos si se quiere, "Elevación Espiritual". Antes de hallar una verdadera Luz Espiritual es necesario destruir, aniquilar y quemar definitivamente las lacras que denominamos "yoes psicológicos". Estos tienen tres raíces: Odios, Miedos y Vicios. Los derivados del Odio y del Miedo en todas sus formas, hay que eliminarlos absolutamente, sin que ello impida que conservemos el "instinto de conservación". El Miedo Fundamental es el miedo a la muerte, pero aún éste ha de ser eliminado de nuestra personalidad si realmente deseamos escapar de ella.

No se puede ganar una batalla contra un enemigo al que se teme. En el mismo miedo estamos dándole fuerza y poder sobre nosotros. El Miedo no es otra cosa que "Fe en el Mal". He podido comprobar que todas -sin excepción- las personas que duermen en pirámides, tienen la virtud de la Valentía. No quiere decir que hayan depurado su psicología totalmente, pero se encuentran en un estado de consciencia que les permite, libres de las garras del miedo, afrontar la Vida con alegría y altos valores éticos. Algunos son personas que sufren el miedo todavía, pero no se dejan jamás afectar por él. En cuanto a Odios, he comprobado que los habitantes piramidales están en general completamente libres de esos monstruos emocionales. Los Vicios no han de confundirse con los Deseos, aunque se relacionan muchas veces y un deseo puede convertirse en vicio. Es un tema que recomiendo al Lector investigar y comprender en la mayor profundidad posible, porque en las pirámides, debido a que se afecta toda estructura magnética (y nuestros cuerpos mental y emocional son magnéticos) se remueven esos parásitos, que como no son parte integrante de nuestra constitución, tienden a ser barridos del cuerpo del mismo modo que los radicales libres y por los mismos efectos.

A los parásitos emocionales los tenemos que eliminar por procesos catárticos psicológicos, es decir usando nuestro propio cerebro y facultad de observación interior (recuérdese la cuestión de la Pirámide con el Ojo), pero la pirámide física es un coadyuvante extraordinario en esta operación. Las personas con psicología muy distorsionada se ven en los primeros días de uso de la pirámide, con todos los beneficios físicos, pero se sienten muy revueltos en sus emociones. Esto es porque hay una tendencia catártica desde lo físico, pero hay que seguir el proceso de purificación mediante la vía que corresponde: Autoobservación. Esa es la gran utilidad que brinda la pirámide en psicológico

Para quien no esté dispuesto a dicha purificación interior, la pirámide sólo puede ofrecerle mejor salud, pero no desarrollos psíquicos especiales ni Trascendencia espiritual.

Una vez depurada la psicología, con el cuerpo sano y equilibradas todas sus funciones, la mente difícilmente pueda tener inconvenientes para desarrollos superiores. Con esta condición y el sistema endocrino funcionando armónico y levemente estimulado, entonces es inevitable cierta propensión a desarrollos paranormales. Pero no espere nadie volverse clarividente, psicómetra o telépata por el sólo hecho de dormir en una pirámide. Nadie desarrolla nada importante sin una Voluntad definida de alcanzar dicho desarrollo; es preciso seguir el proceso tal como lo he descrito, con las pequeñas variaciones propias de cada circunstancia personal. La primera condición para cualquier desarrollo psíquico o paranormal, es estar física, mental y emocionalmente sano.

Mientras esta purificación ocurre, aún sin tales desarrollos (que para la mayoría no son realmente necesarios para su "misión de vida"), se producirán armonizaciones vibracionales que darán resultados a largo plazo, pero que son los que realmente ha de buscar toda persona con conciencia Trascendente. Explicaba antes que la mente puede, bajo determinadas condiciones, penetrar en el Askasis Planetario (ello significa "leer en el Libro de la Vida"), y físicamente se explica por un aumento de la vibración de las partículas que componen el cuerpo mental, pero dentro de un tono armónico en FA Sostenido. Pues deduzca el Lector qué pasará si no sólo la mente es elevada en sus vibraciones, sino también el cuerpo emocional, y al mismo tiempo, es elevada la frecuencia vibratoria de todos los átomos y partículas que componen nuestro cuerpo físico...

Pasaríamos a "otra dimensión", pero sin perder nuestra forma, ni nuestra esencia, ni nuestra personalidad, ni nuestra consciencia y autoidentidad. No pasaríamos a formar parte del Áskasis, que se encuentra en la más baja tasa vibratoria del Universo vibracional siguiente, sino a un Universo que apenas podemos vislumbrar: El Reino de los

Cristos. Su existencia es física y está determinada en la teoría arqueométrica como "plano vibracional de existencia real", tanto como en las referencias históricas (esotéricas o no). Recuérdese que el Maestro Esenio antes de hacer su Ascensión y a lo largo de su vida, tuvo al menos tres períodos de Iniciación en las Pirámides de Gizéh y eso lo tienen muy bien registrado varios investigadores árabes y egipcios. Desconocemos el procedimiento que Él siguió, pero nos dejó -como muchos otros aunque la Iglesia no los reconoce- un documento indiscutible de su Ascensión: El Sudario de Turín.

No nos dejó esa enseñanza, ejemplo y hasta documento físico para que le adoremos ni para que le recordemos con esa imagen macabra de crucificado, sino para que lleguemos a lo mismo que Él, para que logremos La Vida Eterna (que no es un *estado post-mortem eterno*). Las pirámides -bien lo sabemos con el fundamento de la ciencia y no por la mera creencia- contribuyen como elemento fundamental a ese <u>Proceso Natural</u>, del que describo mucho más en el libro "Alcanzando la Inmortalidad". Por eso las construyeron tan polivalentes y por todas partes. Sólo aquellos que estaban demasiado involucionados, incapaces de purificar su propia psicología, no pudieron usarlas para Trascender como seguramente lo hicieron quienes nos las dejaron como el más importante Legado Tecnológico, Simbólico, Científico y Espiritual que puede dejar un pueblo Trascendente, a otro que le sigue. Nuestra civilización, que aún logra ni siquiera comprender la importancia de semejante "regalo de dioses", que todos los valores los invierte y pervierte, ha pervertido hasta el más profundo sentido y Suprema Utilidad de las pirámides, representándolas como tumbas de muertos, cuando fueron justamente lo más opuesto que puede haber a una tumba, lo opuesto a la muerte: Una puerta a la VIDA. Verdaderamente, Aparatos de la Tecnología Sagrada para ayudar al Hombre a vivir mejor en el Mundo y alcanzar su más esplendorosa Trascendencia.

Para que nuestra humanidad pueda aprovechar masivamente tan maravilloso legado, la religión y la ciencia deberán convertirse, junto con la política, en algo completamente diferente de lo que son en nuestros días. Aunque conserven la religión, los pueblos cada vez creen menos en los religiosos, que sólo vienen sirviendo a los poderosos, a la ignorancia, a los pretextos de guerras y a la esclavitud psíquica. Cada vez creen menos los pueblos en los científicos en general, salvo en los que manejan ciencias exactas (y aún con reservas). Más aún, se descree a los que mejor debieran interpretar la historia, porque hace doscientos años que vienen contando la misma trilla plagada de errores y absurdos, no sólo en cuestiones mexicanas o egipcias. Cada vez se cree menos... Bueno, en los políticos sólo creen los interesados en determinadas cuestiones materiales, pero en los valores éticos que debieran representar... En fin, que con ese cuadro de situación, no podemos avanzar como corresponde.

La piramidología está reservada en lo colectivo a un futuro que peligra de no llegar nunca, merced a la capacidad de autodestrucción desarrollada. En lo individual, las pirámides están reservadas sólo a las personas realmente conscientes de la necesidad de cuidar la salud, de alargar la vida y hacerlo sanamente. Quienes más profundo uso le darán serán aquellas que deseen de verdad purificar su vida emocional y de buscar la Trascendencia.

Tengo escrita una relación de preguntas recibidas y respuestas a infinidad de aspectos relacionados al uso de las pirámides, pero es material como para otro libro, quizá más extenso que éste. Pero será preparado cuando su edición lo justifique, porque es material para quienes ya conocen las pirámides en la práctica.

Tengo escrita una relación de preguntas recibidas y respuestas a infinidad de aspectos relacionados al uso de las pirámides, pero es material como para otro libro, más extenso que éste. Pero será preparado cuando su edición lo justifique, porque es material para quienes ya conocen las pirámides en la práctica.

LA PIRÁMIDE DE NAPOLEÓN

Ya consideraba terminado este libro pero hay una noticia que no puedo dejar para un próximo libro, ya que tanto se ha hablado de la experiencia de Napoleón Bonaparte en la G.P.. Pero lo que muy pocos saben, a menos que se encuentren en un paseo como el que providencialmente diera nuestro colega Markus Jaume Salas por Holanda, es que Napoleón mandó a construir su propia pirámide en la ciudad de Austerlitz, en el país de los tulipanes.

Austerlitz tiene unos doce mil habitantes y la pirámide de Napoleón se encuentra a unos tres kilómetros del pueblo, en medio de un denso bosque, a 52º 06' 13" Lat. Norte y 05º 20' 20 « Long. Este. Se construyó por encargo de Napoleón y la obra de acabó bajo la dirección del General francés Auguste de Marmont, el 12 de Octubre de 1804. Es decir hace 200 años y un día, al momento de escribir estos párrafos finales. Tiene cerca de 50 metros de altura (incluyendo el obelisco), aunque no puedo precisar más detalles y medidas por falta de datos. Es probable que exista al menos una cámara análoga a la Cámara del Rey de la G.P. pero no hemos conseguido confirmar esa especie, que deberá ser refrendada por el gobierno holandés o los arquitectos holandeses encargados del edificio.

Se construyó en pocos meses, empleando 20.000 soldados, que fabricaron bloques de arena y consiguieron todas las piedras posibles en las cercanías. O sea que no está construida ni remotamente con las normas de la G.P. ni ninguna de las pirámides importantes, pero según parece está correctamente orientada (con poco margen de error). La construcción original fue de 40 pasos egipcios por cara, pero la restauración reciente se hizo en base a 32 pasos, por lo que algunos profesionales como el historiador Roland Blijdestijn están muy enfadados. La restauración, más sometida a principios turísticos que arqueológicos e históricos, hace perder datos importantes sobre su funcionalidad. Algunos piramidólogos pensamos que Napoleón sabía más de lo que dijo. De hecho tuvo experiencias en la G.P. que según afirmó en al menos tres ocasiones, serían increíbles y de ahí su secreto.

Si el Lector ha comprendido lo expresado en el Capítulo «CLAVE PIRAMIDAL EN FA SOSTENIDO», entenderá que el «Aparato piramidal» funcionó para Napoleón mostrándole cosas que habían ocurrido en el pasado, de lo cual pudo lograr una mayor comprensión del presente y posiblemente deducciones (que no videncias) sobre el futuro, al margen de las circunstancias personales. Esto implica un cambio en la conciencia del individuo respecto al mundo y su momentánea realidad, demasiado grande como para ser comprendido sin los conocimientos actuales y los esbozados en este libro. No todas las personas pueden tener estas experiencias, pero han sido muchas las que lo han vivido.

El Arquitecto Mohamed Sabet, de la facultad de arquitectura de la Universidad de Delft está también bastante desconforme con la modalidad de restauración de la pirámide de Napoleón. No es para menos, porque implica más pérdidas que las que supone una simple forma. Cabe destacar que Napoleón, merced a las cuestiones políticas ya conocidas, no pudo disfrutar mucho del uso de su pirámide, aunque llegó a verla construida.

Alguien me ha comentado que a ella debió la victoria en la batalla de Austerlitz, ocurrida el 2 de diciembre de 1805, en que Napoleón derrotó al emperador austríaco Francisco José II y al zar Alejandro I . Esta batalla se considera como una de las más sangrientas de toda la historia y la victoria en el campo causó conmociones que empeoraron su situación política. Pero no hay que confundir la ciudad holandesa de Austerlitz, a la que pertenece la Pirámide de Napoleón, con la Región de Austerlitz donde se desarrolló la batalla. Esta región pertenece a la actual República Checa y aparece en pocas enciclopedias flamencas, checas y alemanas. El campo de dicha batalla se ubica en las inmediaciones de la ciudad Checa de Brno, o sea a 864 Kms. (en línea recta) de la Pirámide de la Austerlitz holandesa. No deja de ser curiosa la coincidencia de nombres.

Mi criterio -puramente personal y fuera de lo científicamente demostrable- es que Napoleón no comprendió una clave fundamental de la Pirámide. Sería muy largo entrar en este asunto de lleno, pero el Arquetipo que representa la Pirámide (la de Austerlitz o cualquiera) no puede estar señalado por el belicismo y el poder por la fuerza, sino por la unificación, la diplomacia franca, la inclusión en vez que la exclusión. Si bien Napoleón tenía un plan inclusivo, erró en los métodos y no supo mantener el factor diplomático al margen de las hipocresías, intrigas y traiciones que son «cosa corriente» en esas esferas políticas. Si analizamos la historia napoleónica en relación a la batalla de Austerlitz, veremos que hay un punto de inflexión, una quebradura en su política como en sus actitudes, que es donde comienzan los problemas que determinaron su derrota final en Waterloo. No es posible compatibilizar una vida con ideales de Amor con los de métodos extremadamente destructivos.

La historia de la Pirámide de Austerlitz, así como las consecuencias para su promotor -Napoleón Bonaparte- me confirman en una cuestión metafísica fundamental, ya expresada en la enseñanza Cristiana: «No se puede servir a dos Señores». Se sirve al Bien o se sirve al mal. Hay quienes dicen estar «más allá del bien y del mal». Yo creo que esas personas -como le ocurrió a Napoleón- sólo han perdido la capacidad de discernir la diferencia. Y la Pirámide sólo está del lado del Bien, incluso en aspectos de la intencionalidad de quien la usa. Hay una conexión con planos vibratorios muy sutiles en los que las intenciones humanas miserables provocan distonías y eso, indefectiblemente, se vuelve contra el individuo. Si se usa la pirámide para conservar la salud, para mantenerse joven, lúcido, en orientación evolutiva y con intención positiva (para uno mismo y para con los demás) será útil. Pero no servirá para sustentar megalomanías y desvíos éticos.

Nuestros experimentos militares en Argentina, donde las usamos para ensayar psicotrónica y comprobar informes de desarrollos tecnológicos de ESA, no tuvieron consecuencias funestas porque tuvimos -todo el equipo- un sentimiento ético intachable. Pero los que las usan para hacer la psicotrónica de masas van cayendo como moscas, bajo el peso de sus acciones. De los 42 egresados de mi promoción en el Panamerican Parapsichology Institute, sólo vivimos normalmente los ocho que no aceptamos las invitaciones del gobierno de E.E.U.U. para trabajar en sus laboratorios de espionaje parapsicológico. Los que aceptaron están muertos, desaparecidos o recluidos en manicomios y seguramente han pasado cientos de psíquicos entrenados por sus cuarteles. Creo, como opinión no científica y muy personal, que uno de los factores que causa esto -aparte de lo peligroso de los métodos psíquicos para esas actividades- es el hecho de usar pirámides para fines espurios, lo cual va en contrariedad absoluta con el tipo de energías que mueve en los planos sutiles de la materia.

Como puede verse, esta pirámide de Napoleón no está correctamente orientada; sus ingenieros no tuvieron en cuenta este factor fundamental.. Así que la pirámide tuvo un valor simbólico, pero para nada práctico.

Pirámide de Napoleón en Austerlitz, Holanda Oleo de Otto Howen, 1807

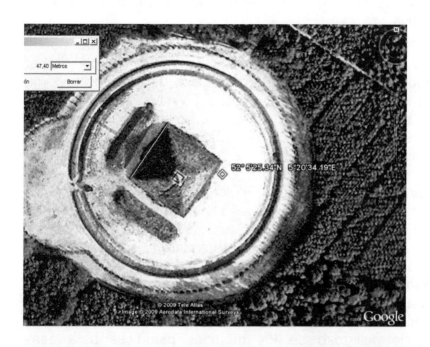

Markus Salas ante la Pirámide de Austerlitz

PIRÁMIDES Y TEMPLOS EN PELIGRO DE EXTINCIÓN

En los alrededores del recinto de Gizéh, así como alrededor del complejo de Djoser, en Saqqarah, da la impresión que los egiptólogos se vuelven ciegos, pero también sordos y mudos si se les pregunta sobre las ruinas circundantes.

A unos trescientos metros de la pirámide escalonada de Saqqarah se encuentran las ruinas de la pirámide de Unas, pero otros 300 metros más al Sur Oeste, hay otras ruinas sobre las que los guías no parece que conozcan nada. Tanto la de Unas como las demás, que están en peores condiciones, no tienen esperanzas de reacondicionamiento ni de protección. Aún se puede ver en ésta, los

Trozo de una "bisagra" de un portal de granito

bloques de rastrillo, es decir de calces múltiples, por donde otro bloque se deslizaba para abrir o cerrar, así como tirados por ahí, se ven trozos de lo que fueran goznes y bisagras.

Alrededor de todo el complejo de Djoser el descuido es como en todo Egipto, porque al paso de los turistas se suma la inclemente intemperie que va dañando lo que queda; pero lo peor, son las máquinas que como en Abu Rawas (Diodofre), hacen tareas de "limpieza inexplicable".

Hace ya bastante tiempo se tiene especial secreto respecto a las obras que se realizan debajo de la Esfinge, con la coartada de obras exteriores que no acaban nunca. Pero lo curioso es que también se ha pasado máquina en los alrededores y algunos pedazos han sido bien machacados, como para no dejar demasiado testimonio de cosas inexplicables. Por suerte hay fotos y videos, pero no es lo mismo que verlas en directo. Por ejemplo, ningún guía nos dice a quién se le atribuye la construcción del templo o muralla que debió existir alrededor del templo de la Esfinge, cuyos restos –como el pedazo de cornisa de la imagen- dan una idea del tamaño que debió tener.

A 1.800 metros de la escalonada, se encuentra la pirámide de Pepi I°, una de las pocas que tienen jeroglíficos. Y alrededor, otras más derruidas que sin pruebas de ninguna clase la egiptología ha adjudicado a reinas cuya existencia es más que dudosa.

Los jeroglíficos en la de Pepi I° son meramente decorativos, copiados de otras épocas, sin ningún valor explicativo. No dicen nada sobre su constructor.

Evidentemente fue reacondicionada y utilizada milenios después de que la construyeran, según indican los estudios petrológicos de microfotografías que obtuve en 2007. Lógicamente, lo mejor hubiera sido llevarme un pedazo de bloque, pero eso sería delito. Sin embargo, no parece serlo la destrucción que se hace con bulldozers en muchos sitios, como en los alrededores de las ruinas de la pirámide de Diodofre. En 2007 deseaba fotografiar y filmar unas colosales cornisas de granito que no pude registrar en el viaje anterior (mayores que la de al lado del templo de la Esfinge), pero ya no estaban. En cambio encontré a un centenar de metros al norte, un montículo de pedazos de aquellas moles, rotos y amontonados a fuerza de máquinas.

A 350 metros al Sur de la de Pepi Iº se encuentra el complejo de Djerkare, del que los desmanes, máquinas y mala praxis arqueológica también están destrozando.

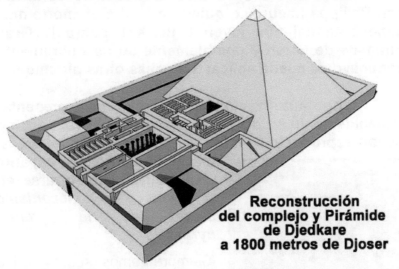

Reconstrucción del complejo y Pirámide de Djedkare a 1800 metros de Djoser

Las tres pirámides que se adjudica a Snefru (aparte de arquitectos chapuceros y mala suerte, parece que no le alcanzaría una pirámide), o sea la de Meidum, la Acodada y la Roja. Están en franco riesgo de derrumbes. Bien se podría con una parte del capital que recoge el turismo en Egipto, hacer algunas obras que impidan el desmoronamiento de las cámaras interiores, porque están peligro de desplome, como ya ocurrió hace algunas décadas dentro de la pirámide Roja. Hoy existe una cámara a la que se accede por escaleras y que se ha derrumbado su piso, dejando al descubierto la existencia de otra cámara antes desconocida. No sabemos qué contenía y los guías no saben cuándo ocurrió ese derrumbe interior. Uno me dijo que había leído sobre ello y creía que a fines del s.XIX. Lo más probable es que, como en todas las demás, no hubiera nada en su interior, pero aunque lo que hubiera quedado a la vista se lo llevaran ladrones, nadie ha accedido a lo que haya debajo de las moles derrumbadas.

Esperemos que no sea por derrumbe que se descubran las cámaras secretas de las pirámide de Gizéh.

LAS CÁMARAS SECRETAS DE LA GRAN PIRÁMIDE

Hace unos meses tuve el placer de contactar con Philippe Lheureux, quien ha hecho el aporte más importante del aún joven siglo XXI, sobre la Gran Pirámide de Gizéh y posiblemente su descubrimiento deductivo se pueda aplicar a muchas otras pirámides.

Tengo autorización de mi amigo para presentar resumidamente su descubrimiento deductivo, pero no puedo reproducir su libro en francés, que tendré el

placer de traducir al español y que puede encontrarse en la web: *"Le mécanisme secret de la grande pyramide"*.

Siempre hemos creído que las "Cámaras" del Rey y de la Reina eran simplemente eso, cámaras. Christopher Dunn tiene la teoría de que la pirámide era un reactor termonuclear y también eso es posible en la polivalencia de la

Gran Pirámide, pero la deducción de nuestro amigo francés Philippe Lheureux, sin dejar nula la teoría de Dunn, nos abre los ojos respecto a otro uso y función de estas cámaras, con un argumento mucho menos discutible desde el punto de vista de la ingeniería. Si un ingeniero ve un hallazgo arqueológico de unos engranajes, un motor, un chasis, unas palancas y unas ruedas, dirá que se trata de un vehículo. A partir de allí la investigación le conducirá al cómo, porqué, para qué y demás detalles. Pero en la arqueología y especialmente en la egiptología, los "expertos" verán en ese mismo hallazgo un raro objeto de culto, un altar, una deidad, un tótem o cualquier otra cosa, puesto que según el pensamiento ortodoxo: *"los de antes, los primitivos, eran unos brutos sin tecnología y con inteligencia apenas superior a los simios"*.

Los egiptólogos han creído y creen muchos –peor aún- que eran cámaras funerarias, a pesar de que Abullah Al Mamun, en el siglo IX lograra por fin entrar en la pirámide para hallarla completamente vacía, a excepción del tanque de la cámara mayor y un par de sacos de semillas de trigo. Entonces, se inventan hoy que el faraón se habría llevado sus riquezas a otra parte jamás encontrada. Es curioso que todo lo que queda del supuesto dueño de la Gran Pirámide, Keops, sea una estatuilla de cerámica de ocho centímetros de alto. Lo demás, son lejanas y confusas referencias.

Varios científicos, desde el premio Nobel Luis Walter Álvarez (1911-1988) en adelante, han explorado las pirámides en busca de explicación a sus fenómenos, pero todo ha quedado siempre en secretos y las razones son siempre las mismas: el interés de los intereses (valga la redundancia) por dejar intacto el conjunto de creencias mundiales para conservar el poder. En el detector de muones de Álvarez, con que se estudiaron algunas pirámides en Egipto y otras en México, se basó el trabajo de Balmaceda y Valdés, perfeccionándolo merced a mejores medios tecnológicos de la década de los '80. La Dra. Linda Manzanilla Naim también hizo estudios de neutrinos en Teotihuacán pero ninguna de esas investigaciones ha llegado en sus resultados al gran público. En casi todos los casos, como me confesara cierto amigo muy relacionado a este tema, no se usaban estos aparatos para estudiar cámaras escondidas, sino para estudiar en las pirámides el comportamiento de las subpartículas. O sea lo mismo que hacíamos nosotros. Entre las "curiosidades" de las pirámides, encontraban que algunos sectores resultan inaccesibles a la investigación. El campo magnético de la pirámide confunde a los aparatos. Exactamente lo mismo nos ocurría con las pirámides más potentes, que había que meter los aparatos dentro, porque desde afuera no funcionaban correctamente.

Comprendiendo las razones del secretismo (el interés de los intereses), y habiendo visto en Egipto cuánto hay casi a la vista de todo el mundo por explorar y no se permite, como los laberintos en torno a la Esfinge y las pirámides, se nos hace muy poco probable que las autoridades egipcias permitan una investigación sobre las cámaras secretas de la Gran Pirámide que el trabajo de Philippe Lheureux deja prácticamente al descubierto.

Nadie ha accedido a ellas aún, pero veamos en parte y sintéticamente, si acaso esta teoría tiene aspectos discutibles:

LA CÁMARA DEL REY, PISTÓN HIDRÁULICO Y PUERTA

Hacer una semejante obra para poner un "sarcófago" y ni siquiera enterrar a nadie, como no se enterró a nadie en NINGUNA de las pirámides de Egipto, era una creencia errónea hace un par de siglos y puede que hasta fines del s. XIX. Pero hoy es una aberración y en ciertos niveles, una mentira sostenida con garras y dientes. Para los ingenieros y la gente objetivamente pensante en general, la teoría de Philippe Lheureux es más que eso, porque:

1) Las llamadas "cámaras de descarga" no encuentran razón de ser para los arquitectos, que niegan con toda su profesionalidad que su función pueda ser esa.

2) Por otra parte, el "tejado" ubicado encima de estas cámaras, no tiene razón de ser, a menos que encima de él exista un espacio vacío.

3) La "cámara de los rastrillos" era un conjunto de puertas que podían subirse y bajarse. Al Mamun ya sólo encontró los pedazos de las puertas, pero aún están visibles y comprensibles los calces del sistema y los espacios del mecanismo, que pudo ser metálico o incluso de madera.

4) Las partes "misteriosas" del techo de la Cámara del Caos indican que son una previsión para el drenaje de líquidos y/o sólidos.

Las imágenes siguientes explican mucho más que mil palabras y el público lector puede buscar referencias en internet, pero lo ideal sería que el gobierno egipcio acepte producir una revolución científica en ese precioso país. No sería una pérdida de ingresos turísticos, si se cae todo el andamiaje de burdas teorías. Aunque la mayor parte de los catedráticos quedarían sin sus puestos o deberán abandonar la comodidad para sumarse a esa revolución, restaurar los mecanismos y descubrir lo que aún guarda la Gran Pirámide sería un aporte grandioso para la ciencia y quién sabe cuántas cosas maravillosas aprenderíamos de esas "cápsulas del tiempo".

Hasta ahora sólo se han hallado las cámaras vacías porque –al menos en los últimos siglos- no se ha accedido a las verdaderas cámaras, sino a sus umbrales, a sus antesalas, a las cámaras de los mecanismos de apertura.

De la pirámide de Diodofre sólo quedan tres o cuatro hiladas de sus enormes bloques, pero su pozo y sus rampas interiores indican que era similar a la escalonada de Saqqarah. Por cierto, nadie ha explicado

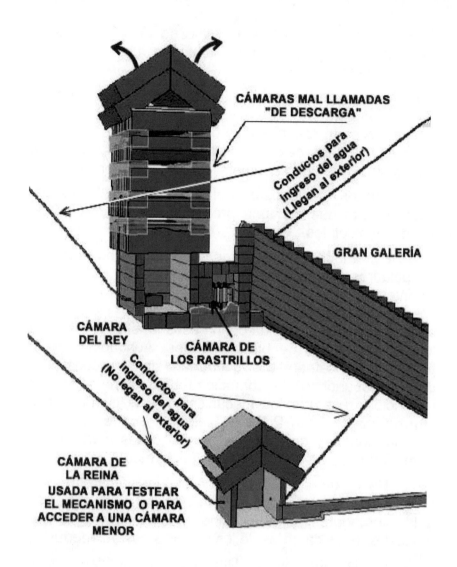

CÁMARAS MAL LLAMADAS
"DE DESCARGA"

Conductos para
ingreso del agua
(Llegan al exterior)

GRAN GALERÍA

CÁMARA
DEL REY

CÁMARA DE
LOS RASTRILLOS

Conductos para
ingreso del agua
(No legan al exterior)

CÁMARA DE
LA REINA

USADA PARA TESTEAR
EL MECANISMO O PARA
ACCEDER A UNA CÁMARA
MENOR

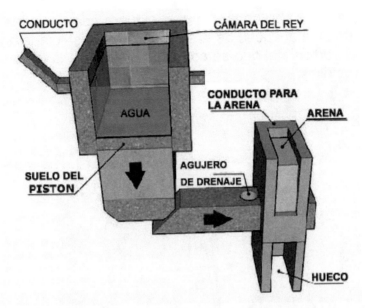

En su libro, Philippe nos hace notar cosas que han estado siempre a la vista, pero algunas no fueron dibujadas antes ni difundidas sus fotos hasta hace poco. Para todas estas curiosidades, no se había buscado una explicación global del funcionamiento de la pirámide. Una de éstas es el cuadrado "troquelado" en el techo de piedra de la Cámara del Caos (marcado en el círculo). Su función sería la de tapón.

La piedra fue debilitada para que actuara como "fusible", bajo la presión del peso de la arena que se desalojaría por un canal vertical del que se conoce su inicio, en la cámara de los rastrillos.

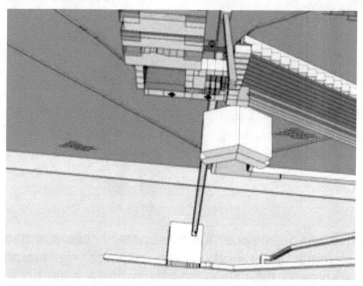

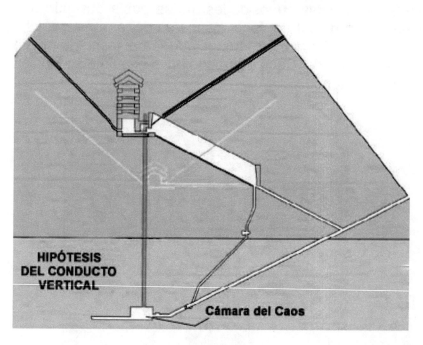

HIPÓTESIS DEL CONDUCTO VERTICAL

Cámara del Caos

Esta teoría tiene la lógica, el sentido común, la perspectiva de ingeniería, el fundamento físico y la coherencia global de todos los datos, o sea todo lo contrario de las teorías oificiales, inútiles y funebristas, de modo que tiene casi todas las chances de ser correcta.

En tal caso, los manuales de estudio de próximas décadas, una vez caída la dictadura académica actual, recordarán esta imagen:

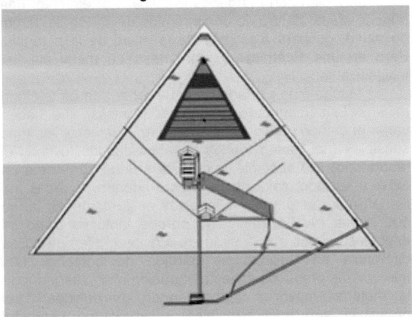

PREGUNTAS Y RESPUESTAS SELECCIONADAS

PREG 01: Consulté puntualmente por la actividad que detectan a nivel del átomo, ya que mi señora trabaja en física de partículas y son muy costosos los medios para detectar esto, tanto como la actividad magnética, por si tenían algo más al alcance para realizar las mediciones. Y otra consulta que tenia era saber si hago el experimento para afilar hojas de afeitar o algo que contenga hierro o metal dentro de la pirámide o por debajo (antipirámide) si le anula el efecto a la pirámide.

RESP01: Va la respuesta un poco ampliada, ya que posiblemente Usted y su esposa puedan retomar la investigación en laboratorio, cosa que yo no puedo hacer hasta dentro de un tiempo. Los elementos metálicos que coloque dentro de la pirámide distorsionarán el campo en una proporción de la que ya no tengo las fórmulas pero podrían deducirse mediante algunos ensayos en laboratorio físico. No obstante, la práctica nos permite jugar muy bien con márgenes amplios. Por ejemplo: una hoja de afeitar dentro de una pirámide de cartón de 15 cm de altura, ocupará algo más de la mitad de la potencia. Pero en una Piramicama, una masa de metal así, es insignificante.

Mucho más cuidado hay que tener con un teléfono móvil o la cercanía de antenas telefónicas, que hacen variar el campo y sólo lo notamos orgánicamente los más sensibles (no habían trastos de esos cuando tuvimos el laboratorio). No obstante, no afecta a una Piramicama un móvil a su lado; sólo afecta si está adentro. A veces me llaman muy temprano y aún estoy en la cama. Si tengo que hablar mucho, me salgo porque tanto yo como mi esposa sentimos que la pirámide funciona "diferente". Esa diferencia en realidad es pérdida de potencia. Las microondas producen desestructuración molecular en toda la materia (mayor o menor según du densidad; las orgánicas son más sensibles) y el campo piramidal empieza a ocupar su potencia en acomodar lo desordenado.

También las moléculas de agua en la estructura misma de la pirámide, ocupan parte de la fuerza hasta que quedan reestructuradas a su máxima tensioactividad, por eso usamos aluminio (de alta pureza para garantizar la ausencia de efectos nocivos), en vez que maderas u otros materiales higroscópicos. O sea que podemos tratar un buen volumen de agua **dentro** de una pirámide, sin que pierda potencia, mientras ésta no se encuentre en los intersticios de la estructura.

EN LA ANTIPIRÁMIDE: Nada de lo que ponga **debajo** de la pirámide afectará al campo de la pirámide, salvo que sea -por ejemplo- una masa de metal muy gruesa que abarque toda la superficie y muy cerca de la base. Mientas que una plancha de hierro sólo afectará parcialmente, una de plomo hará rebotar muchas más partículas y afectará demasiado al campo piramidal. También afectará si pone un imán potente, pero en situaciones habituales, no hay nada que afecte al campo piramidal si está por debajo de la base. No afectan en este caso los ferromagnéticos que pueda contener el suelo, ni las parrillas de metal de los edificios. Estas últimas simplemente impiden la formación de la antipirámide y descubrir esto fue un alivio, porque sólo hay que cuidar detalles de antipirámides de las camas cuando se instalan en casas de madera. En esos casos basta hacer un dispositivo de alambre sencillo que va debajo de la cama y se conecta a cualquier toma de tierra.

Tenga en cuenta para los experimentos que la antipirámide no se forma si deja la pirámide en el suelo, pero ésta funcionará sin problemas (a menos que esté encima de una geopatía más potente que la pirámide, cosa a tener en cuenta con las pirámides pequeñas). Otra curiosidad es la siguiente: En la atmósfera el campo magnético de la Tierra tiene medio Gauss y en el suelo entre 0,8 y 1,3 Gauss. Por eso el campo en el suelo barre la antipirámide, pero en el suelo deja un hueco, pues allí habrá efecto antipiramidal. Por eso los constructores del pasado hicieron esas cámaras subterráneas que, además de ser hiperbáricas por columna de agua, tienen efecto de antipirámide. Si la Pirámide es lo más cercano a la Panacea que conocemos, quizá esa combinación sea la Panacea misma. Pero aún no hemos hecho ambas terapias unificadas como seguramente lo hicieron los constructores antiguos y milenios después los dignatarios egipcios.

PREG. 02: Si mojamos con agua cualquier metal ferroso, se oxidará. ¿No es algo normal que el agua oxide?

RESP.02: La gran mayoría de los metales se oxidan, pero no por el agua en sí, sino por el oxígeno."Oxidar" es familia de palabras de "oxígeno". El hidrógeno que compone el agua se puede asociar de diversas formas, pero no oxida. Cuando moja un metal, éste no se oxida inmediatamente, sino cuando los monómeros del agua, es decir los H_2O se han separado, entonces la molécula real de agua que es (5 [H_2O]) ha dejado de ser tal. Ese H_2O también se descompone (y más rápidamente) y el oxígeno reacciona asociándose con el metal. Si mete una hoja de metal al agua dejando una parte afuera, verá que la parte que ha quedado dentro del agua tarda muchísimo en oxidarse (si el agua está piramidalizada demorará mucho más todavía). Verá que se oxida rápidamente la parte que ha quedado en la superficie, muy cerca del agua. Pues allí los monómeros desprendidos en la superficie, más el oxígeno del aire, harán la oxidación. Si moja el metal con agua tratada en la pirámide durante varios días, verá que el grado de oxidación es muchísimo menor.

PREG. 03: Ha dicho usted que la molécula de agua tratada en la pirámide es más solvente y menos o para nada oxidante. ¿Eso puede entorpecer alguna función vital del agua en el cuerpo?, ¿No necesita el cuerpo que el agua sea natural y oxide cosas en sus funciones?.
RESP.0 3: El agua "natural" es más realmente natural si la tratamos en la pirámide, pues lo que ella hace es llevar a un estado óptimo las moléculas, es decir a su máxima tensioactividad natural, producto de adoptar la forma perfecta, que es piramidal con las proporciones de la Gran Pirámide de Gizéh, como se explica en el apartado de física cuántica en el Capítulo III. Respecto a las funciones del agua en el cuerpo, ninguna de ellas requiere que el agua sea oxidante, sino todo lo contrario. En el cuerpo el agua es vehículo de transporte, solvente, limpiador, componente, regulador térmico, regulador-coadyuvante osmótico… En fin, un montón de funciones vitales pero ninguna de ellas requiere de la oxidación. La oxidación que debe producirse en el cuerpo la realizan la saliva y los jugos gástricos, algunas bacterias simbióticas en el intestino, así como las mitocondrias en la célula, pero ésta

no usa el agua como base, sino el aire que respiramos. El agua de la sangre también transporta oxígeno molecular (O_2), y sólo lo hace correctamente, impidiendo que éste oxide y destruya algo, cuando la propia molécula de agua no está descompuesta o susceptible de desequilibrarse.

PREG. 04: Dijo en una conferencia que los atributos faraónicos no eran meros símbolos de poder, sino instrumentos geobiológicos y de desarrollo espiritual. No veo la relación. ¿Podría aclarar qué utilidad tenían?

RESP. 04: Los atributos reales de los faraones eran básicamente cuatro: El primero y más importante es el de las serpientes en el tocado, que representan el grado alcanzado de elevación de la energía vital y por lo tanto, el "grado de espiritualidad". Aunque en algunos casos no fuera cierta la calidad esotérica del faraón, sino mero símbolo político de cómo se supone que debería ser, en el principio, o sea durante las primeras dinastías, seguramente ese atributo haya sido una representación de la realidad, puesto que tenían más contacto con sus "dioses" y sus sacerdotes estaban mejor instruidos para a su vez instruir y guiar a los reyes y faraónes. Si investiga sobre la "energía kundalini" y el significado esotérico del Caduceo de Mercurio (le recomiendo sobre estos temas "*La Biblia III Testamento de Todos los Tiempos*", de Ramiro de Granada.) verá que los faraones no desconocían estas cuestiones esotéricas y eran esenciales para ocupar tan alto cargo.

El segundo en importancia es el Ank o "Llave de la Vida" que es una extrapolación de la forma de la pirámide, inscritas sus cuatro caras en un plano (la Cruz Templaria), para luego ser modificado el lado inferior extendiéndolo hacia abajo y redondeando el brazo superior, formando una cabeza. Así tenemos una combinación entre pirámide y Ser Humano. Hay miles de representaciones de dioses entregando el Ank a faraones y otros dignatarios menores, que puede ver en casi todos los sitios turísticos de Egipto.

Aprovecho su pregunta para responder sobre las relativas a las Órdenes Templarias y su relación con las pirámides. La primera de las tres de la imagen, es la cruz templaria perfecta o "Cruz Piramidal". Se encuentra en muchísimos sitios, pintada y grabada en la piedra de muchos templos egipcios, especialmente en Kom Ombo y en Déndera. Sus proporciones son exactamente las de las caras de la pirámide perfecta. La segunda, conocida como

Cruz de Malta por causa de las victorias de los Caballeros de San Juan contra los turcos en esa isla, en realidad igual de antigua, porque la angulación hacia el interior representa otro conocimiento de la geometría piramidal; pues la Gran Pirámide de Gizéh tiene en realidad esa forma, aunque el punto medio sólo entra en ángulo de 27 minutos (unos 90 centímetros) siendo en realidad ocho caras y no cuatro. No he podido constatar aún si hay otras pirámides con esta característica.

La figura 3 presenta otra modalidad de Cruz Templaria, llamada "de la Flor de la Vida". Las medidas se ajustan a dicho símbolo, tomando cuatro de sus pétalos en

vez de seis. Este símbolo parece ser tan antiguo como las pirámides, pero en realidad no se encontró nunca ninguno en Egipto, sino en China, India y Siria. El de la imagen es una concepción moderna (del siglo pasado) que esconde de modo subliminal una estrella de seis puntas en conjunto. El símbolo original tiene otra forma.

La figura 4 es el Ank, como expliqué antes, representando a la pirámide y a la vez al Hombre. Los faraones lo llevaban en el pecho o colgando en la cintura. Algunos la usan como inductor para radiestesia, pero para esa finalidad daría lo mismo usar cualquier objeto.

El tercer y cuarto símbolo, son las varas radiestésicas o varillas de rabdomante. El Faraón era el "*Señor de las Tierras, las Aguas y los Minerales*" y esto no sólo era verdad en cuanto a poder político. La vara con la curva es para detectar minerales y aún usan algo muy parecido los rabdomantes chinos y algunos campesinos de la Patagonia Argentina, justo en sus antípodas. El modo de uso es simple, pues se fabrica según el tamaño de la mano y se lleva horizontal de tal forma que indica hacia un lado u otro al más mínimo movimiento.

La otra vara, que tiene elementos colgantes aún me causa entre pena y risa. En el colmo del absurdo he escuchado decir a un egiptólogo (y a varios guías turísticos en El Cairo) que el faraón la usaba *"para espantar las moscas que abundaban en aquella época de poco aseo"*. ¿Os imagináis a nuestros presidentes representados con una palmeta de alambre y un calzador de zapatos como atributos presidenciales? En realidad se usaba –y se usa- para detectar el agua. En los extremos llevan sensibles cascabeles, que acusan el mínimo temblor que el radiestesista no percibe conscientemente al estar encima de una corriente de agua subterránea.

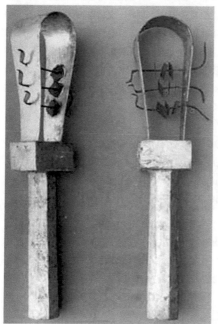

Otros objetos que tusaban los faraones y sacerdotes para labores de radiestesia, son expuestos en el museo de El Cairo como supuestos sonajeros del faraón o de los príncipes. Es curioso que sólo se hayan encontrado unos pocos, también en el ajuar fúnebre de adultos. Si fueran sonajeros habrían estado al alcance de otros niños en todo Egipto.

Además, aunque no tendrían los antiguos las leyes modernas de homologación de juguetes no peligrosos para niños, no creo que fueran tan idiotas como para dar –y nada menos que a un heredero del trono- un objeto claramente peligroso. Por si fuera poco, algunos son muy pesados e incómodos para la mano de un pequeño. Esto es así porque esa incomodidad (como ciertas formas de manejar la varilla en forma de "Y") hacen más claro el acuse de la reacción nerviosa del rabdomante. Estos "sonajeros" tienen partes metálicas terminadas en punta, giran y hacen mucho menos ruido que una maraca. Las chapitas interiores son cortantes…

Me pregunto: ¿Sería capaz algún arqueólogo de darle a su hijo bebé un objeto así?

PREG. 05: En Edfu nos dijo que la capilla era un psicotrón pero no dio tiempo a ampliar el tema…

RESP. 05: Efectivamente, y no sólo me quedé sin terminar el tema ante las prisas de los guardias por sacarnos, sino que no pude escaquearme al interior y sacar fotos de los costados, que no he podido conseguir en internet ni por otros amigos que visitan muchas veces el sitio.

En principio, la capilla es una cámara orgónica, es decir que sus componentes (aparte de la roca granítica, llevaba madera y una fina lámina de cobre recubriendo el interior) forman una especie de condensador orgónico, como el que diseñó con unas cuantas variantes Wilhelm Reich. Permanecer sentado en su interior cuando estaba completo, causaba en el usuario una profunda relajación, sumada al efecto de Antipirámide y pirámide sucesivos y alternados (observe la que hay encima). Entonces se hallaba en condiciones de emitir pensamientos capaces de hacer soñar pesadillas a sus enemigos, enfermarlos o volverlos locos.

Así es como está escrito en los jeroglíficos que se hallan a los costados de la misma, con advertencias sobre el peligro de su uso y las precauciones a tener en cuenta. Como esta parte escapa a la comprensión ideográfica de los egiptólogos ortodoxos, han hecho una balbuceante traducción, que completaré cuando consiga imágenes completas. La supuesta capilla no era tal, sino un auténtico psicotrón, de los que se han fabricado algunos modernamente. Algunos aparatos modernos son tonterías para sacar dinero, de gente que tiene demasiado tiempo libre y creatividad mezclada con picardía, pero los psicotrones de verdad son equipos altamente eficientes, siempre que se cuente con personal entrenado para usarlos y eso es más complicado. Básicamente se trata de un equipo de bio-feed-back, que permite al emisor controlar en todo momento su propia actividad cerebral.

La pirámide se usa como ya expliqué en capítulos anteriores. Con estos aparatos se consigue afectar la mente de otras personas, una verdadera arma, que también puede curar a distancia, aunque lo niegue a rajatablas la ciencia oficial mediante sus sirvientes menores, ignorantes de lo que ocurre en esferas de investigación más altas, tanto civiles como militares.

Es el único uso bélico que puede darse a una pirámide, aunque en realidad es un uso indirecto, porque la verdadera arma es el cerebro del emisor y sus proyectiles son las imágenes que proyecta hacia sus objetivos. Lógicamente, las advertencias dadas en los jeroglíficos de la "capilla" no son mera superchería.

Muchas más preguntas han se encuentran ampliamente respondidas en el otro libro: "**Revolución Terapéutica de las Pirámides**" escrito en coautoría con el Dr. Ulises Sosa Salinas. En nuestra web se encuentran los datos de contacto y cómo conseguirlo. Alicante, Setiembre de 2009)

Gabriel Silva

Tlf. 639 28 47 87

Apdo. 2161 -Alicante

03080 - España

www.piramicasa.com
www.piramicasa.es

piramicasa@gmail.com